国家自然科学基金项目

"人工智能技术进步冲击下审计风险应对与审计质量"

（项目编号：72162003）

问询监管
与公司过度投资

耀友福 著

COMMENT LETTERS SUPERVISION
AND CORPORATE OVER-INVESTMENT

中国社会科学出版社

图书在版编目（CIP）数据

问询监管与公司过度投资/耀友福著. —北京：中国社会科学出版社，2023.3
ISBN 978-7-5227-1451-6

Ⅰ.①问⋯ Ⅱ.①耀⋯ Ⅲ.①上市公司—投资效率—研究—中国 Ⅳ.①F279.246

中国国家版本馆 CIP 数据核字（2023）第 029431 号

出 版 人	赵剑英
责任编辑	刘晓红
责任校对	周晓东
责任印制	戴 宽
出 版	中国社会科学出版社
社 址	北京鼓楼西大街甲 158 号
邮 编	100720
网 址	http://www.csspw.cn
发 行 部	010-84083685
门 市 部	010-84029450
经 销	新华书店及其他书店
印 刷	北京君升印刷有限公司
装 订	廊坊市广阳区广增装订厂
版 次	2023 年 3 月第 1 版
印 次	2023 年 3 月第 1 次印刷
开 本	710×1000 1/16
印 张	16
插 页	2
字 数	241 千字
定 价	88.00 元

凡购买中国社会科学出版社图书，如有质量问题请与本社营销中心联系调换
电话：010-84083683
版权所有 侵权必究

摘　　要

党的十九大报告强调需要"转变政府职能，深化简政放权，创新监管方式"，以及"健全金融监管体系，守住不发生系统性金融风险的底线"。这是从国家战略层面明确了金融监管在风险防控中的重要性。在此背景下，证券监管机构正积极推进资本市场监管体制改革的新方向。伴随着2013年上市公司信息披露直通车制度的正式实施，沪深证券交易所对上市公司财务报告的一线监管由"事前审核"转向"事后审核"，问询制度成为"事后审核"的重要手段。自2019年以来，我国证监会积极推进"以信息披露为中心的科创板试点注册制"来促进资本市场高质量发展的重大举措，使我国注册制改革下问询监管的市场化监督机制越发重要。审核问询制度作为我国转型经济发展中一种非处罚性的预防监管方式，是我国资本市场信息披露监管模式的重大变革，也是"放松管制、加强监管"这一理念在资本市场监管中的贯彻。问询函是一种监督公司会计政策的合规性、信息披露质量、日常投资及并购重组等重大财务决策乃至防范资本市场金融风险的重要方式之一。作为资本市场监管理念转变的重要举措，问询制度的监管效果受到实务界和学术界的共同关注。具有中国特色的"刨根问底"式问询的监管效力如何？国内关于问询函的研究才刚刚兴起，一线监管问询对公司投资行为的有效识别与治理机制研究亟待探究。

作为宏观经济增长的微观基础，投资活动是公司价值创造的一项重要战略性决策和原动力，对公司持续、健康发展至关重要。然而，当前我国转型经济发展中，诸多上市公司面临着资源配置低效、产能过剩等的窘境；并且公司的投资决策行为深受信息不对称和代理问题的重要影响。对有损于公司价值创造、资本市场金融风险的公司过度投资行为，以及公司过热投资所造成后果之产能过剩的情景中，问询监管政策可能会重点关注。我国2014—2018年沪深交易所发出的年报问询函中，且存在过度投资的样本公司中，大约有46%上市公司被问询涉及"投资行为"，并购问询函数量与年报中的"投资特征"问询函数量也旗鼓相当。这一问询监管新政的实施为深入探索交易所问询机制对公司过度投资行为的一线监管有效性提供了研究契机。因此，基于交易所问询监管的决策动因及其经济后果的研究架构，本书主要研究如下重要问题：①交易所问询函能否有效甄别公司过度投资行为，即历史过度投资行为严重的公司是否易于被监管问询？在过度投资行为后果特征之产能过剩公司中，问询监管是否给予高度关注？②基于过度投资行为的问询监管识别后，问询监管能否有效抑制公司未来过度投资行为？这种问询治理作用是否在具有"投资特征"的问询监管中更加明显？③如果问询监管能够对公司未来过度投资行为发挥积极治理效用，问询监管的影响机理是什么？④在问询监管对公司过度投资行为的直接效应进行检验后，从威慑效应视角，问询监管在资本市场中是否具有威慑性的"溢出效应"？本书将从同行业、同地区公司和同一企业集团公司三个层面来探究问询监管对未被问询公司过度投资行为的溢出监管效用。

　　基于审核问询制度嵌入治理，本书以2014—2018年中国沪深A股上市公司及其年报问询函和并购问询函为研究样本，从公司过度投资视角考察了问询监管的决策动因及其经济后果，研究发现：（1）在控制公司财务业绩和治理特征的基础上，交易所问询监管能有效甄别上市公司的过度投资行为。具体表现为历史过度投资行为严重、产能过剩的公司更易于被监管问询。这说明，交易所在问询决策中关注了国家金融风险防控范畴中的公司过度投资行为，并将供给侧结构性改革重点事项之产能过剩化解问题融入问询监管决策函数中。

　　（2）从问询监管的经济后果方面，问询监管对公司未来过度投资行为具有明显的治理效果，这种积极治理作用在"投资特征"问询监管情景中更加明显。采用倾向得分匹配法的双重差分（PSM-DID）

等方法控制内生性后，该研究结论也稳健。进一步从年报问询函的文本内容，将"投资特征"的年报问询函区分为历史性投资的年报问询函和前瞻性投资的年报问询函后，发现历史性投资的年报问询函和前瞻性投资的年报问询函对公司未来过度投资行为均具有显著的治理效用，这从问询关注公司历史性投资事项抑或前瞻性投资事项方面更体现了交易所精准问询施策的路径效果。

（3）信息不对称和代理问题是助长公司过度投资行为的两个重要因素。基于这一理论路径，发现问询监管对公司过度投资行为的治理作用在信息不对称较高（盈余信息不透明度、分析师跟踪较少和机构投资者持股较低）和代理问题突出的公司中更明显。其中，本书将代理问题刻画为代理成本考量和代理行为特征，代理行为特征包括管理层过度自信、超额现金持有和激进负债行为。代理成本考量方面，发现问询监管对公司过度投资的治理作用在双重代理成本较严重的公司中更显著；在代理行为特征中，问询监管对公司过度投资的治理作用在管理层过度自信较高、公司持有较多超额现金和具有较高激进负债行为的公司中更显著。

（4）基于威慑效应理论，问询监管在资本市场中还具有一定的溢出威慑效力。问询监管对同行业或同一企业集团内未被问询公司的过度投资行为治理具有"溢出效应"，这种溢出效用在"投资特征"的问询监管情景中也有呈现。但本书未发现问询监管在同地区公司过度投资行为中的"溢出效应"。

本书的研究兼具重要的学术贡献和实践价值：第一，从公司过度投资视角提供了我国交易所问询监管特色的经验证据，拓展了审核问询决策的影响因素研究。本书基于我国注册制改革下年报问询和并购问询的监管新政，不仅发现了我国的问询监管对公司过度投资行为的甄别能力，还发现交易所结合了国家宏观经济政策，一线监管问询中对供给侧结构性改革重点之一的"产能过剩"企业的投资活动更为关注。在转型经济发展的中国，交易所在执行问询监管时，更有可能考虑国家顶层政策设计意愿，将资本市场金融风险防范事项之公司过度投资以及供给侧结构性改革重要项目之产能过剩化解议题融入问询决策函数中，以更好地推动问询制度服务于资本市场的高质量发展。本书研究对融合问询函的公共信息披露监督机制来推进我国供给侧结构性改革，如通过问询机制来有效化解企业过热投资的信息风险、产能过剩风险等具有重要政策启示。

第二，从公司过度投资视角提供了我国注册制改革下问询监管的有效性问题，拓展了精准问询施策的经济后果研究。以往问询监管经济后果的研究较少关注到公司投资行为，本书则从公司过度投资角度分析了问询监管的治理机制，尤其是"投资特征"问询监管的治理效果，既丰富了证券监管机构对资本市场的问询政策研究，也对完善交易所问询监管的精准性和分类问询机制的构建具有重要启示。

第三，从监管问询的公共信息披露层面丰富了公司过度投资行为治理路径的相关研究。不同于以往公司投资行为的传统治理机制研究，本书从交易所问询函的非处罚预防性监管视角，在信息不对称和代理问题框架下将问询监管制度纳入公司非效率投资行为的治理机制中，丰富了公司投资行为治理的相关文献；同时从审核问询层面来规范公司投资事项的信息披露、提高公司投资的价值效应和有效化解资本市场过热投资的金融风险提供了新证据。

第四，基于公司过度投资形成的重要因素，从信息不对称和双重代理问题考察了问询监管对公司过度投资的不同治理效应，能够在一定程度上丰富公司过度投资的形成机制的文献，更加清晰认识交易所问询监管发挥治理作用的内在机理，对全面解读公司过度投资行为的问询治理机制具有重要启示。在政策实践方面，交易所实施一线问询监管时要重点关注信息不对称严重、公司代理成本较高，以及管理层更具过度自信特质、公司持有大量超额现金和激进负债行为，此种公司中更有动机或能力实施高风险的投资行为，应充分发挥问询函一线监管的精准度。

第五，基于威慑理论，从同行业和同一企业集团层面，发现了问询监管对公司过度投资行为治理的溢出效应，丰富了问询监管政策在资本市场中的威慑效应研究；同时也从问询机制视角对企业集团的风险管理具有重要启示。以往文献研究表明企业集团成员公司存在较高的过度投资水平及风险传染性等问题。本书则从交易所问询监管的信息嵌入治理角色，考察了问询监管对企业集团成员公司过度投资行为的溢出效应，这对防控企业集团组织内部的投资风险具有重要意义，也为企业集团的外部风险管理提供了重要经验证据。此外，从监管资源的有限性视角，关于问询溢出效应的经验证据可为监管机构在分配有限的监管资源、提高问询监管效率方面提供有益参考。

概括而言，本书基于新制度经济学的研究范式，从公司投资行为视角研究了我国注册制改革下审核问询制度的有效性，在问询监管的影响因素及其经济后果两方面拓展了非处罚性预防监管之问询制度的研究。本书研究结论对通过问询监管机制来防范公司过度投资的金融风险和有效化解企业产能过剩风险，以更好科学地引导企业生态、健康的投资决策和提高投资效率，以及推动资本市场高质量发展等具有重要意义。本书发现也为提高证券监管机构问询监管的精准性和建立分类问询监管机制，强化以交易所问询函为代表的一线监管政策提供经验支持。

关键词：问询监管；过度投资；信息不对称；代理问题；溢出效应

Abstract

The report of 19th National Congress of the Communist Party of China (CPC) emphasizes that "it is necessary to transform the functions of the government, deeply streamline administration and delegate power, and reform the methods of supervision, improve the financial supervision system and hold against the bottom line of systemic financial risk". This policy indicates that financial supervision plays an important role in risk prevention from the perspective of national strategy. Under this background, regulatory agencies will be committed to deepening the new reform of supervision system in the capital market. With the formal implementation of the information disclosure train system of listed firms in 2013, the front-line regulation of Shanghai and Shenzhen Stock Exchanges have changed from "pre-checking" to "post-checking", and the inquiry system has become an important tool of "post-checking". Since 2019, China Securities Regulatory Commission (CSRC) has actively launched the "SSE STAR market centered on information disclosure" to promote the high quality development of capital market, which makes the market-oriented supervision mechanism of comment letters become more important in the registration era. Inquiry system, as a mode of non-penalty regulation in the background of China's transition economy, is an important reform about the mode of information disclosure supervision, and is also the implementation of the concept of "deregulating regulation and strengthening supervision" in the capital market. Comment letters is one of the important way to supervise the compliance of accounting policies, the quality of information disclosure, the daily investment behaviors, mergers and acquisitions (M&A), other financial decision-making behaviors, and even prevent financial risks in the capital market. As an important change of supervision conception in the capital market, the regulatory effect of the inquiry system has been greatly attracted attention by regulators and academics. How is the regulatory effect of the "getting to the root" of China's comment letters? The research on comment letters is initially emerging in China. Most importantly, the identification and governance effect of comment letters on firms investment behavior are still blank.

As the micro-foundation of macro-economic growth, the investment activities are important strategic decisions and the source power of the firms' value creation, which are crucial to the firms' sustainable and healthy development. However, many listed firms are facing the dilemma of inefficient resource allocation and overcapacity in the development of China's transition economy, and the efficiency of investment decision-making is largely affected by information asymmetry and agency problems. The behavior of over-investment is harmful to the firms' value creation, financial risk and the overcapacity, the two stock exchanges' comment letters may focus on those important problems. The comment letters issued by Shanghai and Shenzhen Stock Exchanges in 2014–2018, about 46% of the listed firms are inquired about "investment behaviors" in the sample of firms' over-investment, and the number of M&A inquiries are the same as the number of "investment characteristics" comment letters in the annual reports. The inquiry policy provides a good research opportunity for further exploring the effectiveness of the exchanges' comment letters mechanism from the perspective of firms over-investment. Therefore, based on the research framework of the motivation and economic consequence of comment letters supervision, this paper investigates the following important research questions: (1) Could the stock exchanges' comment letters effectively identify the behavior of firms over-investment, that is, whether a firm with serious historical over-investment behaviors is more inquired? Could comment letters pay more attention

Abstract

to the overcapacity firms characterized by the consequence of over-investment behavior? (2) After the identification of over-investment from comment letters, could comment letters effectively restrain the future over-investment behavior? Is this kind of inquiry governance more obvious in comment letters with "investment characteristics"? (3) If comment letters could play a positive governance role in future over-investment behavior, what is the influence mechanism of comment letters? (4) After examining the direct effect of firms over-investment by comment letters supervision, from the perspective of deterrence effect, this paper explores whether the comment letters supervision has a deterrence "spillover effect" in the capital market? We will investigate the spillover effect of comment letters on over-investment behavior related to receive non-comment letters firms in the same industry, the same regions and the corporation groups.

Based on the embedded governance of comment letters system, taking Chinese A-share listed firms and those received annual reports' comment letters or M&A comment letters from 2014 to 2018 as our samples, this paper investigates the decision motivation and economic consequence of comment letters supervision from the perspective of firms over-investment behavior. The empirical results show as follows:

(1) After controlling the financial performance and governance characteristics of the firms, comment letters supervision can effectively identify firms' over-investment behavior. That is, the firms with more historic over-investment or excess capacity are more likely to be issued by comment letters. This findings show that the stock exchanges pay attention to firms' over-investment behavior belonged to the policy of national financial risk prevention, and integrate the overcapacity problems of supply-side structural reform into the decision-making of comment letters.

(2) In terms of the economic consequence of comment letters, we find that comment letters supervision has a significant governance effect on firms' future over-investment behavior. Specifically, this governance effect is more

pronounced in the sample of comment letters with "investment characteristics". After employing a difference-in-differences design to control endogenesis, the main results are still held. Futhermore, based on the textual analysis of the annual reports' comment letters, the "investment characteristics" of annual reports' comment letters are divided into the historical investment of annual reports' comment letters and the forward-looking investment of annual reports' comment letters. We find that the historical investment of annual reports' comment letters and forward-looking investment of annual reports' comment letters have all significant governance effect on firms' future over-investment. It shows that those two kinds of regulatory inquiries have incremental governance effect on the firms over-investment, and reflect the influence mechanism of the exchange's precise inquiries by focusing on the firms' historical investment or forward-looking investment.

(3) Information asymmetry and agency problems are two important reasons for leading to firms' over-investment. Based on those theoretical mechanism, we find that the governance effect of comment letters supervision on firms' over-investment behavior is more pronounced in the firms with high information asymmetry (i.e., earnings information opacity, less analysts following and lower institutional investors shareholding) and serious agency problems. In terms of agency problems, this paper describes the agency problems of over-investment as the measurement of agency costs and the characteristics of agency behaviors. The characteristics of agency behaviors include management overconfidence, excess cash holding and radical debt behavior. For the agency costs, it is found that the governance effect of comment letters supervision on firms' over-investment is more pronounced in the firms with serious twin agency costs. In terms of the characteristics of agency behaviors, we show that the disciplining effect of comment letters supervision on firms' over-investment is more pronounced in the firms with higher management overconfidence, more excess cash holding and higher aggressive debt behavior.

Abstract

(4) Based on the theory of deterrence effect, comment letters supervision has a deterrent spillover effect in the capital market. The governance effect of comment letters on firms' over-investment can spill over to non-comment-letter-receivers in the same industry and the same corporation groups. But we do not find comment letters supervision play a deterrent spillover effect on firms' over-investment in the same region.

Our findings have important theoretical value and policy implications:

Firstly, this paper provides empirical evidence for the characteristics of China's exchanges inquiry supervision, and contributes to the growing literature on the determinants of comment letters from the perspective of firms over-investment. Based on the new regulatory policy of annual reports' inquiries and M&A inquiries under the reform of registration system in China, this paper not only finds the stock exchanges' comment letters have a screening ability to identify firms' over-investment behavior, but also shows that the stock exchanges pay more attention to the overcapacity firms induced by over-investment. With the transformation and development of economic in China, when the stock exchanges carry out the policy of comment letters, it is more likely to consider the top-level policy design of the state and integrate firms' over-investment behavior belonged to the field of national financial risk prevention and the solving overcapacity issues of supply-side structural reform into the decision-making of comment letters supervision. Through the front-line regulatory, it will better promote the inquiry system to serve the high-quality development of real economy in the capital market. Our findings have an important enlightenment for promoting the supply-side structural reform by combining the information disclosure mechanism of comment letters supervision, such as effectively resolving the information risk of overheated investment and overcapacity risk through inquiry mechanism.

Secondly, this paper provides evidence for the effectiveness of comment letters from the perspective of firms' over-investment under the reform of registration system, and contributes to the growing body of research on the consequences of comment letters. Previous studies on the regulatory effect of comment letters rarely focused on firms investment behavior. This paper explores the governance mechanism of comment letters supervision from the perspective of firms' over-investment, especially the governance effect of "investment characteristics" comment letters, which enriches the research on inquiry policy in the capital market, and also has an important enlightenment on improving the accuracy of comment letters supervision and constructing a classified inquiry mechanism.

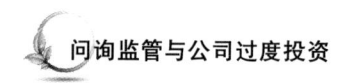

Thirdly, our findings contribute to the growing body of research on the governance path of firms' over-investment behavior. Different from previous studies on the traditional governance of firms' over-investment, From the perspective of non-penalty and preventive regulation of the stock exchanges' comment letters, the inquiry system is introduced into the governance mechanism of firms' inefficient investment behavior under the framework of information asymmetry and agency problems, which enriches the relevant literature of firms investment decision-making. Meanwhile, this paper provides a new empirical for optimizing the information disclosure of firms investment, improving the value effect of firms investment and controlling the financial risk of overheated investment in the capital market.

Fourth, based on the influence mechanism of firms' over investment, from the perspective of "information asymmetry"; and the framework of "agency problems", including "twin agency costs", "management overconfidence", "excess cash holding" and "aggressive debt behavior". This paper examines the different governance effects of comment letters on firms over-investment. To a certain extent, it can enrich the literature of the information mechanism for firms over-investment, more clearly understand the internal impact mechanism of the stock exchange's inquiry, and provide an important implication for comprehensive interpretation of the comment letters mechanism in firms over-investment behavior. In practice, when the stock exchanges carry out the front-line inquiry regulation, it should focus on the

Abstract

firms with the serious degree of information asymmetry, prominent agency costs, and excess cash holding and aggressive debt behavior (excess debt). In those scenario, the firms have more motivation or ability to implement high-risk investment behavior, so it should give full attention to the accuracy of front-line inquiry regulation.

Finally, combined with the deterrence theory, we find the spillover effect of comment letters supervision on the governance of firms' over-investment from the same industry and the same corporation groups, which enriches the research on deterrence effect of inquiry policy in the capital market. Meanwhile, this paper has an important implication for the risk management of corporation groups from the perspective of inquiry mechanism. Prior studies find that there is a high level of over-investment and high contagion problems of risk in corporation groups. From the perspective of information embeddedness of comment letters supervision, we examine the spillover effect of comment letters on the over-investment behavior in corporation group members, which is of great significance to prevent the investment risk within the corporation groups, and also provide an important empirical evidence for the external risk management in corporation groups. In addition, from the perspective of limited regulatory resources, the empirical evidence on the spillover effect of comment letters can provide useful reference for regulators in allocating limited regulatory resources and improving the efficiency of comment letters supervision.

In conclusion, based on the research paradigm of new institutional economics, this paper investigates the effectiveness of comment letters supervision from the perspective of firms over-investment under the reform of registration system in China. Our findings expand the research on the non-punitive supervision of inquiry system from two aspects: the influence factor of comment letters and its economic consequence. The conclusions of this paper are of great practical significance to prevent the financial risk of firms' over-investment, resolve the risk of firms' overcapacity through the comment letters supervision, so as to better guide the firm's ecological and healthy investment decision-making and improve investment efficiency, and finally promote the high-quality development of the capital market. This study also provides empirical evidence for improving the accuracy of comment letters supervision, establishing classified comment letters mechanism, and strengthening the front-line supervision policy represented by the stock exchanges' comment letters.

Keywords: Comment Letters Supervision; Over-investment; Information Asymmetry; Agency Problems; Spillover Effect

目　录

第一章　绪论 1

第一节　研究动机与研究问题 1
第二节　研究发现 5
第三节　研究贡献 6
第四节　本书结构安排 9

第二章　问询监管的制度背景 12

第一节　主要国家问询监管模式的演进 12
第二节　主要国家问询监管模式的比较 15
第三节　本章小结 20

第三章　文献回顾 22

第一节　管制理论的研究 22
第二节　问询监管的研究 28
第三节　过度投资的研究 38
第四节　文献评述 54

第四章　问询监管对公司过度投资行为的甄别 57

第一节　理论分析与研究假说 58
第二节　研究设计 61
第三节　实证检验分析 78
第四节　稳健性检验 85

第五节　本章结论 …… 100

第五章　问询监管对公司过度投资的治理效应 …… 102

第一节　理论分析与研究假说 …… 103
第二节　研究设计 …… 112
第三节　实证检验分析 …… 126
第四节　稳健性检验 …… 149
第五节　本章结论 …… 176

第六章　问询监管对公司过度投资的溢出效应研究 …… 180

第一节　理论分析与研究假说 …… 181
第二节　研究设计 …… 183
第三节　实证检验分析 …… 190
第四节　稳健性检验 …… 195
第五节　本章结论 …… 203

第七章　总结与研究展望 …… 205

第一节　主要研究发现 …… 206
第二节　研究贡献与启示 …… 207
第三节　研究局限与未来研究展望 …… 211

参考文献 …… 214

后　记 …… 235

第一章

绪 论

第一节 研究动机与研究问题

党的十九大报告强调,需要"转变政府职能,深化简政放权,创新监管方式",以及"健全金融监管体系,守住不发生系统性金融风险的底线"。这是从国家战略层面明确了金融监管在风险防控中的重要性。伴随着"放松管制、加强监管"这一理念在资本市场监管中的逐渐贯彻,沪深证券交易所于2013年正式实施信息披露直通车制度,上市公司财务报告信息披露的一线监管由"事前审核"转变为"事后审核"。这体现了监管机构积极推进资本市场监管体制改革的新方向,尤其是2019年以来我国证监会建立科创板试点注册制来促进资本市场高质量发展的重大举措。这凸显了我国注册制改革下问询监管的市场化监督机制的重要性。

问询函是中国新兴市场中一种非处罚性的预防监管方式,成为监督上市公司会计政策的合规性、信息披露质量、日常投资及并购重组等重大财务决策行为乃至防范资本市场金融风险的重要方式之一;也是建设好资本市场金融生态,充分发挥市场的价值发现功能及其在资源配置作用中的重要一环,对资本市场的健康、持续高质量发展至关重要。这使问询监管效果备受国内外监管机构和学术界的共同关注(Dechow et al.,2016;Johnston et al.,2017;陈运森等,2019)。近期研究发现，问询函披露具有信息含量（陈运森等，2018a），能够降低公司信息不对称并提高公司信息披露质量（Wang，2016；Bozanic et al.，2017；Brown et al.，2018；李晓溪等，2019a）、有效抑制公司避税行为（Kubick et al.，2016）和应计盈余管理行为（Li and Liu，2017；Cunningham et al.，2020；陈运森等，2019），提高审计质量（陈运森等，2018b）和具有股价崩盘风险的防范功效（张俊生等，2018）等。但也有认为问询监管效应具有双面性，如在美国资本市场，与收入确认相关的SEC问询函使得公司内部人在问询披露窗口期中具有策略性的内部交易行为（Dechow et al.，2016）；问询函披露也助长了公司真实盈余管理程度的上升（Cunningham et al.，2020）。

值得从监管问询制度背景关注的是，发达资本市场国家中的问询函（Comment Letters）与中国新兴资本市场的"穿透式"问询监管具有不同之处。在2002年美国《萨班斯—奥克斯利法案》（SOX法案）第408号中有规定，SEC财务监管部每三年至少要对每家上市公司的财务报告审核一次并出具问询函，问询监管具有定期常规审核的特性，但问询函件的披露不具及时性（Dechow et al.，2016）。中国沪深证券交易所对上市公司信息披露的事后审核监管是"刨根问底式"的问询，自上交所（2013年7月1日）和深交所（2014年1月13日）正式实施上市公司信息披露直通车制度起，交易所便对上市公司进行年报问询审核（始于2012年度的年报，但披露不全），到2015年才频繁向上市公司发放年报问询函并在沪深交易所网站公开披露，其中并购问询函于2014年年底才开始公开披露。这一问询监管过程中，分别披露问询发函和回函内容，并要求被问询公司及时书面一一回复问询函（一般为发函日起7日之内回复），使我国问询监管函的披露更具时效性，这及时为市场利益相关者关注和监督。对于这极具有代表性的中国"穿透式"问询政策，其在资本市场中监管效力如何？然而，国内关于问询监管政策的研究才刚刚起步，交易所问询监管对公司过度投资行为的有效识别和治理机制未有文献涉及。

本书关注的是我国沪深证券交易所对公司过度投资行为的问询识别及其监管效果。选择公司过度投资为切入点，是因为高效率公司投资作为宏观经济增长的微观基础,投资活动是公司价值创造的一项重要战略性决策和源泉动力,对公司持续、健康发展至关重要。一方面,在当前我国转型经济的制度变革中,诸多上市公司面临着较低的资源配置效率、产能过剩等的窘迫(向锐,2015;吴利学和刘诚,2018),这使当前实体经济过热投资的风险防范,以及去产能等企业结构性改革迫在眉睫。在委托代理理论的框架下,公司经理人的效用函数和股东目标并非完全一致,经理人为追逐自身薪酬水平、在职消费和构建商业帝国等私人之收益,导致企业投资那些净现值小于零的高风险项目,即存在过度投资行为(Jensen,1986;Richardson,2006)。公司过度投资行为不利于资源配置效率的提高,其中"产能过剩"形成之本源就为过度投资(周业樑和盛文军,2007;林毅夫等,2007,2010;黄俊和李增泉,2014)。并且,在中国上市公司的现金持有率及其流动性显著高于其他国家的制度背景中(Guariglia and Yang,2016;Yang et al.,2019),以及在我国经济快速增长的高投资、高累积的拉动情景下(罗党论等,2012),上市公司过度投资行为的存在性更具普遍性(唐雪松等,2007;张纯和吕伟,2009;李万福等,2010;王兵等,2017)。另一方面,信息不对称和代理问题是影响公司过度投资行为的重要因素(Jensen and Meckling,1976;Jensen,1986;Healy and Palepu,2001)。大量的文献探讨了改善公司投资效率的路径:一是提高公司财务信息质量,降低投资活动的信息不对称(Biddle et al.,2009;Chen et al.,2011;张纯和吕伟,2009;张建勇等,2014)。二是降低公司代理成本问题,改善公司治理水平(Jiang et al.,2018;方红星和金玉娜,2013;李云鹤,2014)。

从交易所问询监管的理论方面,作为信息披露监督机制的问询函,其能够改善公司信息披露质量,降低资本市场信息不对称和公司代理成本。监管实践中,当前国家积极推进资本市场金融风险防控的攻坚战背景下,交易所问询函高度关注了公司投资行为事项,在我国2014—2018年沪深交易所发出的年报问询函中,过度投资样本的年报问询函公司中大约有46%上市公司被问询涉及"投资行为";除年报问询函外,交易所还会对公司并购行为进行监管问询,样本期间中并购问询函样本与"投资特征"的年报问询函样本也旗鼓相当。因此，这一问询监管新政的实施为深入探索交易所问询机制对公司过度投资行为的一线监管有效性提供了研究契机。

基于公司过度投资行为的普遍性和交易所问询监管的场景，在问询监管的影响因素及其经济后果的研究框架下，本书将研究如下重要问题：

（1）问询监管决策的动因方面，我国沪深交易所在执行问询监管时，除公司财务业绩和治理特征之外，更有可能考虑国家顶层政策设计意愿，即将资本市场金融风险防范的重要事项之公司过度投资以及供给侧结构性改革重点项目之产能过剩化解议题融入问询决策函数之中，以更好地推动问询制度服务于资本市场实体经济高质量的发展。具体地，交易所问询函能否有效甄别公司过度投资行为，即历史过度投资行为严重的公司是否易于受监管问询？在过度投资行为后果特征之产能过剩公司中，问询监管是否给予高度关注？

（2）基于公司过度投资行为的问询监管识别后，从问询制度实施的经济后果中，问询监管能否有效抑制公司未来过度投资行为？这种问询治理作用是否在具有"投资特征"的问询函（包括与"投资特征"相关的年报问询函、并购问询函、历史性投资的年报问询函和前瞻性投资的年报问询函）中更加明显？

（3）如果问询监管能够对公司未来过度投资行为发挥积极治理效用，那么问询监管影响公司过度投资行为的背后机理是什么？公司过度投资的两个重要原因是信息不对称和代理问题。因此，我们将从信息不对称和代理问题这两个基础性理论内涵来探究问询监管对公司过度投资的影响机制。

（4）在问询监管对公司过度投资行为的直接治理效应进行检验后，本书从威慑效应视角，问询监管在资本市场中是否具有威慑性的"溢出效应"？我们将从同行业公司、同地区公司和同一企业集团成员公司三个层面来考察问询监管对未被问询公司过度投资行为的溢出监管效用。

第二节 研究发现

本书基于中国问询监管政策（年报问询和并购问询）的研究契机，以2014—2018年沪深A股上市公司及其问询函为样本，在问询监管决策的动因和经济后果的研究框架下，考察了交易所问询监管能否有效识别公司过度投资行为，以及问询监管对公司未来过度投资行为的影响及其作用机制；同时从威慑效应视角，从同行业、同地区和同一企业集团层面探究问询监管对公司过度投资行为治理的"溢出效应"。主要研究结论如下：

（1）在控制公司财务业绩和治理特征的基础上，交易所问询监管能够有效甄别上市公司的过度投资行为。具体表现为：历史性过度投资行为严重的公司更易于受到监管问询；在过度投资行为后果之产能过剩公司中，交易所问询函给予了高度关注。这说明，上市公司过度投资的金融风险行为和供给侧结构性改革重点项目之产能过剩问题是影响交易所问询监管决策的重要因素。经过一系列稳健性检验后，上述研究结论也稳健。

（2）问询监管对公司未来过度投资行为具有明显的治理效果，这种积极治理作用在"投资特征"问询监管情景中更明显。采用倾向得分匹配法的双重差分（PSM-DID）、Heckman两阶段法控制内生性后，该研究结论也稳健。进一步从年报问询函的文本内容，将"投资特征"的年报问询函区分为历史性投资的年报问询函和前瞻性投资的年报问询函，发现历史性投资的年报问询函和前瞻性投资的年报问询函对公司未来过度投资行为均具有治理效用，这从问询关注公司历史性投资事项抑或前瞻性投资事项方面更体现了交易所精准问询施策的路径效果。此外，当问询力度越大，问询机制对公司过度投资行为的治理作用更凸显。

（3）从公司过度投资形成的原理，即在信息不对称和代理问题框架下，研究结果显示：①信息不对称方面，基于盈余信息透明度、分析师跟踪情景和机构投资者持股情景三个层面测度的信息不对称程度，发现问询监管对公司过度投资行为的改善在信息不对称较高情景（盈余信息不透明度、分析师跟踪较少和机构投资者持股较低）中更明显。②代理问题方面，将代理问题刻画为代理成本考量和代理行为特征。其中，在代理成本考量的双重代理成本假说中（管理层和股东的第一类代理成本、大股东和中小股东的第二类代理成本），发现问询监管对公司过度投资行为的治理作用在双重代理成本较为严重的公司中更明显。在过度投资的代理行为特征方面，从管理层过度自信影响过度投资的机制假说中，发现问询监管对公司过度投资行为的治理作用在管理层过度自信较高情景中更强；基于超额现金持有的过度投资行为假说中，发现问询监管对公司过度投资行为的治理作用在公司持有较多超额现金情景中更强；在激进负债行为的过度投资假说中，发现问询监管对公司过度投资行为的治理作用在公司具有较高激进负债行为情景中更明显。

（4）基于威慑效应理论，问询监管在资本市场中还具有一定威慑效力。本书发现问询监管在同行业未被问询公司中的过度投资行为治理具有积极"溢出效应"。但本书未发现问询监管在同地区未被问询公司过度投资行为中的溢出效应。再到企业集团层面，由于企业集团作为一种经济组织体，问询机制信息可能会在这种具有网络结构关系的经济组织体间发挥"信息嵌入式"的治理，本书发现问询监管在企业集团成员公司中也表现出积极的"溢出效应"，威慑减少企业集团内未被问询公司的过度投资行为。

第三节 研究贡献

本书的研究兼具重要的学术贡献和实践价值，体现在如下五个方面。

第一，提供了我国交易所问询监管特色的经验证据，同时拓展了问询决策的影响因素研究。基于我国注册制改革下年报问询和并购问询的监管新政场景，不仅发现了我国交易所问询监管对公司过度投资行为的甄别能力，还从过度投资行为后果之"产能过剩"的供给侧结构性改革重点企业中，交易所问询监管给予了高度关注，即问询决策融入了公司过热投资所造成的产能过剩化解议题。以往关于问询函的影响因素研究主要从监管方的监管风格（Peter and Zhang, 2018; Gunny and Hermis, 2020; Baugh et al., 2022）、公司财务状况及内部治理等（Cassell et al., 2013）、税收规避（Kubick et al., 2016）、盈余管理（刘柏和卢家锐，2019）以及并购重组信息披露质量（李晓溪等，2019a），以及政治关联（Heese et al., 2017; Chen et al., 2018）等方面。在政府力量占主导地位的中国新兴市场中，交易所问询监管制度和美国SEC问询函在问询决策方面存在一定差异。相比于美国SEC问询函以公司信息披露等问题为规制导向型监管，中国证监会或交易所的问询监管政策更可能表现为原则导向型特征。交易所在问询决策过程中，除问询公司财务业绩和治理特征方面外，问询决策中可能还融入国家政策改革步伐的蓝图设计，从而使问询制度更好地服务资本市场监管体制改革的新方向。本书的研究结论对结合问询监管的公共信息披露监督机制来推进我国供给侧结构性改革，如通过问询机制来有效化解企业过热投资的信息风险、产能过剩风险等具有重要启示。

第二，从公司过度投资视角提供了我国注册制改革下问询监管的有效性问题，拓展了审核问询制度的经济后果研究。以往问询监管效应的研究主要从公司信息披露（Bozanic et al., 2017; Brown et al., 2018; 陈运森等，2018a; 李晓溪等，2019a）、税收规避（Kubick et al., 2016）、盈余管理（Cunningham et al., 2020; 陈运森等，2019）、分析师行为（Wang, 2016; Bozanic et al., 2017）和审计师行为（Gietzmann and Pettinicchio, 2014; Baugh and Schmardebeck, 2019; 陈运森等，2018b）等方面研究。本书则从过度投资视角分析了问询监管的治理机制，尤其是"投资特征"问询监管的治理效果，丰富了监管机构对资本市场的问询监管政策研究，对完善交易所问询监管的精准性和分类问询机制的构建具有重要启示。

第三，丰富了公司过度投资行为治理路径的相关研究。公司过度投资行为不仅损害了公司价值（Malmendier and Tate，2008；杜兴强，2011），还加剧了市场股价崩盘（江轩宇和许年行，2015），甚至使公司陷入财务危机和破产境地（Higgins and Schall，1975；李万福等，2010）。因此，亟须建立预防治理机制对公司过度投资行为进行有效监督，尤其是在党的十九大报告中提出，"健全金融监管体系，守住不发生系统性金融风险的底线"的金融监管新方向以后显得更具时代性的迫切需求。问询制度的实施正是一种防控资本市场金融风险的有效监管手段。以往公司投资行为的治理研究主要从公司治理（Chen et al.，2017；焦豪等，2017）、独立审计（Tong and Sapra，2009；Kausar et al.，2016；雷光勇等，2014；王兵等，2017）、新闻媒体（张建勇等，2014；陈泽艺等，2017）、反腐改革（王茂斌和孔东民，2016；钟覃琳等，2016）、制度环境（李延喜等，2015；万良勇，2013）等方面展开。本书则从交易所问询函的非处罚预防性监管视角，在信息不对称和代理问题框架下将问询监管的信息披露机制纳入公司非效率投资行为的治理机制中，对规范公司投资事项的信息披露、提高公司投资的价值效应和防控资本市场过热投资的金融风险提供了新的经验证据。

第四，基于公司过度投资形成的重要动因，从"信息不对称"，以及"代理问题"框架下的"双重代理成本""管理层过度自信""超额现金持有"和"激进负债行为"等多个维度考察了问询监管对公司过度投资的不同治理效应，能够在一定程度上丰富公司过度投资行为的形成机制的文献，对全面解读公司过度投资行为的问询治理机制也具有重要启示。在政策实践方面，交易所实施一线问询监管时要重点关注信息不对称程度严重、公司代理成本较突出，以及管理层具有过度自信特质、公司持有大量超额现金和激进负债行为，此种公司情景中更有动机实施高风险的投资行为，应充分发挥问询函一线监管的精准度。

第五，基于威慑理论，从同行业和同一企业集团层面，发现了问询监管对公司过度投资行为治理的溢出效应，丰富了问询监管政策在资本市场中的威慑效应研究；同时也从问询信息披露机制视角对企业集团的风险管理具有重要启示。现有研究发现企业集团成员公司存在较高的过度投资水平（Larrain et al.，2019；潘红波和余明桂，2010；张会丽和陆正飞，2012；窦欢等，2014）、存在财务违规及市场风险的传染效应（纳鹏杰等，2017；刘丽华等，2019；周利国等，2019）和较高金融投资行为的传染性问题（李馨子等，2019）。本书则从交易所问询监管信息嵌入的治理作用角度，考察了问询监管对企业集团成员公司过度投资行为的溢出效应，这对防控企业集团组织内部的投资风险具有重要意义，也为企业集团的外部风险管理提供了重要经验证据。此外，关于问询溢出效应的经验证据可为监管机构在分配有限的监管资源、提高问询监管效率方面提供有益参考。

总而言之，本书从公司过度投资视角研究了我国注册制改革下问询监管的有效性，从问询监管的影响因素及其经济后果两方面拓展了非处罚性预防监管之问询制度的研究。对通过问询监管机制来防范公司过度投资的风险行为和化解企业产能过剩风险，改善企业生态、健康的投资运作和提高投资效率，以及推动资本市场高质量发展等具有重要的实践意义。同时也为提高问询监管的精准性和建立分类问询监管机制，强化以交易所问询函为代表的一线监管政策提供了经验支持。

第四节 本书结构安排

本书各章节的结构安排如下：

第一章为绪论。本章主要阐述了本书研究动机和研究问题，并呈现研究发现与主要贡献。

第二章为问询监管的制度背景。本章主要介绍了主要国家问询监管模式的演进状况，并从中探索中国沪深交易所问询制度与西方国家问询监管的差异性。

第三章为文献回顾。本章首先主要回顾了管制理论的研究，包括政府管制的重要性、政府管制的产权分析和政府管制的经济后果。其次对问询监管的研究进行文献梳理，包括问询监管的影响因素和问询监管的经济后果。对过度投资研究的文献梳理，包括过度投资的形成动因，过度投资的经济后果和过度投资的监管治理。最后进行扼要的文献评述。这为后续章节的各假说发展提供理论支持。

第四章为问询监管对公司过度投资行为的甄别。本章从问询监管决策的动因出发，从历史性过度投资和产能过剩两个方面来考察问询监管对公司过度投资行为的有效识别，并进行假说发展；在实证研究中通过控制公司财务业绩和治理特征的基础上，检验历史性过度投资和产能过剩问题对交易所问询监管决策的影响，即探究交易所问询监管能否有效甄别公司过度投资行为。

第五章为问询监管对公司过度投资的治理效应。本章根据问询监管的管制职能、信息效用观和有效市场监督观，理论分析问询监管对公司未来过度投资行为的影响及机制，提出相应的研究假说并进行实证检验。

第六章为问询监管对公司过度投资的溢出效应研究。本章基于威慑效应视角，分别从同行业、同地区公司和同一企业集团成员公司三个层面，研究问询监管对其他未被问询公司过度投资行为治理的"溢出效应"，提出相应的研究假说并进行实证检验。

第七章为总结与研究展望。本部分根据前述各章节的理论分析和实证结果，总结出本书的研究结论，呈现文章的研究贡献与启示，并指出本书可能的研究局限及未来研究展望。

本书的研究框架如下：

第一章 绪论

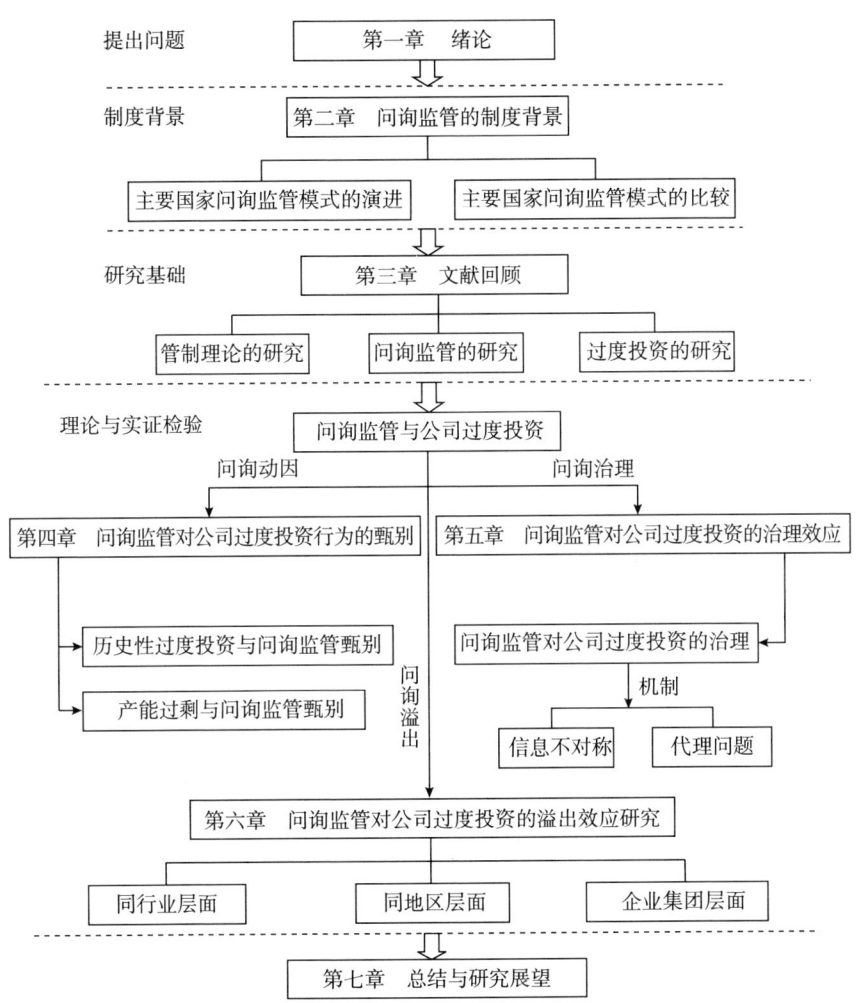

图1-1 本书研究框架

第二章

问询监管的制度背景

近年来,政府监管部门积极推进市场化导向的监管体制改革,一系列有关政府职能转变、创新监管方式等改革措施逐渐呈现。在资本市场的监管理念转变中,以沪深交易所问询函为典型代表的一线监管方式,则是我国证券监管机构在吸收西方发达资本市场国家中监管经验基础上所实施的制度革新。本章扼要梳理美国、澳大利亚等发达资本市场国家中有关问询监管模式的演进,以及中国新兴市场问询制度实施状况,并在此基础上总结我国问询监管制度与发达资本市场主要国家中问询监管体制的差异。

第一节 主要国家问询监管模式的演进

一 美国 SEC 问询函的制度概要

2002年,在美国 SOX 法案第 408 号中有规定,SEC 财务监管部每三年至少要对每家上市公司的财务报告审核一次并出具问询函(Comment Letters),以确保上市公司遵守适用的财务报告准则的披露要求(Cassell et al., 2013; Dechow et al., 2016)。从 2005 年 5 月 12 日起,当 SEC 财务部对上市公司财务报告审核完成后,会向资本市场公开披露问询函及其回函内容,但在问询的发函日期和公司回函日期均没有明确要求及时披露。在 2012 年 1 月 1 日之前,SEC 问询的回函文件披露不早于完成审核后 45 天;2012 年 1 月 1 日之后,SEC 问询的回函文件披露不早于完成审核后 20 个工作日（Dechow et al.，2016）。

美国 SEC 财务部的审核分为三个方面：一是对公司文件（Firm's filings）进行全面审核；二是对公司财务报告进行审核，包括对财务报表、脚注和管理层讨论与分析（MD&A）的信息披露审核；三是对公司文件中的有关特殊问题进行审核（Brown et al.，2018）。

被问询公司回复 SEC 问询函的三种方式：一是提供额外信息或解释来帮助 SEC 更好地理解当前公司信息披露状况；二是对被问询事项（文件）进行修正；三是提供额外或不同信息披露的未来文件（Bozanic et al.，2017；Brown et al.，2018）。

二 澳大利亚交易所的问询制度

澳大利亚证券交易所（The Australian Stock Exchange，ASX）的问询函（Inquiry Letters）政策方面，当上市公司有如下三种情形时，会被交易所监管问询并对问询事项进行解释（Gong，2007）：一是股价问询（Price Inquiry），即公司存在股价异常波动的问题；二是股票交易量问询（Volume Inquiry），即公司股票有异常交易量的问题；三是问询函中所认定的其他主题（Inquiry Made on Other Issues）。

澳大利亚交易所问询函的披露方面，上市公司被交易所监管问询时并没有及时向资本市场公开披露，而是在上市公司回函之后才同时向市场全部公开披露发函和回函内容（Drienko and Sault，2013）。

三 中国问询监管的制度概要

我国上市公司信息披露监管体制的演进过程中，2002 年 4 月 25 日证监会在《关于进一步完善中国证券监督管理委员会行政处罚体制的通知》中提出，在处罚性监管措施不适用的情况下，应采用非处罚性的措施。进一步，证监会于 2007 年 7 月 18 日在《加强证券期货法律体系建设保障资本市场稳步健康发展》中，对非处罚监管措施的类型等进行了明确规定。比如，上市公司监管中所常见的"谈话提醒、监管谈话；出具警示函、关注函"等均属于此范畴。问询函就是其中一种重要监管类型。虽然这些非行政处罚的监管手段没有处罚性管制那样具有严厉性，但能够对监管客体的不规范行为起到一定的约束功用,从而达到资本市场的监管效果。

信息披露监管是沪深交易所对上市公司监管工作的核心,也是资本市场监管体系中的重要组成部分。上市公司信息披露考核是我国沪深证券交易所的监督职能之一,监管问询则是交易所对上市公司信息披露一线监管的重要手段。具体地,沪深证券交易所分别在其《股票上市规则》的内容中有规定①,"上市公司应当认真对待本所对其定期报告的事后审核意见,及时回复交易所发放的问询函"。同时,上交所于2017年6月23日在《上海证券交易所上市公司信息披露工作评价办法(2017年修订)》和深交所于2017年5月5日在《深圳证券交易所上市公司信息披露工作考核办法(2017年修订)》中均指出,"是否在规定期限内如实回复交易所的问询函"作为考核上市公司信息披露情况的重要内容之一。

关于年报问询函件的公开披露方面,2013年是一个"分水岭",在2013年以前,沪深证券交易所对上市公司出具的监管函和公司回函内容均没有强制要求向市场公开披露,但伴随着2013年正式实施上市公司信息披露直通车制度,交易所问询函的公开披露得到很大透明性。交易所的问询监管新政和上市公司信息披露直通车制度密切相关。信息披露直通车政策是交易所对上市公司信息披露监管模式的一次重大革新,指由交易所上市公司通过本所信息披露电子化系统自行登记公告和上传公司自身信息披露文件,将其直接提交至交易所网站及指定的相关媒体平台予以发布,最后由交易所再对上市公司文件进行事后审核的监管方式。其目标可以集中有限的监管资源,凸显上市公司作为资本市场信息披露的主体地位,以更好地完善上市公司信息披露质量,保护投资者权益。

信息披露直通车制度实施后,沪深证券交易所对上市公司财务报告信息披露的一线监管由"事前审核"向"事后审核"的模式转变。即上市公司财务报告披露前无须先经由交易所事前审核,而是在上市

---

① 参见《上海证券交易所股票上市规则(2018年11月修订)》中第6.11条规定、《深圳证券交易所股票上市规则(2018年11月修订)》第6.13条规定。

公司通过指定媒体平台直接上传文件披露后,交易所再对其所属上市公司的披露文件实施事后审核。在这样"放松管制、加强监管"的资本市场监管理念贯彻下,凸显了问询监管的市场化监督方式的重要性,同时问询制度实施效果可能会直接反映在"直通车"这一政策革新是否具有可操作性。2013 年起,沪深交易所就对上市公司财务报告的信息披露事项实施一线问询监管(始于 2012 年度的年报),但 2015 年之前的年报问询函披露不全,在 2015 年之后年报问询函(始于 2014 年度的年报)才要求在沪深交易所网站公开披露。至此,年报问询函在我国资本市场中呈现频繁发问的监管趋势。

公司并购行为方面,并购问询函也作为我国问询制度实施中不可或缺的重要部分。为积极推进上市公司并购重组的市场化有序进行,推动上市公司高质量发展,简化并购重组的行政审批,证监会于 2014 年 10 月 23 日发布了《上市公司重大资产重组管理办法》,该办法开始强化了上市公司并购重组信息披露的"事中事后监管"理念。为落实证监会下发的监管政策,沪深交易所对并购重组信息披露的一线监管理念也开始转变,问询监管制度逐渐实施于上市公司并购重组交易的事后审核情景中。在并购问询函的披露方面,交易所自 2014 年 12 月才开始公开披露问询函件。其中,深交所官网公开披露并购问询函件于 2014 年 12 月,上交所官网公开披露并购问询函件在 2017 年 1 月。

再到科创板制度方面,为完善资本市场基础制度,落实创新驱动发展战略和推动资本市场高质量发展,2019 年以来中国证监会建立"科创板试点注册制",以"信息披露为中心"的注册制改革步伐得到加快,深化了上市公司信息披露的事后监管体制,并建立高效的并购重组审核机制,其中问询机制也是科创板试点注册制的一个重要监管手段。

第二节 主要国家问询监管模式的比较

资本市场监管体制建设中,中国沪深交易所、美国 SEC 和澳大利亚交易所等各国监管机构通过发放问询函形式对上市公司信息披露进行问询监管，但由于各国的国情不一，具体监管机制设计会有所差异，而这些差异为中国情景的问询函研究提供了重要的制度基础。具体而言，各国问询制度的主要区别如下：

一是问询监管机构方面。美国的问询函是由美国证券行业最高机构之一——证券交易委员会（SEC）直接发出，中国式问询函则是由级别不及中国证监会的沪深证券交易所发函并监督，二者监管效力可能会有所差异，两大证券交易所执行的上市公司问询监督职能受中国证监会的领导。此外，在我国问询监管制度的实施主体之沪深证券交易所中，这两个交易所和美国等市场交易所单纯地履行交易功能有所不同（张俊生等，2018），沪深证券交易所还履行一些的监管职能。比如，在上交所的信息披露网站中专门有一个栏目为"监管信息公开——公司监管"，具体涵盖了"监管动态、监管措施、监管问询"等监管的信息内容。其中，监管问询正是本书所关注的栏目内容。

二是问询审核方面。美国的SEC问询监管具有定期常规审核的特性，即SEC财务监管部每三年至少需要对每家上市公司的财务报告审核一次。澳大利亚证券交易所未建立定期审核问询制度，只有当公司股价或者交易量出现异常情况时，监管机构才会问询。对于我国上市公司监管审核方面，沪深交易所各自审核其管辖的上市公司，沪深交易所均全部审核其各自所属上市公司年报。根据中国证监会的相关要求，沪深交易所需要依据上市公司信息披露状况来对其财务报告进行审核，每家上市公司在三年内所需审核次数不少于一次（李晓溪等，2019b）。其中，年报审核主要在上半年进行，年报现场检查则在下半年实施。

三是问询内容方面。问询关注内容中，美国SEC财务部发放的监管函以上市公司财务公告内容、公司信息披露问题等为主要监管点，以确保上市公司遵守适用的财务报告准则的披露要求（Cassell et al., 2013；Heese et al., 2017）。澳大利亚证券交易所问询监管的情景则是察觉上市公司具有股价异常波动或者交易量不正常时，则会向该上市公司发出问询函，并要求对该股价波动或异常交易量进行详细的解释（Gong，2007）。与澳大利亚的问询制度不同，中国监管机构更多地关注上市公司日常交易的实质性，现场检查则是对上市公司一线监管的常用方式，监管机构察觉其日常所掌握的监管信息与上市公司实际披露行为不一致时，上市公司就有可能被监管问询（陈运森等，2019）。我国交易所问询函主要针对那些信息披露瑕疵、内部控制、关联交易、日常投资活动与并购重组等重大投资事项行问询，大部分问询函与财务报告信息披露或公司经营行为等密切相关。同时，沪深交易所的监管问询还强化中介机构的责任，一些问询事项也要求第三方中介机构（如会计师事务所、财务顾问及律师事务所等）出具专业意见，以提高问询监管效率；部分公司独立董事也要求对被问询事项出具相关意见。

四是问询时效性方面。美国 SEC 监管函的发函和回函内容均无及时披露要求，澳大利亚证券交易所的问询函件在被问询公司回函以后才向市场公开披露；中国沪深交易所的监管问询函件及回函内容根据问询进程分别及时披露（一般自发函日起 7 个工作日内回复问询函）。若被问询公司由于某种原因不得不延期回复问询事项，则需要根据自身实际情况向监管部门申请，并向资本市场披露延期回复问询函件的原因；若公司不予回复问询函或对问询事项没有进行恰当的解释，监管机构还可能实施后续的监管策略，如现场调查等（李晓溪等，2019b）。这使上市公司更及时地对被问询事项进行必要的修正与回复，也让问询事项的信息披露更及时为利益相关者所关注，对公司行为产生有力的威慑作用。

五是问询类别方面。美国 SEC 问询函主要为定期报告问询函（10-K、10-Q）、IPO 问询函；澳大利亚交易所问询函主要有股价问询函、交易量问询函和其他事项问询函三类。我国沪深交易所发放的问询函主要有：财务报告问询函（包括年报、半年报和季报）、许可类重组问询函、非许可类重组问询函、其他关注函等。可见，各国监管机构根据其资本市场发展情景，发放的问询函种类也有所侧重。

综上所述，无论是从监管方、问询审核、问询内容、问询时效性还是问询类别方面，中国问询制度都有别于美国、澳大利亚等发达国家中的问询政策，具有特色之处。上述问询制度的差异，为中国上市公司普遍存在过度投资情景下问询监管的动因及其经济后果的研究提供了良好的制度基础。基于上述问询制度的简要背景，表2-1扼要地列示了中国、美国、澳大利亚上市公司信息披露的问询监管模式比较。

表 2-1　　　中国、美国、澳大利亚上市公司信息披露的问询监管模式比较

项目	中国	美国	澳大利亚
问询发函部门	沪深交易所	美国证券交易委员会（SEC）	澳大利亚证券交易所（ASX）
是否定期审核	是，具有定期全面审核	是，每三年至少需要对每家上市公司的文件审核一次	否，未建立定期问询审核机制
问询关注内容	公司财务信息披露瑕疵，会计政策的合规性，公司经营业务、行业发展、风险因素、日常投资活动、并购重组等重大投资事项、产能利用、关联交易、资金占用、商誉减值等	公司财务信息披露瑕疵，重要事项披露不完善，违背会计准则等事项	股价异常波动、股票异常交易以及问询函中所认定的其他主题
问询时效性	问询函件与回函内容根据问询进程分别及时披露（一般自发函日起7个工作日内回复问询函），及时性较强	2012年1月1日之前，SEC问询的回函文件披露不早于完成审核后45日；2012年1月1日之后，SEC问询的回函文件披露不早于完成审核后20个工作日	问询发函与回复函件同时公开披露
问询函类别	财务报告问询函（包括年报、半年报和季报）、许可类重组问询函、非许可类重组问询函、其他关注函	定期报告问询函（10-K、10-Q）、IPO问询函	股价问询函、交易量问询函和其他事项问询函

资料来源：笔者根据中国、美国、澳大利亚各国证券监管部门的相关信息披露网站查询整理而得。

图 2-1 扼要地列示了美国 SEC 问询的一般流程，资料借鉴 Bozanic 等（2017）。

```
|---------------|---------------|---------------|---------------|--------------->
年报文件提交日   问询函发放日    问询函回复完成   问询函披露日    后续年度报告提交日
2018年3月1日    2018年6月6日   2018年8月28日   2018年10月12日  2019年3月1日
```

图 2-1　美国 SEC 问询的一般流程

图 2-2 为中国沪深交易所年报问询的一般流程，资料参考李晓溪等（2019b）。

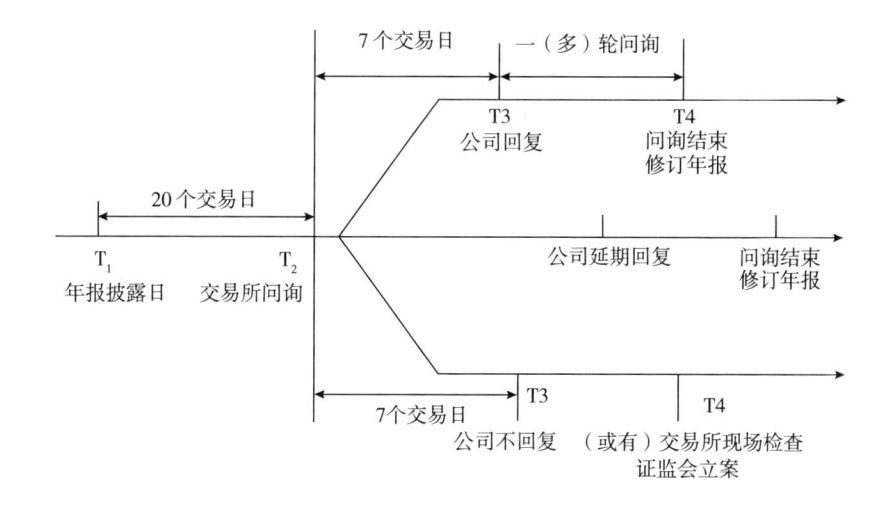

```
                    7个交易日        一（多）轮问询
                  ←————————→       ←————————→
                                T3              T4
                                公司回复          问询结束
                                                修订年报
      20个交易日
    ←——————→
                                公司延期回复      问询结束
                                                修订年报
   T1         T2
   年报披露日   交易所问询
                    7个交易日
                  ←————————→
                                T3              T4
                                公司不回复        （或有）交易所现场检查
                                                证监会立案
```

图 2-2　沪深交易所年报问询的一般流程

图 2-3 为中国上市公司并购重组问询的一般流程，资料参考李晓溪等（2019a）。可见，问询情景不同，监管问询流程也不一样。

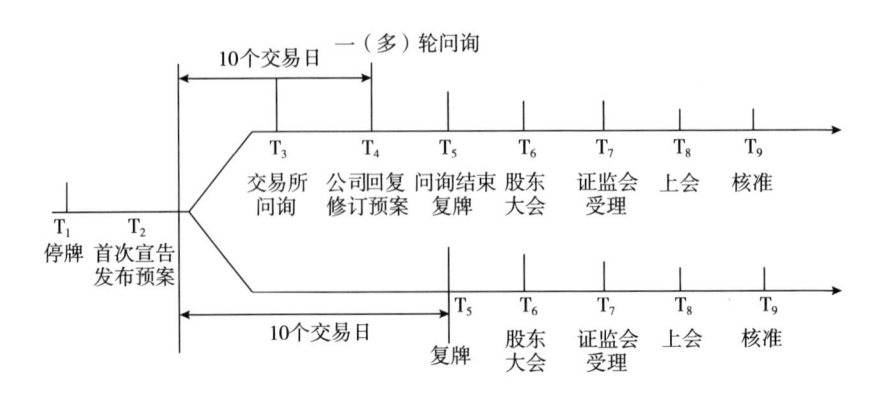

图 2-3　上市公司并购重组问询的一般流程

第三节　本章小结

  信息披露制度建设对上市公司和资本市场双赢高质量发展至关重要。伴随注册制改革的步伐，我国资本市场的监管理念在"放松管制、加强监管"这一制度革新背景下得到了极大转变，交易所问询制度成为上市公司信息披露"事后监管"的重要方式。中国新兴资本市场问询制度有别于发达资本市场国家中所实施的问询政策，具有独到监管思想之处。

  新制度经济学分析中，强调交易行为内生于其所处的制度环境，需要构建"制度—治理—交易"的理论分析框架，融合制度嵌入治理的分析思想，有助于我们从制度视角来甄别中国新兴市场和西方发达市场中会计实践的迥异（李增泉，2017）。与此同时，在 Wong（2016）关于"Top-Down"的分析模式中，提出"制度—市场—企业"的研究架构，该体系对我们基于制度嵌入视角分析中国市场化监督机制之问询制度的监管效应具有重要参考。因此，要研究问询监管这一制度治理机制，就要解读问询制度本身及其差异内涵，了解问询制度的演进。

  本章扼要解读了中国、美国和澳大利亚等典型国家的问询制度的相关演进，并对各主要国家问询制度进行制度差异解析，打开了研究问询制度的一扇窗口，深入了解问询监管制度的实施状况，有助于从制度逻辑解读监管行为变化的作用效果，同时为后文研究交易所问询监管的决策动因及其治理机制提供了坚实的制度基础。

第三章

文献回顾

本章对本书研究所涉及的相关领域进行文献梳理，主要包括：①管制理论的研究，其中包括政府管制的重要性、政府管制的产权分析和政府管制的经济后果；②问询监管的相关研究，其中有问询监管的影响因素和问询监管的经济后果研究；③公司过度投资的相关研究，其中有过度投资的形成动因、过度投资的经济后果和过度投资的监管治理研究。在此基础上，进行简要文献评述。

第一节 管制理论的研究

政府管制理论也称为管制经济学（Economics of Regulation），是一门新兴的经济学分支。政府管制的内涵在现、当代意义方面可视同于国家干预。国家干预的各种学说与政策主张一直是学术界探究的重要问题之一。政府管制的主要目的是弥补市场失灵所带来的负面影响，从而有效改善市场资源配置的效率和保护公共利益不受侵害。本节将扼要回顾更具基础性的管制理论研究。

一 政府管制的重要性

长期以来，主导现代经济的两大力量，即政府与市场，这两股力量分别被看作为有形之手与无形之手。市场失灵理论表明，处于帕累托法则意义方面的政府管制能够增进私人的产出接近社会最佳量，从而有效改善社会福利。政府在帕累托法则意义方面可以增进社会福利的能力，其意味着能够引导一种产出变化，这种产出变化至少能够改善某个人的现状，而不会让其他人有所损失，即帕累托改进。当市场失灵时，人们总是希望在市场失灵的视域看到政府活跃的身影，这就是政府管制介入的重要性（黄世忠等，2002）。

政府在管制过程中，即能通过财政、货币等宏观调控政策予以引导市场有序运行，也能在微观层面通过各项政策法规等影响企业行为或个人行为规范，因此政府管制这把有形之手无处不在（陈冬华等，2012）。早期较为重要理论是"公共利益理论"，认为政府管制能够作为市场机制运行的补充，能够有效减少市场的不完善性，即存在信息不对称、外部性等典型市场失灵状况时，为弥补市场失灵的缺陷影响，减少其对社会公众利益的损害，政府管制可以在一定程度上矫正市场失灵，改善社会福利水平。作为管制经济学的鼻祖，Stigler（1971）最初把管制视为"为产业所需，同时按照其利益来设计并执行国家政策权力"，主要包括直接的货币补贴、价格固定、新竞争者进入的限制、补充物生产的鼓励以及对受管制行业产品的替代物生产的限制。程启智（2002）将政府管制也称为公共管制，是指为了纠正市场失灵，政府的相关行政机构根据一定的法律法规对市场中的企业行为进行政策性干预，包括经济体制管制与社会性管制。经济体制管制是政府对某些特殊行业的管制，如金融行业；社会性管制则是政府对那些企业生产行为所引致的外部性问题（如环境污染等）进行有效管制，以及消费领域中有关产品质量等内部性问题的监管。

在法律制度较为健全的发达国家中，政府管制行为普遍存在；对于新兴市场国家体制中，由于大部分社会经济政策的革新为政府主导型，使市场运行较依赖于政府管制。同时，政府管制也具有政治目标的追逐性，并在政治目标与管制经济利益最大化之间进行有效权衡。Shleifer（2005）从管制成本视角，认为政府管制是基于政府独裁成本和社会无序成本之间的一种量力权衡。在政府主导的市场经济行为之下，相比于社会无序成本，政府管制的付出占据了绝对优势，如监管者能够易于察觉经济行为的不规范性。Xu和Pistor（2002）认为，资本市场的有序发展就应该纳入政府管制的范畴。尤其是防控系统性的市场风险，政府管制占据重要地位（Zingales，2009）。在管制实践中，每逢经济危难之后便发现市场对政府管制政策的出台或变革需求都有所上升，如从1929—1933年世界经济危机、2001年的"安然事件"到"世通事件"等，以及在2008年的国际金融危机中更显现了政府管制政策的重要性。

证券市场的管制有效性方面，Glaeser等（2001）通过考察波兰与捷克国家的证券市场发展状况之后，发现波兰国家在证券市场发展中取得了较好成绩，其主要源自波兰国家实施了更为严格的管制政策。Pistor和Xu（2005）指出，中国证券市场发展逐渐成熟的过程，这与行政管制的力量替代不完善的法律制度功能密切相关。Glaeser和Shleifer（2001）研究发现，在政策落实与产权保护方面，政府管制有时候比法律制度更加有成效；并且在转型经济国家中，由于法律制度不够完善，政府管制在一定程度上可以作为法律制度的部分替代机制。

二 政府管制的产权分析

在产权理论中，Alchian（1965）将产权定义为拥有某一特定资源属性的一种权威，此种权威可以允许资源拥有者采用任何非禁止方式予以使用该特定资源。在Demsetz（1964）关于《产权的交换与实现》一文中指出，产权是一个人或其他人受益或受损的权利，其主要作用是使外部性问题能够实现内部化的激励过程。从演进观点而言，产权可以作为一种制度（汪丁丁，1996）。

管制经济学中，内部性与外部性是分析市场失灵和政府管制的两个重要概念。外部性，亦称溢出效应，即交易双方在没有经过一致协议情形之下，某一经济主体对其他行为主体所施加的受益或承担成本。内部性则是经济行为主体所能经受的但没有在交易契约条款中实际反映出来的受益或成本（史普博，1999）。内部性事实上为微观经济学中所述的由信息不全与不对称性所引致的市场失灵的情形，也诸如委托代理理论下公司股东和经理之间因信息不对称而产生的内部性代理问题（程启智，2002）。

Coase（1960）在《社会成本问题》一文中，最先采用产权理论来分析外部性问题，提出了著名的科斯定理。科斯认为，当产权能够在法律规制上明晰界定，并且交易双方在讨价还价的博弈过程中交易成本为零时，能够通过交易双方自由交换并使资源配置达到最优状态，此时外部性问题可为市场所调节与完善。但现实中，由于市场信息不对称的大量存在，产权交易成本高昂，交易双方难以达到产权博弈的均衡点，此时市场自发配置也难以缓解负外部性所引致的效率损失问题，不利于资源配置的优化。因此，需要政府这把有形之手来进行社会性管制，以避免社会整体福利的损失。这就为界定政府对外部性问题管制的边界提供了重要的理论基石。

因此，从产权经济学（又称新制度经济学）分析视角，政府管制的目的在于降低产权充分界定的成本，即最大限度为当事人提供较多的可选择的交易空间，以增进当事人能够通过自由交易，进而使产权能够达到充分界定的程度，最终在一定约束条件下使资源配置达到最优状态，即提高资源配置的效率；同时在产权优化界定过程中也提高了政府管制的执行效率（程启智，2002）。

回到资本市场监管下的公司行为分析情景，产权经济学以产权作为一个有力的分析工具，将正式制度与非正式制度纳入了一个完整的分析架构，并在模型分析之中直接纳入了制度变量。在市场化交易治理情景中，强调交易行为内生于其所处的制度环境，构建了"制度—治理—交易"的理论分析模式，从制度视角来甄别中国新兴市场和西方发达市场中会计实践的迥异（李增泉，2017）。同时，在 Wong（2016）关于"Top-Down"的治理分析框架中，提出了"制度—市场—企业"的分析架构，该体系为我们从制度层面来考察公司行为的治理路径具有重要价值参考。事实上，"Top-Down"研究架构的理论根源为产权经济学，夯实了制度治理嵌入对合约结构及交易行为的重要性。

产权经济学属于实证经济学的范畴，其内涵在于，任何交易行为可视为产权的交换，产权的执行和计量过程中会有合约交易成本，而交易方式的最优选择则取决于如何将交易成本最小化的问题（李增泉，2017）。即从产权交换的视角，交易成本可以分为计量成本与执行成本两种。计量成本（Measurement cost）属于一种信息传递成本，用之确定产权交换价值的成本；执行成本则是交易合约履行所付出的成本，用之保障产权交换价值能够得到顺利地实现（Alchian and Demsetz，1972；Cheung，1983；刘浩等，2015）。因此，就产权经济学的交易成本而言，改善上市公司信息披露质量与强化交易双方的合约履行可以作为降低公司代理成本的一个有效路径（刘浩等，2015；程博等，2016）。

三 政府管制的经济后果

管制的一个重要目的是提高资源配置的效率，并维护公共利益不受侵害。这使政府管制的执行及其效率是一个非常重要的问题，尤其在法律制度较不完善的新兴转型国家中（陈冬华等，2012）。对于法律制度不完善的新兴市场，政府管制在市场中具有重要作用，并积极向市场化的管制体制发展。

监管执行效力可以作为资本市场监管的一项重要机制（La Porta et al.，1998）。陈冬华等（2008）基于我国转型经济下较为薄弱的法律制度环境，将管制看作法律机制欠缺的衍生机制，认为管制权力可能会出现外溢，形成一种隐性契约。黄世忠等（2002）从会计信息市场层面指出，单方面的市场力量很难有效控制信息生产的不足或过剩问题的产生，也无法保证会计信息质量的提升，而政府管制作为市场机制的补足力量，或许能够解决会计信息供给不足或过剩问题。吴溪（2006）发现监管标准的制度化能够改善我国证券市场ST公司申请摘帽当期的盈余管理行为，并提高了盈余的持续性。Chen等（2005）研究发现，中国证监会对上市公司的处罚增加公司CEO变更、公司审计师变更和审计师发表非标准审计意见的概率。黎文靖（2007）发现深沪交易所建立的诚信档案制度对公司会计信息质量的改善具有一定的积极效用，也表明政府部门对证券市场实施的相关会计监管政策，能够在一定程度上发挥正面效用，从而缓解会计信息失真和完善市场机制的运行。陈运森和宋顺林（2017）首次采用证监会处罚事件作为声誉受损的测度指标，考察了承销商声誉机制的有效性问题，表明监管层、投资者和发行人均对证监会的监管处罚做出了不同程度的反应。这些监管的经济后果显示了管制力量的积极效用。

当然，任何事物都有两面性，政府管制也不例外。管制的"寻租"理论指出，管制能够在被管制行业中产生租金，这些租金由消费者来承担，但是由管制者与被管制者获取，若此种租金的收益大于为获取租金而付出的成本，管制者（政治家）与被管制者（经营者）之间就会构成管制的供给与需求的市场，而这一供求市场中对租金的摄取会使管制的经济效果背离了管制政策制定及其目标的初衷（Stigler，1971）。进一步地，在 Cheung（1974）提出的价格管制理论中，指出价格管制作为干预市场中私人契约的立法行动之一，价格管制策略在一定程度上会引致租值耗散问题，并带来了资源配置效率的无谓损失。例如，市场价格管制下的电影票价，市场价和管制价之差额即为价格管制所形成的租值，由于租值未界定其产权所属，接下来就会呈现排队购买、关系票价、配额制等其他替代市场价格的交易方式，在这一替代市价交易形成过程中会造成租值分配效率低下的相关问题。Becker（1983）则从管制的均衡分析，提出了基于追求政治影响的不同集团压力之间的竞争理论，认为政治影响的均衡有赖于每个集团所进行的施压效率、不同集团中的成员数量及税收与补贴引致的无谓成本。刘煜辉和熊鹏（2005）则研究发现，由于政府管制在一级市场中增加了投资者的交易成本，从而使政府管制这一制度安排是导致较高的 IPO 抑价的根源。陈冬华等（2005）基于国有企业中存在薪酬管制这一特殊背景，发现在职消费便成为国有企业管理层的替代性选择。并且，薪酬管制会诱发地区高管腐败行为的发生（陈信元等，2009）。

综上所述，政府管制具有重要理论基础，基于公共利益理论的政府管制可以补足市场失灵的缺陷，积极增进社会福利。要改善资源配置的效率问题，应该在政府管制的利与弊之间进行有效权衡，并基于"制度—治理—交易"这一重要理论框架，在政府顶层政策设计与战略推动下，贯彻于"放松管制、加强监管"的资本市场改革理念，从而更好地发挥有形之手和无形之手在市场资源配置及其监管中的优势功效。

第二节　问询监管的研究

问询函是监督公司会计政策运用、信息披露质量、公司投资等财务决策行为乃至防范资本市场金融风险的创新监管模式之一，也是一种非处罚性的预防监管方式。国外大量文献基于美国SEC问询函的监管效果进行考察，国内关于问询函研究才刚刚起步。关于问询函的研究，以往文献主要集中于问询监管的影响因素和问询监管的经济后果，本节就从这两方面问询监管的相关研究进行文献梳理。

一　问询监管的影响因素

探究问询函的影响因素是问询监管发挥治理功用的重要前提。问询监管的影响因素方面，以往研究主要从监管方、被监管方财务特征等方面进行考察。

（一）问询监管者视角

从监管者角度，由于问询函是由监管者直接执行的，监管者人员风格可能会在一定程度上影响问询监管效果。Peter和Zhang（2018）基于美国SEC问询函的背景，手工收集了SEC工作人员的个人信息，发现SEC监管机构的问询人员对财务报告发问方式存在个人风格差异，监管者风格塑造了公司的财务报告质量；女性问询人员通常对问询事项的审查更严格，注册会计师资格在其中扮演很重要的角色。Baugh等（2022）也提供了SEC审查人员风格对问询监管结果影响的证据，发现监管风格更严格的审查人员与高质量的财务报告显著相关。Gunny和Hermis（2020）从SEC监管的繁忙性视角，发现SEC在繁忙时发布的意见信较少，SEC将其有限的监管资源集中在较严重的违规披露事项上。该项研究没有发现任何证据表明SEC在繁忙时会错过更严重的财务报告合规性问题，同时也说明了政策制定者有责任向SEC分配监管资源。Matthew等（2020）则从SEC监管的资源有限性层面，指出美国SEC对上市公司财务报告进行监管问询时，还会同时审查了其他交易性文件（例如，IPO和收购文件等），这些文件是不可预测的，而且经常会出现变动。发现在异常高的交易备案期间，定期报告的问询函质量较低，同时增加了信息不对称程度和降低了盈余反应系数。该结论表明，意外的监管资源限制影响了 SEC 对定期报告的监督质量。

（二）被问询方财务特征

从被问询对象特征方面，Cassell 等（2013）研究了影响收到问询函的概率及其修正成本，发现当公司盈利水平较低、业务复杂度较高、财务重述较多、内部治理薄弱、股价异常波动以及小规模事务所（非四大）审计等情景中，公司更有可能收到 SEC 的问询函；并且这些问询问题严重性带来了问询函的回复修正成本，特别是具有会计问题相关的问询函时，问询回复的修正成本越大。Jonathan 和 Thompson（2019）发现较高的财务报表可比性提高了 SEC 评估和监督公司财务报告质量的能力。具体而言，当公司的财务报告可比性较高时，会计信息质量较低的公司更有可能收到 SEC 问询函，表明可比性增强了 SEC 识别会计信息质量较差的能力；并且当监管资源有限时，财务报告可比性在 SEC 监督中的作用更加突出。李晓溪等（2019a）从并购重组信息不对称视角，发现信息不对称程度较严重、报告书信息披露质量较差的并购重组交易更有可能收到交易所的问询函。

公司管理层机会主义的问询识别中，刘柏和卢家锐（2019）考察了沪深交易所对上市公司盈余管理行为是否具有风险识别能力，发现公司应计盈余管理和真实盈余管理程度越大时，其收到年报问询函的概率更高。Kubick 等（2016）从公司税收规避视角，发现避税程度较高的公司更有可能收到 SEC 关于税收方面的问询函。在管理层应对问询函方面，Ertimur 和 Nondorf（2006）发现 IPO 公司财务总监（CFO）拥有丰富的管理经验时，公司信息披露质量会相应得到提高，使公司更少收到 SEC 问询函。

上市公司的政治关系方面，具有政治关联的公司更易于被美国 SEC 问询（Heese et al., 2017）。Chen 等（2018）基于中国制度背景下的年报问询函样本，也发现了政治关联较高的上市公司中，年报问询对其关注度也较高；且这种政治关联的问询关注效应在聘任等级较低的前任官员和非国有上市公司样本中更明显。

二 问询监管的经济后果

基于证券监管机构的审核问询制度基础，问询机制作为一种公司信息披露的创新监管模式，能够发挥公司外部治理功能。关于问询监管经济后果的研究主要从问询函的市场反应、问询监管的信息披露效应、问询监管的公司会计信息质量、问询监管的管理层行为、问询监管的利益相关者决策以及问询监管的"溢出效应"等方面考察。

(一) 问询函披露的市场反应

关于问询函披露带来的市场反应中，Gao 等（2010）采用美国 SEC 公司财务部的问询函和财务报告重述来考察 SEC 财务报告在审核过程中的市场反应差异，发现市场在问询函公告日的显著性反应较弱，而在财务报告重述日具有显著为负的市场反应。Gietzmann 和 Isidro（2013）采用 2006—2008 年 SEC 对适用一般公认会计原则（GAAP）的美国公司和适用国际会计准则（IFRS）的欧洲公司所发放的问询函，考察机构投资者对使用不同会计准则的公司收到问询函的市场反应差异，发现公司收到 SEC 问询函后机构投资者减持股份；并且相比于 GAAP 的公司，机构投资者对 IFRS 的公司问询函的反应更加负向。Dechow 等（2016）研究发现，与收入确认相关的 SEC 问询函在披露当天市场有较小的负面反应，在 50 天后股价回报有负向漂移，并且在问询函披露之前内部交易量较大的公司中股价回报负向漂移更大。

关于澳大利亚证券交易所（ASX）的问询函研究方面，Gong（2007）采用澳大利亚交易所的问询函公告数据，发现向市场披露了增量信息的被问询公司约有 30%，公司回函披露后股票交易量及买卖差价有所减少，大部分股价也具有稳定事态。Drenko 和 Sault（2011）采用事件研究法和样本匹配法，考察了 2007 年 1 月至 2008 年 12 月澳大利亚证券交易所问询函公告的市场影响，发现公司股东财富及交易量与问询函公告均显著正相关，问询函公告前的异常回报在问询函公告后依然存在。Drienko 和 Sault（2013）利用 2010 年 1 月至 2012 年 4 月澳大利亚证券交易所（ASX）的股票交易数据考察问询函公告的直接影响,发现在当天问询公告发布后,公司股价有 3.3% 的显著性逆转。Drienko 等(2017)进一步研究发现,澳大利亚证券交易所(ASX)的问询函在公告后的 30 分钟之内,股票回报有 2.7% 的显著性逆转,而且问询函公告后几天中的股票回报波动程度与买卖差价均有所减少。

中国资本市场问询函披露的市场反应中,陈运森等(2018a)利用 2007—2016 年 A 股上市公司的财务报告问询函数据,从收函公告与回函公告两个方面考察了非处罚性监管之财务报告问询函公告的市场反应,发现资本市场对问询函收函公告的反应显著为负,而对问询回函公告的市场反应显著为正;而且一些上市公司特征和财务报告问询函特征会影响市场对问询函公告的反应程度。郭飞和周泳彤(2018)采用事件研究法考察了 2015 年沪深交易所年报问询函披露的市场反应,发现年报问询函披露情景下的累计平均异常收益呈显著负相关;并且年报问询函中涉及收入核算问题越多时,其所带来的负向市场反应越强烈。李琳等(2017)则采用 2015—2016 年沪深交易所的年报问询函样本,发现年报问询函及其公司回复函披露后都具有负面的市场反应,并且在披露前发生内部人减持的公司中负面市场反应更为强烈。

(二) 问询监管的信息披露效应

问询监管作为一种信息披露监督机制,其在资本市场的信息披露效应方面具有不同影响。Duro 等(2019)基于美国 SEC 问询披露政策变化前后(2004 年前后),发现 SEC 问询的信息披露后,资本市场对公司季度盈余释放的反应增加,并且在问询审查期间部分公司出现了更强有力的反应,平均持续两年。这项研究表明管制活动的披露能够加强公共执法力度。陈运森等(2018a)研究发现,中国资本市场的问询监管信息披露具有信息含量。在郭飞和周泳彤(2018)的研究中,也指出我国交易所年报问询函披露具有一定的信息含量。

从具体问询信息披露事项层面,Bens 等(2016)采用 2007—2012 年中公允价值相关的 SEC 问询函数据,发现与公允价值相关的问询函披露后能够降低公允价值估计的信息不确定性,尤其是在第二层级和第三层级公允价值的资产估计情景中,与公允价值相关的问询函披露所带来的信息不确定性降低程度更明显。Johnston 和 Petacchi（2017）采用 2004—2006 年美国 SEC 问询函数据,发现 SEC 问询函披露具有市场信息披露效应,表现在问询函的问题修正后股票买卖差价中的逆向选择行为减少和盈余反应系数（Earnings Response Coefficients,ERCs）有所上升,该研究结论说明了问询函披露后能够降低公司信息不对称程度。Bozanic 等（2017）采用 2004—2011 年 SEC 问询函数据,也发现公司收到问询函后,问询函中问题修正后能够改善公司信息环境,降低了上市公司的诉讼风险。

并购重组问询函的信息效应中,李晓溪等（2019a）以 2014 年 12 月至 2017 年 9 月 A 股上市公司重大资产重组为研究样本,采用文本分析法比较了并购重组报告书的修订前后差异,发现新修订并购重组报告书中标方历史信息与前瞻信息的内容较多且更为详细,表明我国并购重组的问询函制度能够改善信息披露并缓解了并购交易过程中的信息不对称程度。同时在并购重组问询的经济后果方面,发现了信息披露程度改善较好的被问询公司重组的成功率更大,所带来的未来市场绩效也较好。Johnson 等（2019）也发现 SEC 问询函披露对公司并购完成率具有积极影响,且在并购交易完成后,收到 SEC 问询函的公司出现商誉减值或财务重述的可能性较小。

（三）问询监管与公司会计信息质量

作为信息披露监督机制的问询函,其所带来的一个重要影响为公司会计信息质量。在 Hribar 等（2014）关于一种新的会计质量研究中,将 SEC 问询函纳入了衡量公司会计质量的重要指标,认为公司收到问询函意味着会计信息质量较差,且这种会计质量较低的信息情景蕴含着公司具有异常审计收费（Unexplained auditfees）。Gao 等（2010）从公司财务重述视角,发现美国 SEC 财务部的问询监管强化了公司财务重述行为的有效披露。在公司内部控制质量方面,Anantharaman 和 He（2016）采用 2005—2011 年美国 SEC 问询函数据,发现与内部控制相关的问询监管有效增加了公司未来内部控制缺陷的披露,而且这一内控信息披露行为只存在那些有内部控制缺陷却未披露该内控缺陷的公司中，对于那些已经披露了内部控制缺陷的公司中，与内部控制相关的问询监管则不影响其未来内部控制缺陷披露。说明问询监管对公司内部控制报告质量具有一定积极影响。从财务报告可比性视角，Jonathan 和 Thompson（2019）发现 SEC 问询监管在同行公司层面中会增加被问询公司的会计信息可比性。

张然等（2015）采用 2005—2010 年在美反向并购的中国公司样本，研究 SEC 问询函对公司财务造假的预测效用。发现相比于未收到 SEC 问询函的公司，收到问询函的公司更有可能成为问题公司。当 SEC 问询函的问题数量较多，解决问询问题的难度较大时，公司也更有可能成为问题公司。说明 SEC 问询函在公司财务造假出现之前起到一定的监督效用，对提高会计信息质量具有积极作用。李晓溪等（2019b）从公司业绩预告这一前瞻性信息视角，探究了年报问询函的影响效应。发现相对于没有被问询公司，年报问询函提高了被问询公司业绩预告的积极性，业绩预测的精确度也增加，同时业绩预告的文本信息质量得到改善。翟淑萍和王敏（2019）也发现我国交易所财务报告问询函能够提高公司管理层的业绩预告质量。

（四）问询监管与管理层行为

审核问询机制对公司管理层行为的影响具有两面性，以往研究主要从公司盈余管理、内部人交易行为、管理层自利行为等方面进行考察。

从公司盈余管理视角，Li 和 Liu（2017）对 2005—2011 年 SEC 关于 IPO 公司问询的研究中，理论分析了 SEC 问询函能够通过降低 IPO 过程中的信息不对称，有效抑制 IPO 公司盈余管理的机会主义行为。Cunningham 等（2020）采用 2007—2016 年 SEC 问询函样本，发现相对与那些没有接收到问询函的公司和倾向得分匹配法（PSM）所得的没有问询函公司，接收到 SEC 问询函公司中的应计盈余管理有所下降，但 SEC 问询函使公司真实盈余管理程度增加。进一步从总盈余管理视角（应计盈余管理+真实盈余管理），发现 SEC 问询函对总的盈余管理行为没有显著差异影响，一个从问询函所致的成本和收益权衡理论解释是，SEC 问询函使较高的真实盈余管理替代了较低的应计盈余管理。在中国资本市场中，陈运森等（2019）采用以 2013—2016 年中国 A 股上市公司及其问询函为样本，也发现了中国式财务报告问询函能够有效抑制公司应计盈余管理；并且公司所有权性质和信息环境对财务报告问询函的监管效果有显著差异影响，即问询函在非国有公司和信息环境较透明情景中对应计盈余管理行为的治理作用更明显。

在公司内部人交易行为方面，Dechow 等（2016）采用 2006—2012 年 SEC 问询函事件公告数据，在与收入确认相关的 SEC 问询函公开披露之前，公司内幕交易行为明显高于正常水平。与收入确认相关的 SEC 问询函在披露当天市场呈现较小的负面反应，而在问询函披露 50 天后股价回报有 1%—5% 收益率的负向漂移，并且在问询函披露之前内部交易量较大的公司中股价回报负向漂移更大；同时还发现，更多的负向漂移在与收入确认相关的问询函披露前表现得尤为明显，这一证据说明公司内部人从与收入确认相关的问询函披露之前窗口期中获得内部交易的收益，从而助长了公司内部人在问询函披露窗口期的策略性内部交易行为。在中国式问询函公告披露的情景中，李琳等（2017）以 2015—2016 年深交所年报问询函为样本，发现公司内部人会利用年报问询函回复窗口期的信息优势进行内部交易的择时行为。

问询监管还能影响管理层变更行为，Gietzmann 等（2016）采用 2005—2012 年 SEC 问询函样本和动态模型，发现 SEC 问询函会给公司管理层（CFO）自身带来负面的管理信息信号（Poor CFO management），增加了公司管理层（CFO）变更的概率；并且当问询函数量及其问题越多时，公司管理层（CFO）变更行为更为频繁。

在问询监管的信号理论模型中，孙彤和薛爽（2019）以我国交易所问询函来测度公司外部监督力量，构建了公司管理层和公司外部监督者之间的信号博弈模型，分析了外部监督对公司高管自利行为的有效监管机制。发现当加入对公司信息披露的监督激励机制，鼓励公司进行高质量信息披露，并对高质量信息披露的公司管理层给予一定的奖励性时，则会有效实现信号博弈的分离均衡，从而减少公司管理层的自利行为。基于问询监管的信息机制，Yao 和 Xue（2019）从内部控制意见购买方面，发现我国年报问询监管所带来的压力能有效抑制管理层的内部控制意见购买行为，尤其是在具有"内控特征"问询监管压力情景中更明显。

在公司管理层的绩效评价过程中，Chen 等（2019）基于 SEC 问询监管的场景，考察了公司董事会等内部人士考核绩效时是否考虑问询函这一外部监管信号。发现公司在收到 SEC 关于收入确认的问询函后，会减少 CEO 的年度奖金，并且这种负面影响对高成长性公司、CEO 权力较弱的公司和机构所有权较高公司更为明显。同时还表明公司在收到与收入确认相关的问询函后，财务总监（CFO）的奖金也会降低。这一证据说明董事会在制定公司高管薪酬时会将 SEC 问询函信息纳入了公司管理层的绩效评价体系。

（五）问询监管与利益相关者决策

基于问询函的信息传递效应，问询监管会影响利益相关者的行为决策，主要表现在第三方独立审计师行为、分析师行为、证券律师、银行信贷决策和公司控股股东行为等利益相关者方面。

独立审计师行为中，由于财务报告是经由年报审计师鉴证的，使财务报告问询在一定程度上会影响审计师的风险感知及其决策行为。Gietzmann 和 Pettinicchio（2014）采用 2004—2008 年美国 SEC 问询函样本，发现当客户收到 SEC 问询函后，客户的问询函对审计师是一种审计风险信号和压力，审计师会重新评估问询函所带来的声誉和审计风险，进而增加了客户的审计收费。在中国制度背景的问询监管中，陈运森等（2018b）发现我国非处罚性的问询监管能够改进审计质量。当问询函要求年审会计师发表专业核查意见，问询函中涉及内部控制、风险及诉讼等特征内容以及问询函问题数量较多或公司延期回函时，问询监管对审计质量改善的作用更大；同时也发现上市公司在收到问询函后，会计师事务所对被问询客户的审计收费也有所增加。Ballestero 和 Schmidt（2019）考察了审计师个人的参与度是否提高 SEC 问询函问题解决的执行效率。发现当问询函涉及更多会计问题时，审计师对问询函回复的参与度更高；并且经验丰富的审计师更能缩短解决公司问询函问题的时间成本，从而提高问询函问题解决的效率。Baugh 和 Schmardebeck（2019）采用 SEC 问询函文本相似性和问询中关键会计问题的相似度来刻画问询函相似性（Comment letter similarity），以研究审计师风格（共同审计师）与共同信息披露缺陷（问询函相似性）的关系。发现具有共同会计师事务所公司中的问询函相似度更高；并且问询函信息披露的相似性在客户拥有较长审计师任期情景中更明显。在客户更换审计师后，客户可能会承袭后续审计师的风格及其信息披露缺陷风格。

从分析师行为方面，分析师作为资本市场重要信息中介监督机制和利益相关者，问询函信息披露对分析师信息决策具有重要影响。Wang（2016）手工收集了 2004—2007 年关于分部信息披露的 SEC 问询函，不仅发现公司收到问询函后其分部信息披露增加；而且公司对问询函中的分部信息缺陷问题修正后，有效减少了分析师盈余预测误差和预测乐观偏差，以及更小的预测分歧度。Bozanic 等（2017）则发现 SEC 问询函的问题修正披露会增加分析师跟踪程度。李晓溪等（2019a）在 2014 年 12 月至 2017 年 9 月我国 A 股上市公司并购重组的问询函报告书研究中，发现新修订并购重组报告书中标方历史信息与前瞻信息的内容均增加，且更为详细，这使并购重组公司在收到问询函之后的分析师盈余预测误差和分析师乐观程度都有所降低。

从证券律师行为视角看，有些问询函会要求法律顾问发表专业意见，会影响法律顾问在问询监管中的行为决策。Bozanic 等（2019）采用 2005—2012 年美国 SEC 问询函样本（大约有 35%法律顾问参与问询监管），考察 SEC 问询函中法律顾问的参与是否通过信息披露变更来充当客户的拥护者，或者鼓励信息披露透明性来扮演守门人的角色。首先，他们发现当公司具有更少解决 SEC 问询函的经验、较强外部监督、更高的专有成本和更大的诉讼风险时，法律顾问更易于要求参与问询函问题解决的管制之中；其次，当问询函问题较为复杂和较少的会计问题时，法律顾问在问询监管之中的参与度更明显。从法律顾问参与问询监管的经济后果来看，一方面，法律顾问在参与问询函问题解决中作为客户的拥护者角色（Advocacy role），通过完善问询文件中的信息和更少地对先前信息披露进行修正，并以此来帮助客户管理层抵制 SEC 要求披露额外的问询信息；另一方面，法律顾问在参与问询监管过程中具有守门人角色（Gatekeeper role），能够提高问询函信息披露的可读性，减少公司未来财务重述和更少受到未来问询监管。并且当问询函问题较为复杂时，法律顾问所扮演的守门人的角色更为重要。

银行信贷决策中，客户财务信息的稳定性是影响银行授信决策的重要因素。Cunningham 等（2017）通过 2007—2012 年 SEC 问询函样本，考察银行大贷款人是如何利用监管机构问询函披露的客户私人信息来进行放贷决策。发现当客户收到 SEC 问询函后，银行对被问询客户的信贷利率定价更高，而且这种问询信息所带来的信贷利率提升效应在那些之前没有被问询函公开曝光过的客户私人信息样本中更明显。同时，问询所带来的信贷利率定价效应在问询函中有重大信息披露缺陷、管理层自由裁量行为以及与抵押品估值相关的问题情景中更为突出。胡宁等（2020）基于我国交易所年报问询函数据，也发现年报问询的公共信息披露会影响债权人定价决策，提高了被问询公司的债务成本。

大股东行为方面，我国交易所问询函政策对大股东关联交易等"掏空"行为高度关注。聂萍和潘再珍（2019）以 2013—2017 年中国 A 股上市公司及其年报问询函为样本，探究了年报问询监管对大股东关联交易之"掏空"行为的影响。发现我国年报问询监管能够有效减少大股东关联交易的"掏空"行为，并且这种积极治理作用在具有"掏空特征"的年报问询监管情景中更为显著。

（六）问询监管的溢出效应研究

问询监管在资本市场中对那些未被问询公司还具有"溢出效应"。Kubick 等（2016）采用 2004—2012 年与税收相关的 SEC 问询函样本，发现当同行业内大量公司收到与税收相关的问询函时，会间接威慑同行业内没有收到问询函的公司避税行为，使同行业内未收到问询函的公司更加规范其纳税行为，即问询监管对公司避税行为的治理作用在同行业内公司具有溢出效应。Anantharaman 和 He（2016）采用

2005—2011年美国SEC问询函样本，发现与内部控制相关的问询监管在同行业内公司和问询函共同审计师层面中对内部控制缺陷信息披露具有积极溢出效应。Brown等（2018）从风险因素披露视角，分别从领头行业公司、竞争对手公司和大量同行业公司层面中对SEC问询函关于被问询公司的风险因素披露监管后，对于这三个层面中没有收到问询函的公司在随后年度中也在一定程度上修正了其信息披露行为；特别是在领头同行业中，问询监管对其他未被问询公司的特有信息披露的溢出治理效用更明显。此外，他们没有发现问询函共同审计师层面的溢出效应证据。Bills等（2019）则专门从SEC问询函对审计师行为的溢出效应视角研究，发现行业中当审计人员的客户收到与会计估计及商誉相关的问询函时，审计人员更有可能在行业中其他未被问询客户中加强对这些审计事项的审查，并且记录的会计估计变更和商誉减值测试的可能性增加；但未发现同地区层面的审计行为的溢出效应。Yao和Xue（2019）从内部控制意见购买视角，发现我国年报问询监管压力在同行业、同省份和共同审计师公司中均表现出其对内部控制意见购买行为的溢出治理。

第三节 过度投资的研究

委托代理理论的分析框架，公司管理层出于自利行为动机，过度投资是公司投资活动中普遍存在的现象。基于"动因—后果—治理"的理论逻辑，本节主要回顾公司过度投资的一系列相关研究，其中包括过度投资的形成动因、过度投资的经济后果和过度投资的监管治理研究。

一 过度投资的形成动因

不同国家制度差异下，公司过度投资的形成动因较多。结合本书主要研究内容，本章将扼要回顾更具基础性理论的过度投资形成的动因研究，主要包括双重代理问题、信息不对称、管理层过度自信、超额现金持有和激进负债行为等。

(一) 双重代理问题

代理问题对公司决策行为的影响一直是公司财务研究领域中的重要理论基础之一。代理问题是指由于代理人和委托人的目标效用函数不一致性，并在信息不对称的情景中，代理人为追逐利己之私，使其偏离于委托人利益的自利行为（Eisenhardt，1989）。

关于股东和经理人的代理关系，Jensen 和 Meckling（1976）指出公司经理人努力经营所得的利润由股东分享，而成本却由经理人来承担，这必然使经理人的决策行为会偏离于股东价值的最大化目标。因此，委托代理理论框架下，根植于公司所有权和经营权相分离所形成的股东与经理的第一类代理关系问题，使公司过度投资行为会源于代理问题。同时，在我国上市公司股权结构高度集中以及投资者法律保护不健全的制度背景中，两权分离会助长大股东持有最大化控制权收益的私有动机，使大股东和中小股东之间的第二类代理问题较为明显。

自 Modigliani 和 Miller（1958）提出经典的资本结构理论（MM 理论）以来，该理论为公司投资决策行为构建了一个完美情景下的参照系，认为公司投资应该决策于那些净现值（NPV）为正的投资项目或投资机会，所有净现值为正的投资项目都可以选择。然而，现实之中一些净现值为负的投资项目也有可能被利用，从而驱动了公司的过度投资行为倾向。

一方面，在经理人和股东的第一类代理问题中，管理层的自利行为会引发公司过度投资。Jensen（1986）在自由现金流的代理成本假说中指出，经理人的效用函数与股东目标并非完全一致。在这种情况下，经理人为了追逐利己之私，牟取私利最直接的方式为扩大公司规模，具有构建商业帝国（Empire-building）之冲动，经理人会利用多余的现金去投资一些净现值为负的项目，从而导致了过度投资的非效率行为。随后，Richardson（2006）实证研究了公司自由现金流与过度投资之间的潜在关系，支持了自由现金流的代理成本理论假说。

就管理层过度投资的动机而言，Stulz（1990）和 Zwiebel（1996）等发展了管理层的商业帝国构建假说，认为管理层扩张公司规模、构建商业帝国的私利动机将会引致公司过度投资。这是由于建立商业帝国，大公司管理者的社会地位及其所获取的各种货币和非货币收益会有所提高；同时公司规模扩张常常伴随着管理者薪酬水平的提升（Bebchuk and Grinstein，2006），而当管理者薪酬受到刚性管制的情形下，追求那些非正常报酬（主要为在职消费）便会成为公司管理者的一种替代性选择（陈冬华等，2005）。此时公司管理者有动机获取较多的在职消费予以弥补薪酬约束的不足，而更多非效率的过度投资将为攫取较多的在职消费提供了便利渠道。Conyon 和 Murphy（2000）发现经理人收益是公司规模的递增函数，大规模公司经理人的货币或非货币收益要高于小规模公司经理人的收益。体现于代理问题的薪酬激励机制中，辛清泉等（2007）研究发现，在国有资产管理机构及地方国有企业控制的两类公司中，经理人薪酬面临着更多的管制且货币薪酬较低，经理人为获取薪酬补偿而具有投资一些自利性项目的动机，使薪酬契约失效会引发公司的过度投资行为。

另一方面，在公司控股股东和中小股东利益冲突所形成的第二类代理问题中，大股东的私利行为也会导致公司过度投资。根据 Jensen（1986）、Richardson（2006）关于公司过度投资的理论内涵及其产生根源，即控制权私利的存在会引致公司过度投资，他们的研究结论是基于股权分散的美国发达资本市场，此情形下公司过度投资是由于管理层控制权私利的驱动而存在。与之研究的制度背景所不同的是，中国新兴市场股权高度集中且第二类代理问题更为突出，控股股东控制权私利的存在也可能导致了公司过度投资行为。Johnson（2000）曾指出，当公司现金流权和控制权具有较大分离时，大股东可能会要求公司高溢价（收购价格高于市场水平价格）收购其自身控制的其他资产，或者投资于使大股东享有更多协同收益的自利项目，而不管该投资项目是否有利于公司所有股东利益，由此使公司投资于部分净现值为负的投资项目而导致了非效率的过度投资。Wei 和 Zhang（2008）从股权较为集中的八个东亚国家的情景中，发现当控股股东所拥有的现金流权较高时，控股股东和中小股东之间的冲突较为薄弱，此时能够减少公司的过度投资行为；而当控股股东的控制权和现金流权的分离程度较大时，控股股东和中小股东之间较为严重的冲突还会助长公司过度投资。

基于中国上市公司股权结构情景，俞红海等（2010）首次通过动态模型的理论分析方法，实证发现我国上市公司股权高度集中、控股股东的存在会显著引发公司的过度投资行为。魏明海和柳建华（2007）以国有上市公司为研究样本，发现大股东持股比例与国有公司的过度投资行为呈"U"形关系。Jiang 等（2018）、李万福等（2011）和万良勇（2013）从大股东自利动机视角，也认为大股东代理问题是导致上市公司非效率投资的重要原因之一，尤其是在中国股权高度集中情景下，这一问题可能表现得更为突出。中国上市公司控股结构多数高度集中，现金流权与控制权的相分离程度较高，导致了我国上市公司大股东可能利用其独有的控制权，使公司投资于那些有利于大股东自身利益而有损于公司财富价值创造的投资项目，从而引致公司过度投资行为。

此外，企业集团作为一种重要的经济组织形态，其在经济高质量发展中占据重要地位。企业集团成员公司也存在代理问题，当投资者法律保护水平不够完善时，企业集团化会助长控股股东和中小股东之间的代理冲突问题（Baek et al., 2006；Khanna and Yafeh, 2007；潘红波和余明桂, 2010）。Shin 和 Park（1999）、Albuquerue 和 Wang（2008）研究表明，当公司规模较大时，控股股东能够与企业集团内其他成员公司进行关联交易的资源更多，控股股东获取的控制权私有收益会增加，这会导致控股股东持有利己动机要求公司进行过度投资行为，以此来增加控股股东自身的控制权私有收益。Matsusaka 和 Nanda（2002）研究发现，企业集团内部成员的代理问题较为严重时，管理层会借机利用集团公司在成员子公司中转移的现金进行过度投资行为；这使隶属于企业集团的上市公司过度投资行为较独立的上市公司更加严重（Shin and Park, 1999；潘红波和余明桂, 2010；窦欢等, 2014）。

（二）信息不对称

新古典经济学框架之中，投资项目的边际价值作为决定公司投资决策的一个重要因素，但由于资本市场不完善所引致的噪声会在一定程度上影响市场运行的有效性，易于使公司投资决策偏离于最优投资规模水平。其中，信息不对称则是导致这种市场噪声的重要原因之一（Bushman and Smith, 2001），进而使信息不对称影响了公司投资决策行为（Healy and Palepu, 2001; Biddle et al., 2006）。

Jensen（1986）指出，信息不对称情景下，由于公司股东和经理人的利益分配机制并未完全有效，会在股东和经理人之间滋生代理问题，使股东和经理人因信息不对称所产生的代理问题就会导致公司过度投资行为。Myers 和 Majluf（1984）认为，信息不对称情景会助长逆向选择行为，而逆向选择会增加市场摩擦程度，减少了公司向资本市场获取的外来资金，内部经理人会面临较大的融资约束，这样结果会使经理人不愿意在无投资机会时将过多的现金回馈于投资者，而是将多余的现金用之于与自身利益相关的非效率投资行为，引发经理人滥用公司现金流，如在职消费、建造商业帝国等，最终助长了公司过度投资。张纯和吕伟（2009）、张建勇等（2014）也指出，信息不对称所导致的逆向选择和代理问题会降低市场运行的效率，引致非效率的投资行为。潘敏和金岩（2003）也认为，信息不对称是引致企业过度行为的影响因素之一。

现实管理实践之中，作为公司内部人士之管理层，其掌握了大量充足的决策有用信息，但基于信息不对称情景的博弈行为，会使外部信息对内部人决策行为产生重要影响（Wahlen, 1994; Tucker and Zarowin, 2006）。从会计信息效应层面，较低质量的会计信息会加剧信息不对称，在一定程度上不利于公司经理人或投资者对市场投资机会的有效识别，从而降低公司投资效率（Biddle et al., 2009; Chen et al., 2011a）。程新生等（2012）从公司非财务信息视角，发现市场信息不对称程度较弱时，会降低公司非财务信息所发挥的增量效用，并降低了非财务信息和外部融资之间的相关性，最终削弱了非财务信息对公司投资决策效率的影响力。

（三）管理层过度自信

管理层过度自信是影响公司非效率投资的重要行为因素。在

Hambrick 和 Mason（1984）关于"高阶梯队理论"中，指出管理者的个人特质会影响其决策方式，进而会影响公司行为。经典经济学假设中，个人行为是理性的。但在心理学研究领域中，人们在行为决策过程中普遍具有过度自信的心理特征（Alicke，1985）。过度自信产生的原因来自对自身能力与知识面学习及了解程度不够深入而产生的心理性偏差（Shefrin，2001），并且这种心理认知偏差是倾向于高估自己获取成功的概率，却低估失败的可能性（Wolosin et al.，1973）。这使具有过度自信特质的公司管理者对自身能力、知识面以及未来的行为预测表现过于乐观或自信。从行为金融学理论，管理者过度自信行为可能会对公司财务决策产生重要影响。Cooper 等（1988）研究发现，公司管理者往往倾向于高估其投资项目的成功概率的可能性。

从管理者非理性假说中，管理者的过度自信可以解释公司的过度投资行为，并导致公司投资行为的扭曲。Roll（1986）从行为金融学视角，开创性地提出了管理者"自大"（Hubris）假说对公司过度投资行为进行阐释，并指出这种自大的过度自信心理使公司并购行为不利于公司价值提升。Heaton（2002）指出自由现金流较多的公司中，管理层过度自信往往会高估其投资项目的净现值，助长了公司非效率投资行为。Malmendier 和 Tate（2005）采用 CEO 自愿持有股票及期权的行为来测度 CEO 的过度自信程度，发现相比于非过度自信的 CEO 而言，过度自信 CEO 的投资行为对现金流敏感性更高，表明管理者过度自信的确会扭曲公司投资行为；并且持有过度自信心理的 CEO 常常会高估公司的投资收益，而低估了投资风险的可能性。Malmendier 和 Tate（2008）进一步研究中，发现相比于非过度自信的 CEO，过度自信的 CEO 进行并购活动的概率要高出 65%，使过度自信的 CEO 比非过度自信的 CEO 实施有损于公司价值的收购活动的可能性更高。Markus 等（2008）则将公司经理人的非理性行为拓展至管理者团队非理性层面，发现在公司高层决策的管理者团队中，过度自信的管理者团队会引致公司的过度投资行为。

基于中国情景的管理层过度自信行为中，郝颖等（2005）利用中国上市公司管理层持股数量的变化来测度管理者过度自信，发现管理层过度自信和投资支出水平呈显著正相关，即管理层过度自信是导致公司过度投资的心理行为动因。姜付秀等（2009）从行为金融学视角，发现管理者过度自信增加了公司规模的扩张，而且这种扩张战略会加剧公司自身陷入财务危机的可能性。花贵如等（2011）将投资者和公司管理者的有限理性纳入同一框架分析中，发现管理者过度自信是投资者情绪影响公司投资行为的一个中介渠道。李丹蒙等（2018）从并购商誉视角，以公司管理层当年是否增持公司股份来测度公司管理者的过度自信程度，发现较高的管理者过度自信会使公司当年新增的并购商誉较多。

（四）超额现金持有

现金是公司赖以维持生存与发展的"血液"。现金持有作为公司一项重要的战略性决策，公司持有现金水平的高低会直接关系到公司资产的有效配置和流动性风险管理，能够大大影响公司的投资能力和资本成本，进而作用于公司经营业绩和公司价值。"现金为王"的经营法则显示了公司流动性管理与现金持有决策的价值重要性。因此，世界各国中均存在公司持有大量现金的普遍现象（Gao et al., 2013；张会丽和吴有红，2012；罗进辉等，2018）；并且有文献研究发现中国上市公司的现金持有率及流动性显著高于其他国家（Guariglia and Yang, 2016; Yang et al., 2019）。

公司自由现金流的利用效率和股东价值最大化目标密切相关，这使自由现金流的投资效率议题是财务学研究领域所探究的重要问题之一（Jensen and Meckling, 1976）。当公司持有较多的现金时，在机会主义行为动机驱动下会助长管理者对公司现金资源的滥用行为，从而易于引发严重的代理问题（Jensen, 1986）。监督契约的不完备性也会使公司股东对管理者监控难道加大，此时管理者有动机控制较多的现金资源予以满足自身利益。在 Jensen（1986）提出自由现金流的代理成本假说中，指出公司过度投资行为与自由现金流密切相关。Richardson（2006）研究发现，1988—2002年美国上市公司大约有20%的自由现金流被用于过度投资行为；公司内部持有的自由现金流越多时，公司过度投资行为越严重。

在我国资本市场中，相关研究表明公司的自由现金流越高时，其过度投资行为越严重，公司相应的投资效率也越低。俞红海等（2010）从第二类代理问题视角，发现大股东的私利行为会助长公司非效率投资，且这一现象在现金流权和控制权的相分离程度较大的情景中更明显。杨兴全等（2010）研究也发现，公司的超额现金持有助长了过度投资行为。王彦超（2009）从融资约束视角，发现当上市公司持有超额现金的情形时，没有融资约束的公司更易于进行过度投资。张会丽和陆正飞（2013）从集团公司及其子公司的现金分布视角，发现在公司总体持有现金水平一定的情形之下，现金在集团母子公司中的分布较为分散，即集团子公司持有现比率较高时，集团公司在整体上的过度投资水平越严重。

（五）超额银行信贷

财务学经典的权衡理论中，公司融资规模应该存在一个最优负债水平比例（DeAngelo and Masulis，1980）。但现实经济发展之中，由于宏观经济和微观行为因素的影响，公司实际持有负债水平与最优负债水平之间往往存在偏离的情形（Flannery and Rangan，2006）。公司在达到最优融资规模后，管理者的自利行为往往会在一定程度上导致公司超额负债现象（邓路等，2017）。

基于银行债权和公司股东利益视角，公司拥有超额银行信贷资源也是影响过度投资行为的一个重要因素。在股东和债权人的代理理论框架之中，Jensen 和 Meckling（1976）提出了"资产替代假说"中，认为当公司负债资源程度较高，并出于责任保险的考虑，股东/管理者往往会选择放弃低风险及低收益的项目，转而会利用银行信贷资源更多地进行高风险及高收益的投资行为，最终导致非效率投资问题。Larrain 等（2019）指出，集团公司有能力获取更多资金时，会助长集团公司更多负债和激进的投资行为，导致集团内部资本配置效率低下。

在中国新兴市场环境中，经理人市场激励和约束机制还不够健全，自利的管理者有动机采用公司的超额信贷资金进行高风险的投资项目（罗党论等，2012；李云鹤，2014）。邓路等（2017）研究发现，超额银行借款加剧了公司的过度投资行为，并且这一现象在管理者自利行为严重的公司中更加明显。李志生等（2018）从公司过度负债的地区同群效应层面，发现上市公司过度负债水平越高，其投资偏离最优投资水平的可能性较大，这使过度负债同群效应越高的地区中过度投资行为更为严重。

二 过度投资的经济后果

前文回顾公司过度投资行为的驱动因素后，接下来将梳理公司过度投资的经济后果。高效率的公司投资是宏观经济增长的微观基础（万良勇，2013）。而体现于公司管理层利己动机，以及控股股东自利行为的双重代理利益驱动下的过度投资行为，其必然给公司乃至资本市场带来不同程度的经济后果，主要体现在产能过剩、公司价值折损、公司财务危机以及股票市场风险等方面。

（一）产能过剩局面

2015年11月10日，习近平在中央财经领导小组第十一次会议中全面地为供给侧结构性改革做出了定义，指出"促进过剩产能有效化解"是供给侧结构性改革的重中之重（席鹏辉等，2017）。我国供给侧结构性改革是出现中国式产能过剩现状后的政策革新，供给侧是从供给端有效实现微观资源的优化配置、生产率的提高及可持续发展（周密和刘秉镰，2017）。

从产能过剩层面，公司过度投资是一种非效率投资行为，在这种非效率投资的资源未能有效利用的条件下，则会造成公司资源耗费过剩，即过度投资会造成严重的产能过剩状况。周业樑和盛文军（2007）、黄俊和李增泉（2014）指出，产能过剩的本质就为公司投资过度。产能过剩已经成为我国转型经济发展中的一道"痼疾"，严重影响社会经济持续、健康的发展（吴利学和刘诚，2018），产能过剩严重影响社会资源配置效率，造成诸多的资源闲置问题（席鹏辉等，2017），甚至蕴含着巨大的经济社会风险（国务院发展研究中心课题组，2015）。这就使如何有效化解产能过剩是当前我国供给侧结构性改革的一项重要任务。

根据以往研究，席鹏辉等（2017）将我国产能过剩的驱动因素分为两种投资利益驱动的机制论:"市场机制论"和"政府推动论"。

基于"市场机制论"(林毅夫等,2007,2010),将我国产能过剩之因归结于投资"潮涌现象"。即当全社会对某类产业前景(产业升级方面或总需求等)的产生较好共识,且各企业在信息不完全的情景下大量投资建厂,在投资上呈现"潮涌现象",进而导致投资之后的市场价格有所大幅下跌、诸多企业开工能力不足乃至亏损破产等境地,最终引致了严重的产能过剩问题。

在"政府推动论"机制方面,政府对产能过剩具有关键性的影响。周业樑和盛文军(2007)认为,转轨经济发展时期中国产能过剩的重要原因大部分来自不合理的投资体制,以及政府参与产业投资建设的利益冲动,地方政府的利益驱使是政府主导过程中的重复建设问题和过度投资的重要原因之一。国务院发展研究中心课题组(2015)也指出,除了经济增长因素下企业对未来的乐观预期所引致的过度投资外,中国产能过剩也具有独特的体制机制因素,即我国财税体制和地方政府的考评体制激励也驱动了地方投资。江飞涛等(2012)则认为,中国的财政分权体制以及政府官员围绕以GDP增长为核心的政治晋升考核驱动下,使地方政府拥有较强的动机干预公司投资行为,并且地方政府投资的补贴性竞争是引发产能过剩的最为重要动因之一。周黎安(2004)从政治晋升激励视角,也认为地方政府干预的利益驱动下,各级地方政府为了凸显政绩,不顾发展条件而盲目攀比,诸多项目在明显亏损的情形下仍进行投资,导致了行业性的重复建设和产能过剩问题。同样,在徐业坤和马光源(2019)研究中,指出公司产能过剩大概率是地方官员迫于时下政绩考核压力而施加干预的经济后果,诸如地方官员可以通过政府补贴、银行贷款、税收等资源配置的调控来推动地方企业的产能扩张行为。

另外,对于产能过剩的动因,诸多国外学者从微观市场竞争视角来阐释。一些研究者从"过度进入定理"阐释了寡头市场下的重复建设和产能过剩问题,认为当市场可以自由进入而且实行古诺竞争以后,市场均衡时公司数量会大于社会福利最大化的公司数量,比如Salop(1979)、Weizsacker(1980)、Mankiw和Whinston(1986)等研究。

(二) 公司价值折损

投资行为与公司价值密切相关，公司正常的投资将为其带来价值增值；而过度投资将为其带来价值折损（杜兴强等，2011；潘怡麟等，2018）。

Higgins 和 Schall（1975）指出，公司规模的过度扩张会在一定程度上增加其破产风险程度。李万福等（2010）认为，在公司投资扩张时常常会过多重视公司规模和速度，而低估了公司风险问题，或者忽视对公司风险的管控能力。最终，使过度投资行为加剧了公司财务危机的可能性，并且过度投资越严重时，公司陷入财务危机的概率越高。姜付秀等（2009）也研究发现，公司管理者的规模扩张战略会加剧公司陷入财务困境的可能性。

(三) 市场股价崩盘风险

从股票市场风险而言，公司过度投资行为会影响股票市场的稳定性。在 Kim 等（2016）关于管理者过度自信与股价崩盘风险的假说分析中，指出公司管理者的过度投资行为对股市崩盘具有一定影响。进一步地，江轩宇和许年行（2015）从股价崩盘风险视角理论与实证分析，指出当公司经理人出现投资于净现值为非营利项目时，为避免股东和董事及时察觉出这一过度投资行为，经理人可能会刻意隐藏过度投资项目的潜在不利信息。这使投资损失未能及时披露，并在内部不断积累大量的负面信息，最终投资项目到期时，隐藏的负面信息将被集中释放于市场中，导致市场股价暴跌的风险。即他们发现过度投资大大加剧了公司未来股价崩盘风险，且当股东和经理人的代理问题越严重时，公司过度投资对股价崩盘风险的负面影响更强。

三 过度投资的监管治理

公司过度投资行为助长了非效率的资源配置，需要对其进行监管治理。基于委托代理的理论框架，减少公司非效率投资的路径可分为：降低信息不对称程度与公司代理问题，提高公司的治理水平。根据这一理论路径，以往文献主要从公司信息披露质量、信息中介监督机制（如独立审计、新闻媒体、分析师、机构投资者等）、公司治理水平、政府监管和法治监管环境等方面研究。

（一）公司信息披露质量

公司投资行为中，信息披露是影响公司投资效率的重要因素之一。信息不对称而产生的逆向选择和代理问题导致了过度投资（Jensen and Meckling，1976；Richardson，2006）。因此，提高信息披露质量能够有效减少公司过度投资水平。

从会计信息透明度层面，Healy 和 PalePu（2001）曾指出，会计信息透明度可以通过改善契约与监督质量来缓解逆向选择行为及道德风险问题。这使高质量的会计盈余信息披露能够改善公司投资效率（Biddle and Hilary，2006；Biddle et al.，2009）。Bushman 和 Smith（2001）也认为，高质量的财务会计信息能够通过减少逆向选择、降低道德风险和有效发挥资本市场功能三种重要渠道来直接影响公司投资效率的提升。杨继伟（2011）从股价信息含量层面，发现富含信息的股价能够有效为外部投资者的决策有用性提供增量信息，减少公司内外部者之间的信息不对称程度和公司代理问题，降低公司资本投资对现金流的敏感性，进而改善公司的资本投资效率。从非财务信息视角，程新生等（2012）发现非财务信息披露的改善对公司投资过度行为也具有治理作用。

公司信息披露水平方面，张纯和吕伟（2009）采用深交所的信息披露考评得分作为信息披露水平的替代指标，发现信息披露水平的提高将有助于降低公司信息不对称程度，使外部投资者较好地监督公司管理层行为，进而有效抑制了公司过度投资行为。在公司内部控制信息披露中，Sun（2016）发现公司内部控制缺陷信息披露会减少公司投资水平，而当这些内部控制缺陷信息得以补救后公司投资行为会有所改善。李万福等（2010）发现公司内部控制信息披露质量的提高有助于缓解信息不对称而滋生的代理问题，从而有效减少公司过度投资行为。李万福等（2011）进一步研究发现，内部控制较差的公司更可能发生偏离正常投资水平的不能合理解释的异常投资；且上市公司的内部控制缺陷信息较多时，其对公司自身非效率投资行为的影响更为严重。这使加强公司自身内部控制建设是改善公司投资效率的一个重要路径。

(二) 信息中介监督机制

信息中介机制能够营造良好的信息传播环境，降低资本市场信息不对称和公司代理问题，发挥有效的监督治理功用。在以往研究中，信息中介机制主要包括独立审计、新闻媒体、分析师及机构投资者等方面。

从独立审计治理视角，独立审计具有价值保险功能，通过对公司财务报告审计发挥审计职能的信息鉴证，提高会计信息质量和财务报告的可靠性（DeFond and Zhang，2014）。这使独立审计能够降低公司信息不对称程度，减少管理者和资本投资者之间的逆向选择和道德风险，改善了资源配置和契约执行的效率（Jensen and Meckling，1976；Watts and Zimmerman，1983）。由于独立审计能够降低公司代理成本和增强财务报告信息稳健性，使良好的审计质量显著提高了公司的投资效率（Tong and Sapra，2009；雷光勇等，2014）；并且获得高质量审计的公司对其投资机会作出更积极的反应，增加了公司投资机会（Kausar et al.，2016）。从国家审计治理层面，王兵等（2017）以2010—2014年审计署关于审计中央企业的控股上市公司为样本，发现国家审计能够有效减少公司过度投资行为。

从新闻媒体治理视角，媒体监督作为一种重要公司治理机制（Dyck et al.，2008；李培功和沈艺峰，2010；罗进辉等，2018）。媒体报道在一定程度上会影响投资者情绪，从而影响了资产定价（De Long et al.，1990；Hong and Stein，2007；游家兴和吴静，2012）。在媒体影响公司投资行为中，张建勇等（2014）从媒体报道对公司管理层或投资者心理因素影响层面，发现媒体报道（尤其是正面报道）会引起投资者情绪高涨从而使公司价值高估，或增加了管理层过度自信心理，助长公司的投资倾向，最终使媒体报道导致了公司过度投资或缓解了投资不足行为。陈泽艺等（2017）从并购重组视角，发现媒体负面报道能够增加上市公司主动终止重大资产重组计划与重组方案没有通过并购重组委员会审核的可能性，从而提升了重组失败的概率。

表明新闻媒体在公司重大资产重组进程中具有重要的事中监督治理功用。王云等（2017）则从新闻媒体对公司环境污染的负面报道视角，发现媒体报道通过议程设置引发公众舆论，影响了公司声誉，进而促进了公司的环保投资程度，发挥了媒体监督对公司环境投资不足行为的治理效用。

分析师中介机制情景中，张纯和吕伟（2009）发现随着分析师跟踪数量的增加，其可以降低信息不对称，进而增强外部投资者对公司的监督程度，缓解了公司的过度投资行为。机构投资者的中介机制情景中，Richardson（2003）发现作为机构投资者持股等治理机制能够有效减少公司过度投资行为。邓路等（2017）认为，机构投资者能够改善公司信息环境，减少公司利用超额银行借款进行过度投资。

（三）公司治理水平

诸多代理问题的存在使公司治理机制应运而生（Klapper and Love，2004）。Shleifer 和 Vishny（1997）曾指出，公司治理作为一系列有效减少公司经理人或大股东以利己之私而有损公司整体价值利益的机制。良好的公司治理机制有助于降低公司的代理成本（Klapper and Love，2004）。

从公司治理层面，公司过度投资决策有赖于公司治理结构的运作（Chen et al.，2017；焦豪等，2017）。公司股权结构对公司投资水平及投资绩效具有重要影响（Clark，2003；Chen et al.，2013）。焦豪等（2017）研究发现，在一定的政府质量水平的环境下，上市公司越倾向于"两权分离"特性的公司治理结构发展时，越能激发上市公司的投资能力及其投资活动是意愿。方红星和金玉娜（2013）通过主成分方法构建综合公司治理变量，发现良好的公司治理水平有助于减少公司过度投资行为。

具体到公司治理机制的运作中，不同公司治理机制对投资行为具有不同程度的影响效应。从股利分配视角，Jensen（1986）认为公司派发现金股利能够缓解自由现金流的代理问题，从而使现金股利分配能够减少公司的过度投资行为。Lang 和 Litzenberger（1989）研究表明，具有过度投资特征的公司增加股利会带来良好的市场反应，并且这种积极市场反应显著高于其他未增加股利的公司。魏明海和柳建华（2007）也认为，支付现金股利可以大大减少公司内部自由现金流，国有企业中的低现金股利政策促进了公司的过度投资行为。肖珉（2010）也发现，现金股利有助于减少公司内部富足现金流的过度投资，支持了强制股利政策的治理功效。张会丽和陆正飞（2012）研究发现，良好的公司治理机制能够在一定程度上减少子公司因持有高现金流对集团公司整体过度投资行为的影响，缓解集团子公司因代理问题所致的效率损失问题。

董事会是公司治理结构中的一项重要制度安排，其中独立董事制度能够有效增强董事会独立性、保证公司董事会运作的透明性与公正性，是保护公司股东权益的一项重要机制（Fama and Jensen，1983）。独立董事兼具有监督与咨询两大功能（Masulis et al.，2012）。在独立董事与公司投资效率关系中，Richardson（2003）发现独立董事等治理机制能够有效抑制公司过度投资。陈运森和谢德仁（2011）研究发现，独立董事的网络中心度越高，其对公司投资效率的治理作用越强，使网络中心度较高的独立董事能有效减少公司过度投资行为。胡诗阳和陆正飞（2015）从非执行董事视角，发现非执行董事（包括控股股东董事与非控股股东董事）对公司过度投资具有显著的治理作用。柳建华等（2015）从公司章程自治层面，发现减少公司章程中董事会的对外投资权限能够有效抑制公司的过度投资现象。然而，也有提供独立董事对公司投资行为不具有治理的证据。俞红海等（2010）发现独立董事比例与自由现金流的过度投资之间的关系不显著。

（四）政府监管

政府监管作为一项公共治理机制，在纠正市场失灵方面具有重要作用（Stigler，1971；Peltzman，1976）。在转型经济国家的制度背景中，Stulz（2005）提出了政府管制下的双重代理分析框架，即公司内部人（控制性股东）和投资者之间的第一重代理问题（公司内部代理人问题），政府与公司所有投资者之间的第二重代理问题（国家代理问题）。虽然政府与其被监管者之间具有代理问题，但市场之中政府监管具有重要的引导作用。当法律制度不够完善时，行政管制治理成为一种保护投资者利益的替代机制（Glaeser et al.，2001；Pistor and Xu，2005；陈冬华等，2008）。在政策落实等场合下，行政治理甚至比正式的法律治理更加有效（Glaeser and Shleifer，2001）。

从政府治理功用层面，陈德球等（2012）从家族上市公司样本中，发现地方政府所提供的公共治理机制能够影响公司投资活动的动机及能力；并且地方政府治理机制能够以嵌入式方式约束家族企业大股东的控制权私人行为，引导并增强公司在资本市场中的投资行为能力。焦豪等（2017）研究表明，公司投资决策有依赖于政府质量，且地方政府质量越好时，其会对公司的投资活动起着引导之功用。

反腐败治理方面，反腐败作为一项优化政府监管效率的重要机制。反腐败能够减少公司自身承担的寻租成本，缓解了公司所面临的不确定性风险，降低了投资的扭曲程度（Shleifer and Vishny，1993）。在中国反腐败的治理情景中，Lin等（2018）指出反腐败对公司投资行为具有重要影响。钟覃琳等（2016）研究发现，党的十八大的反腐新政能够提高公司投资的回报率。在王茂斌和孔东民（2016）研究中，发现党的十八大的反腐新政提升了公司治理水平；但他们没有发现党的十八大的反腐新政对公司投资行为产生显著的影响。另外，反腐会改变企业面临的政治环境，影响公司高管人员激励的行为动机。金宇超等（2016）研究发现，在党的十八大以来反腐过程中，国企高管具有追求政治晋升的动机，导致急于表现的倾向，助长较多的过度投资。

（五）法治环境

上市公司所处地区的制度环境作为重要的外部公司治理机制，其对公司行为具有重要影响。这使法律制度及其执行效果是影响公司投资效率的重要制度环境之一（万良勇，2013），同时法治也属于"法与金融"研究领域的重要内容（La Porta et al.，1998；Xu and Pistor，2002）。

制度环境情景中，良好的外部法治环境有利于公司治理机制更好发挥其监督功用，通过降低公司经理人与大股东的代理问题，并能有效缓解信息不对称程度，从而改善公司过度投资的非效率行为（万良勇，2013；李延喜等，2015）。杨兴全等（2010）也发现，上市公司治理环境（如较高市场化环境、较高法治水平）的改善有助于减少公司超额持有现金所引致的过度投资行为。

第四节 文献评述

基于上述"管制理论的研究""问询监管的影响因素"及"问询监管的经济后果"的文献梳理。从中可得知，一方面，从会计信息的管制视角，问询函作为证券监管机构对公司信息披露行为的一种监管手段，能够在一定程度上界定会计信息披露供给的产权问题，最大程度将公司信息披露的瑕疵内在化，减少会计信息披露的不完善所带来的外部性问题，最终提高会计信息披露供给的质量，有效保护投资者利益不受侵害。另一方面，国内外关于问询函研究方面，大多都是基于问询函与公司信息环境来展开研究，问询函能够提高公司信息披露质量。以往问询监管的研究成果为深入探究这种创新模式的问询效应奠定了重要经验基础。更为重要的是，在我国问询监管政策实施进程中，受限于2015年沪深交易所才开始集中公开披露问询函件，我国问询函政策效应的研究才刚刚起步，并受到政策制定者和学术界的共同关注。尤其是在党的十九大以来关于"深化简政放权、创新监管方式"新政的推动下，以及2019年以来证监会关于建立"科创板试点注册制"来促进资本市场高质量发展的重大举措，使研究我国注册制改革下问询制度显得更具时代价值。因此，亟待深入探索交易所问询监管在资本市场中的有效性议题，以期更好地贯彻"放松管制、加强监管"这一资本市场监管政策的理念转变，并为这一监管理念提供可靠的经验支持。但从以往研究来看，缺乏对具有资本市场金融风险特质之过度投资行为的问询监管情景研究。

公司投资行为方面，通过对"公司过度投资的形成动因""过度投资的经济后果"及"过度投资的监管治理"的文献梳理。从中可得知,高效率的公司投资作为宏观经济增长的微观基础。投资活动是公司价值创造的一项重要战略性决策和源泉动力,对企业健康、持续发展以及国民经济增长都具有重要增值效用。我国上市公司过度投资行为的存在性较为普遍,造成了较为严重的产能过剩、市场金融风险问题等,使当前企业去产能是国家供给侧结构性改革的一项重要战略;并且在委托代理框架下,信息不对称和代理问题是影响公司投资决策的重要因素。加之在我国转型经济发展中,地区法制建设不完善,信息不透明地区法制执行力度不够、监管不到位,更易于助长公司激进性的投资活动。这就需要探索一条公司非效率投资行为的长效监督机制,予以提高公司投资的资源配置效率和更好化解过度投资所带来的产能过剩及市场金融风险等重大问题。尤其是在党的十九大以来关于"健全金融监管体系,守住不发生系统性金融风险的底线"这一政策理念推动下,研究公司投资行为的风险管控机制显得更重要、更具时代价值。以往关于过度投资行为治理的研究主要基于公司信息披露质量、中介监督机制、公司治理及制度环境等方面研究。在信息不对称和代理理论框架下,改善公司信息披露的透明性和降低代理成本,完善公司的治理水平,则是提高公司投资效率的有效途径之一。

基于新制度经济学的研究范式,强调制度嵌入治理,将制度变量纳入分析模型中,构建"制度—治理—交易"的分析架构,能够从制度视角来解读中国式监管与西方会计监管实践的差异(李增泉,2017)。加之问询监管的信息披露机制以及信息不对称和代理理论框架,这为本书研究问询监管与公司过度投资行为的关系提供了奠定的理论基础。与此同时,在我国交易所问询监管实践中,除了公司财务业绩和治理特征之外,更有可能考虑国家顶层政策设计意愿,即将资本金融风险防范的议题之公司过度投资以及供给侧结构性改革重点项目之产能过剩化解议题融入问询决策函数之中,以更好地推动问询制度服务于资本市场实体经济高质量的发展。这使公司投资行为的规范问题是交易所问询监管关注的重点议题之一,也是我国资本市场金融风险防控的重要事项。

为此，本书以我国沪深证券交易所问询制度为背景，在信息不对称和双重代理理论框架下，从问询监管的决策动因及其经济后果，试图探究问询监管对公司过度投资行为的有效甄别，以及问询监管对公司投资行为的治理效应；同时，从威慑效应视角，从同行业、同地区和同一企业集团层面考察问询监管对公司过度投资行为的"溢出效应"。通过我国问询监管政策对公司过度投资行为的有效识别、直接治理效应和溢出效应这一系统性研究，以期从公司过度投资视角提供我国注册制改革下问询监管关注的特色经验证据，以及问询监管对公司过度投资行为治理的有效性议题，对拓展问询函政策效应的相关研究和公司投资行为的治理研究，强化交易所问询监管的精准性与分类问询监管，以及提高公司投资的价值效应和构建金融市场风险防控的长效问询机制具有重要理论和实践价值。

第四章

问询监管对公司过度投资行为的甄别

在美国和澳大利亚等发达资本市场监管中，问询函出具的主要目的是针对公司相关信息披露进行有效鉴证，这使公司基本面信息（如财务状况、内部治理、经营成果等）是影响监管部门问询的重要因素。在我国转型经济背景下，问询函作为一种非处罚性的预防监管模式，是一种监督公司会计政策的合规性、信息披露质量、公司财务投资、并购重组等重大投资行为乃至防范资本市场金融风险的重要方式之一。特别是在党的十九大报告中强调："转变政府职能，深化简政放权，创新监管方式"，以及"健全金融监管体系，守住不发生系统性金融风险的底线"。这是从国家战略层面指明了金融监管在资本市场风险防控中的重要作用。在交易所问询监管情景中，问询监管是否基于国家推动风险防范的新政下关注了上市公司一些风险决策行为呢？而公司过度投资恰为公司的一种典型高风险投机行为。同时，探究问询函对公司过度投资行为的识别功能是交易所问询监管发挥治理功用的重要前提，即从公司过度投资行为探究问询监管的识别效用有助于后续公司过度投资行为的问询治理功能研究。

为此，本章从公司过度投资及其行为后果场景，考察问询监管能否有效识别公司过度投资行为？具体而言，本章主要探究如下两个问询决策问题：①问询监管能否有效甄别公司过度投资行为，即历史性过度投资行为严重的公司是否易于被监管问询？②在过度投资行为后果特征之产能过剩公司中,问询监管是否给予高度关注?

第一节 理论分析与研究假说

一 问询监管对历史性过度投资的甄别分析

问询函作为监督上市公司财务信息披露的一种重要机制。以往有关问询函的影响因素研究中,公司盈利状况较差与内部治理较弱等情形之下,其越易于被 SEC 监管问询(Cassell et al.,2013)。Johnston 和 Petacchi(2017)研究发现,具有历史性财务重述信息的公司更容易受到监管问询。李晓溪等(2019a)则从我国资本市场并购重组交易情景中,发现信息不对称程度较高、报告书信息披露质量较差的并购重组交易更可能收到交易所的问询函。

在给定问询函关注公司财务业绩和治理特征的条件之下,公司历史性过度投资行为问题是我国交易所问询监管关注的重点,其理论分析在如下两个方面:

第一,在委托代理理论的框架之下,公司经理人的效用函数与股东利益目标并非完全一致。在这样情景之下,经理人为了追逐利己之私人收益,其往往具有过度投资行为的倾向(Jensen,1986;Richardson,2006)。伴随着经理人控制权收益和可控资源的增加,经理人出于提高自身薪酬水平和在职消费的利益追求,或利用可控资源构建商业帝国的愿望,此时经理人具有强烈动机将掌控之中富足的自由现金投资于净现值为负的项目;同时为了避免股东等利益相关者发现经理人这一过度投资的自利行为,经理人会刻意隐藏投资项目的潜在不利信息,以顺利实现公司规模的不断扩张。如果经理人没有及时披露这些不利投资项目的实际信息情况,不仅有损于公司股东财富,还增加了公司信息不对称程度,最终导致了过度投资行为的市场信息风险后果,引致了市场股价崩盘风险(江轩宇和许年行,2015);甚至使公司陷入严重的财务危机与破产境地(Higgins and Schall,1975;姜付秀等,2009;李万福等,2010)。这就使问询监管可能会关注这些高

第四章 问询监管对公司过度投资行为的甄别

风险的投资行为。

第二，公司过度投资行为是一项高风险的投机行为，财务信息质量与公司过度投资息息相关。较低质量的会计信息常常伴随着公司非效率的投资行为（Biddle et al.，2009；Chen et al.，2011）。在公司非效率投资行为加剧市场信息风险的同时，低质量的投资决策行为便成了监管机构问询函所关注的焦点问题。比如，2019年6月2日深交所对华闻传媒（000793）的年报问询监管中，就对该公司大额亏损情况下仍对外大额投资情形进行了问询质疑[①]："公司2018年度大额亏损、经营活动产生的现金流量为负的情形下，说明公司对外投资26.37亿元是否可能对公司资金流动性及债券兑付造成不利影响，并结合公司发展战略及财务管理规划说明公司相关对外投资的必要性。"从这一典型问询事项可以看出，公司被问询的事项不是公司自身的利润和现金流信息，而是在给定盈利性较差、现金流为负的情形下，公司投资行为的合理性。再如，2018年5月14日上交所针对奥瑞德（600666）2017年报的问询函中[②]，关注了"公司2015—2017年投资活动现金净流量-9.9亿元、-4.6亿元、-4.9亿元，其中购建固定资产、无形资产和其他长期资产支付的现金分别为6.8亿元、4.21亿元、1.9亿元，要求说明在公司业绩下滑、流动性收紧的情况下持续进行大额固定资产投入的必要性，与公司经营情况的匹配度；并结合主要投资活动资金流向、项目情况和进展、收益情况等，说明公司近三年投资活动大额现金流出的原因和合理性"。显然，交易所年报问询函中关注的公司问题事项远远超出了财务信息披露的真实性和合规性的范畴，涉及公司投资决策行为的合理性与科学性。

如上典型事例中，华闻传媒和奥瑞德公司之投资问询事例是否具有普遍性？上交所与深交所都将问询监管定位于刨根问底式的穿透监管，而公司投资行为又是决定资本市场投资效率的最基本问题。与此

---

① 深交所对华闻传媒的问询：http://reportdocs.static.szse.cn/UpFiles/fxklwxhj/CDD00079354568.pdf?random=0.3219601807198371.

② 上交所对奥瑞德的问询：http://www.sse.com.cn/disclosure/credibility/supervision/inquiries/opinion/c/8132681460147589.pdf.

同时，由于公司经理人在投资决策过程中持有信息操纵的自利行为（江轩宇和许年行，2015），以及过度投资带来严重的市场信息风险、公司财务困境等经济后果，并基于当前我国金融风险防控的攻坚战背景下，交易所的问询决策过程中可能会融入国家顶层政策设计之金融风险防控的监管理念，识别和提醒投资者警觉那些具有历史过度投资倾向的高风险行为，使历史过度投资行为严重的上市公司更易于被交易所监管问询，以问询信息披露机制来增强公司投资决策的审慎性及科学性，更好优化公司投资结构，从而有效防控公司投资扭曲的市场金融风险和保护投资者利益。因此，提出如下假说：

假说4.1：其他条件不变情况下，历史性过度投资严重的公司更易于被监管问询。

二 问询监管对产能过剩的甄别分析

就公司过度投资行为后果而言，过度投资行为会导致公司产能利用率低下问题。产能过剩的本质是公司投资过度（周业樑和盛文军，2007；黄俊和李增泉，2014）。林毅夫等（2007，2010）基于"市场机制论"将我国产能过剩的原因归结于投资"潮涌现象"。在"政府机制论"中（周黎安，2004；周业樑和盛文军，2007；江飞涛等，2012；徐业坤和马光源，2019），公司产能过剩大概率是政治晋升激励下地方政府推动公司产能扩张行为，进行过度的产能投资和行业重复建设等利益驱动的后果。因此，无论是"市场机制论"抑或"政府机制论"，产能过剩可归因于公司产能扩张的过度投资行为。

产能过剩已经成为我国转型经济发展中的一道"痼疾"，给社会经济持续、健康运行带来了巨大危害（吴利学和刘诚，2018），产能过剩严重影响社会资源配置效率，造成了诸多的资源闲置问题（席鹏辉等，2017）；甚至产能过剩问题蕴含着巨大的经济社会风险集聚和市场秩序的恶化（国务院发展研究中心课题组，2015），这使有效防范和化解产能过剩是当前我国供给侧结构性改革中一项亟待解决的重要任务。在这一国家战略推动下，沪深证券交易所作为中国证监会领导下的监管执行机构，为秉承国家供给侧结构性改革及产业结构优化调整等的政策方针,并在法律赋予交易所的自由裁量权的范围内进行监管问询,交易所可能会将供给侧结构性改革中产能过剩化解问题融入问询监管决策之中,这使产能过剩公司群体中产能利用率的信息披露问题是交易所监管问询的重要内容。比如,2017年2月20日上交所对安泰集团(600408)的年报问询监管内容中[1],涉及"要求该公司对焦炭和型钢分别补充披露主要工厂的设计产能、实际产能、在建产能,并考虑国家产业政策等因素的影响,计划未来一年压缩或释放公司产能的方案"。再如,2016年5月19日上交所针对桂东电力(600310)2015年年报的问询中[2],就涉及"公司目前拟投资29.45亿元建设铝电子产业动力车间项目,要求补充说明贺州市铝电子产业的项目规模以及对电力的需求情况,并分析评估项目建成后是否可能造成电力供应过剩的情形"。因此,从如上典型个案问询,我们可以看到交易所问询监管的政策导向会重点倾向于那些国家产业结构性改革中的产能过剩企业,通过问询监管来识别企业产能过剩的市场风险,以更好有效化解公司产能过剩形成之因,引导产能过剩公司生态、健康的合理投资决策,以及更好建立有助于防范和化解公司产能过剩及其信息披露的长效问询机制。据此,提出如下假说:

假说4.2:其他条件不变情况下,产能过剩公司更易于被监管问询。

第二节 研究设计

一 研究样本与数据来源

自2015年起,上交所和深交所官方网站才开始公开披露上市公司年报问询函数据(2015年审计报告日后问询及其披露的是2014年

---

[1] 上交所对安泰集团的问询: http://www.sse.com.cn/disclosure/credibility/supervision/inquiries/maarao/c/4239280.pdf.

[2] 上交所对桂东电力的问询: http://www.sse.com.cn/disclosure/listedinfo/announcement/c/2016-05-20/600310_20160520_1.pdf.

度的年报）；并购问询函件也于2014年12月才开始公开披露，其中深交所官网公开披露并购问询函件于2014年12月，上交所官网公开披露并购问询函件在2017年1月。本章以2014—2018年中国沪深A股上市公司为研究样本。财务数据来自CSMAR数据库和Wind数据库；年报问询函和并购问询函数据来自沪深证券交易所、巨潮资讯网和百度新闻网，通过手工收集而得；同时，为确保问询函数据的全面性，将手工查询范围扩展至一些包含问询函相关的其他类型公告和财务报告的补充公告。本章对样本数据进行了如下处理：①剔除金融业、财务数据缺失的样本；②为降低极端值的影响，对样本期间内所有的连续变量在1%和99%分位数水平上进行了Winsorize处理。最终，本章在过度投资样本中获得4690个观测值；其中，收到年报问询函的上市公司为987个年度观测值，收到并购问询函的上市公司为430个年度观测值。

二 变量定义与模型设定

（一）主要变量定义

1. 历史性过度投资的测度

本章首先借鉴已有权威文献研究，如万良勇（2013）、张建勇等（2014）、杨筝等（2017）、刘艳霞和祁怀锦（2019），采用Richardson（2006）提出的公司期望投资模型测度公司过度投资行为，具体模型如下：

$$Invest_{i,t} = \alpha_0 + \alpha_1 Invest_{i,t-1} + \alpha_2 \ln Size_{i,t-1} + \alpha_3 Lev_{i,t-1} + \alpha_4 Growth_{i,t-1} + \alpha_5 \ln Age_{i,t-1} + \alpha_6 Cash_{i,t-1} + \alpha_7 Ret_{i,t-1} + Industry + Year + \varepsilon_{i,t}$$

(4.1)

在上述模型（4.1）中，因变量为公司第 t 年的投资规模（$Invest_{i,t}$ 为现金流量表中购建固定资产、无形资产和其他长期资产等现金流的支出水平，并除以期末总资产），分别控制第 $t-1$ 年的投资规模（$Invest_{i,t-1}$）、公司规模（$\ln Size_{i,t-1}$）、资产负债率（$Lev_{i,t-1}$）、成长性（$Growth_{i,t-1}$）、公司年龄（$\ln Age_{i,t-1}$）、经营活动净现金流（$Cash_{i,t-1}$）和股票收益率（$Ret_{i,t-1}$），同时控制了行业效应与年度效应。采用上述模型（4.1）来估计公司当期最佳投资规模，然后采用实际投资规模减去最佳投资规模,当残差项为正($\varepsilon_{i,t}>0$)时为过度投资行为,当残差项为负($\varepsilon_{i,t}<0$)时为投资不足。由于本书研究的是公司过度投资行为,参考向锐(2015)、李云鹤(2014)、邓路等(2017)研究,采用模型(4.1)估计的正残差项($\varepsilon_{i,t}>0$)作为第 t 期公司过度投资行为的替代变量($Overinvest_{i,t}$)。

其次,基于上述期望投资模型(4.1)估计的公司过度投资变量($Overinvest_{i,t}$),通过滚动计算前三年(第 t 年、第 $t-1$ 年和第 $t-2$ 年)公司过度投资水平的均值衡量公司的历史性过度投资行为($OverinvestHis_{i,t}$),即 $OverinvestHis_{i,t}$=(第 t 年的公司过度投资水平+第 $t-1$ 年的公司过度投资水平+第 $t-2$ 年的公司过度投资水平)/3。

2. 产能过剩的测度

根据投资潮涌现象观,我国"产能过剩"状况多是由市场信息不完全引起过度投资行为的利益驱动所致(林毅夫等,2007,2010;黄俊和李增泉,2014;席鹏辉等,2017)。因此,本章从公司过度投资行为后果之产能过剩层面来测度问询监管的识别效果,分别从行业层面的产能过剩变量($EP1$)和历史性产能利用率($EP2$)来考察。

(1)行业层面的产能过剩变量($EP1$)。参考董敏杰等(2015)、席鹏辉等(2017)、李欢等(2018)、周超和苏冬蔚(2019)、范林凯等(2019)研究,并参照2014—2018年工信部等部门发布的工业行业淘汰落后和过剩产能企业名单,结合证监会关于上市公司行业分类指引(2012年修订),将行业中"B06 煤炭开采和洗选业""B07 石油和天然气开采业""B08 黑色金属矿采选业""B09 有色金属矿采选业""C17 纺织业""C22 造纸及纸制品业""C26 化学原料及化学制品制造业""C30 非金属矿物制品业""C31 黑色金属冶炼及压延加工业""C32 有色金属冶炼及压延加工业""C33 金属制品业""C35 专用设备制造业""D44 电力、热力生产和供应业"和"D45 燃气生产和供应业"定义为产能过剩行业。若上市公司属于上述产能过剩行业,则变量 $EP1$ 取值为1,否则为0。

(2)历史性产能利用率($EP2$)。由于公司产能利用率与总资产周转率密切相关(国务院发展研究中心课题组,2015),产能利用率越高,代表着资产周转率越快,此时产能过剩状况不严重。因此,参考李雪松等(2017)研究,采用总资产周转率作为企业产能利用率(产能过剩状况,$EP2$)的替代指标,具体估计为滚动计算前三年(第t年、第$t-1$年和第$t-2$年)总资产周转率的均值作为企业产能利用率的替代变量。这里,考虑到企业总资产周转率具有显著的行业特征,可能会受到行业因素的噪声影响,因此为减少行业差异的影响,对历史性产能利用率($EP2$)进行了年度、行业中位数调整。

3. 问询监管的测度

基于我国沪深证券交易所监管问询情景,本章分别从全样本问询监管(CLT)和"投资特征"的问询监管($InvestCLMA$)两个方面来考察。

(1)问询监管(CLT),当上市公司被交易所监管问询(包括年报问询函和并购问询函),此时CLT取值为1,否则为0。

(2)"投资特征"的问询监管($InvestCLMA$)。首先,本章对年报问询函内容进行文本分析,在年报问询函语境中文本辨别是否具有"投资特征"关键事项的问询。具体地,将年报问询函语境中包含"投资活动、投资计划、投资决策、投资事项、投资安排、投资进度/进展、投资预算、(高)风险投资、投资项目、投资管理、投资方向、投资意图、投资份额、投资风险、追加投资、对外(大额)投资、多次(频繁)投资、新增投资、持续投资、大额投建、投资规模、累计投资、资金投向、计划投资/拟投资、投资目的、投资原因、募投项目、新增投资的决策过程及审议程序、投资思路、投资合理性、投资科学性"等与公司投资管理目标相关的问询事项,界定为"包含'投资特征'的年报问询函"($InvestCL$),否则将其他年报问询函界定为"未包含'投资特征'的年报问询函"。其次,由于并购问询($CLMA$)属于投资问询的一种特殊问询形式,当公司当年收到并购问询函时,$CLMA$取值为1,否则为0。本章将上述年报问询函中"包含'投资特征'的年报问询函"($InvestCL$)和并购问询函合称为"投资特征"的问询函($InvestCLMA$)。

综合上述两个投资相关的指标定义公司当年是否收到"投资特

征"问询函（*InvestCLMA*），即当年公司年报问询函中涉及"投资特征"问题（*InvestCL*=1）或并购问询（*CLMA*=1）时，*InvestCLMA*取值为1，否则*InvestCLMA*取值为0。

（二）模型设定

为检验假说4.1，即历史性过度投资严重的公司更易于被监管问询，借鉴Kubick等（2016）研究方法，构建如下问询识别模型：

$$CLT_{i,t}/InvestCLMA_{i,t}=\beta_0+\beta_1 OverinvestHis_{i,t}+\beta_m Control_{i,t}$$
$$+Industry+Year+\mu_{i,t} \quad (4.2)$$

为检验假说4.2，即产能过剩的公司更易于被监管问询，构建如下模型：

$$CLT_{i,t}/InvestCLMA_{i,t}=\beta_0+\beta_1 EP1_{i,t}/EP2_{i,t}+\beta_m Control_{i,t}$$
$$+Industry+Year+\mu_{i,t} \quad (4.3)$$

上述模型（4.2）至模型（4.3）中，$CLT_{i,t}$为第t年问询监管的虚拟变量，即第t年上市公司是否被交易所监管问询（包括年报问询函和并购问询函）。$InvestCLMA_{i,t}$为第t期"投资特征"相关的问询函（包括"投资特征"的年报问询函和并购问询函）。$OverinvestHis_{i,t}$为第t期历史性过度投资水平；$EP1_{i,t}/EP2_{i,t}$分别为第t年行业层面产能过剩的虚拟变量和第t年历史性产能利用率。若模型（4.2）至模型（4.3）中$OverinvestHis_{i,t}$和$EP1_{i,t}$的回归系数β_1均显著为正，模型（4.3）中$EP2_{i,t}$的回归系数β_1显著为负（产能利用率是反向指标），则表明在其他条件不变情况下，历史性过度投资行为严重的公司和产能过剩的公司中更易于被监管问询。

模型（4.2）至模型（4.3）中，影响公司问询函的因素方面，参考Cassell等（2013）、Heese等（2017）研究，控制变量包括：第t年的公司规模（$lnSize_{i,t}$）；负债水平（$Lev_{i,t}$）；盈利状况（$Loss_{i,t}$）；总资产收益率（$ROA_{i,t}$）；成长性（$Growth_{i,t}$）；公司年龄（$lnAge_{i,t}$）、经营活动净现金流（$Cash_{i,t}$）；股权集中度（$Fshare_{i,t}$）；董事会规模（$DirSize_{i,t}$）；独立董事比例（$IndepRatio_{i,t}$）；两职兼任（$Dual_{i,t}$）；产权性质（$SOE_{i,t}$）；审计师类型（$Big4_{i,t}$）；审计师变更（$Switch_{i,t}$）；内部控制缺陷审计意见（$InMAO_{i,t}$）；违规处罚（$Punishment_{i,t}$）；诉讼

风险（$Litigation_{i,t}$）；财务重述（$Restatement_{i,t}$）；公司并购（$MA_{i,t}$）；管理层变更（$Mchange_{i,t}$）；公司破产风险（$Zscore_{i,t}$）；并控制年度效应和行业效应。

本章所述模型的主要变量定义总结见表4-1。

表4-1 　　　　　　　　　　主要变量定义

变量名称	变量符号	变量定义
过度投资	$Overinvest_{i,t}$	采用Richardson（2006）的公司期望投资模型，当模型估计的残差项为正（$\varepsilon>0$）时，即为公司过度投资水平
历史性过度投资	$OverinvestHis_{i,t}$	$OverinvestHis_{i,t}$=（第t年的公司过度投资水平+第$t-1$年的公司过度投资水平+第$t-2$年的公司过度投资水平）/3
产能过剩	$EP1_{i,t}$	行业层面产能过剩的虚拟变量，将行业中"B06煤炭开采和洗选业""B07石油和天然气开采业""B08黑色金属矿采选业""B09有色金属矿采选业""C17纺织业""C22造纸及纸制品业""C26化学原料及化学制品制造业""C30非金属矿物制品业""C31黑色金属冶炼和压延加工业""C32有色金属冶炼和压延加工业""C33金属制品业""C35专用设备制造业""D44电力、热力生产和供应业"和"D45燃气生产和供应业"划分为产能过剩行业。若上市公司属于上述产能过剩行业，则EP1取值为1，否则为0
	$EP2_{i,t}$	历史性产能利用率，参考国务院发展研究中心课题组（2015）、李雪松等（2017）研究，滚动计算前三年（第t年、第$t-1$年和第$t-2$年）总资产周转率的均值作为历史性产能利用率的替代指标，并经过年度、行业中位数调整
问询监管	$CLT_{i,t}$	若第t年公司被交易所问询（包括年报问询和并购问询），CLT取值为1，否则为0
年报问询函	$CL_{i,t}$	若第t年公司年报被问询，CL取值为1，否则为0
并购问询函	$CLMA_{i,t}$	若第t年公司收到并购问询函，CLMA取值为1，否则为0
"投资特征"的年报问询函	$InvestCL_{i,t}$	若第t年公司年报问询函中涉及"投资特征"则InvestCL取值为1，否则为0
"投资特征"的问询函	$InvestCLMA_{i,t}$	若第t年公司年报问询函中涉及"投资特征"事项，或收到并购问询函时InvestCLMA取值为1，否则为0

续表

变量名称	变量符号	变量定义
"无投资特征"的问询函	$NonInvestCL_{i,t}$	若第 t 年公司年报问询函中未涉及"投资特征"事项,也未收到并购问询函时,$NonInvestCL$ 取值为1,否则为0
公司规模	$\ln Size_{i,t}$	第 t 年公司总资产的自然对数
负债水平	$Lev_{i,t}$	第 t 年公司总负债/期末总资产
盈利状况	$Loss_{i,t}$	第 t 年公司净利润为负取1,否则为0
总资产收益率	$ROA_{i,t}$	第 t 年公司净利润/期末总资产
成长性	$Growth_{i,t}$	第 t 年公司营业收入增长率
公司年龄	$\ln Age$	第 t 年公司上市年限加1的自然对数
经营现金流	$Cash_{i,t}$	第 t 年公司经营活动现金流量净额/期末总资产
股权集中度	$Fshare_{i,t}$	第 t 年公司第一大股东持股数量/总股数
董事会规模	$DirSize_{i,t}$	第 t 年公司董事会人数的自然对数
独立董事比例	$IndepRatio_{i,t}$	第 t 年公司独立董事占董事会人数的比例
两职兼任	$Dual_{i,t}$	若第 t 年公司总经理兼任董事长取值为1,否则为0
产权性质	$SOE_{i,t}$	第 t 年公司控股股东为国有单位或国有法人则取值为1,否则为0
审计师类型	$Big4_{i,t}$	若第 t 年公司由国际"四大"审计则取值为1,否则为0
审计师变更	$Switch_{i,t}$	若第 t 年公司会计师事务所发生变更则取值为1,否则为0
内部控制缺陷意见	$InMAO_{i,t}$	若第 t 年公司被出具非标准内部控制审计意见则取值为1,否则为0
违规处罚	$Punishment_{i,t}$	若第 t 年上市公司被证交所(上交所、深交所)或证监会处罚则取值为1,否则为0
诉讼风险	$Litigation_{i,t}$	若第 t 年公司发生诉讼仲裁则取值为1,否则为0
财务重述	$Restatement_{i,t}$	若第 t 年公司发生财务报表重述则取值为1,否则为0
公司并购	$MA_{i,t}$	若第 t 年公司发生并购行为则取值为1,否则为0
管理层变更	$Mchange_{i,t}$	若第 t 年公司董事长或总经理发生变更则取值为1,否则为0
破产风险	$Zscore_{i,t}$	采用 Altman(1968)的 Z 值模型估计第 t 年公司破产风险程度。当 $Zscore$ 值越大,破产风险越小
年度效应	$Year$	年度虚拟变量

续表

变量名称	变量符号	变量定义
行业效应	Industry	行业虚拟变量，据中国证监会关于《上市公司行业分类指引》（2012年版）设置行业虚拟变量

三 主要变量的样本描述

（一）问询函样本分布

表4-2列示了年报问询函和并购问询函样本的分布统计结果。其中，Panel A 的样本年度分布中，2014—2018年，年报问询函样本逐年增多，这体现了沪深交易所对公司年报监管的问询力度逐年增强。在并购问询样本中，由于交易所于2014年年底才开始披露并购问询数据，其中深交所官网公开披露并购问询函件于2014年12月，上交所官网公开披露并购问询函件在2017年1月，这使2014年度的并购问询函件较少；同时，2015—2016年我国资本市场出现公司并购浪潮新高，使这期间并购问询样本也较其他样本年份多，其中2015年和2016年的并购问询函分别为117家和121家。

表4-2 年报问询函和并购问询函样本的描述性统计（过度投资样本）

Panel A：问询年度分布		
年份	年报问询函样本	并购问询函样本
2014	120	2
2015	173	117
2016	194	121
2017	245	99
2018	255	91
总计	987	430
Panel B：问询行业分布		
行业		
A. 农、林、牧、渔业	25	9
B. 采矿业	29	13
C. 制造业	654	260

续表

Panel B：问询行业分布		
D. 电力、热力、燃气及水生产和供应业	18	9
E. 建筑业	29	11
F. 批发和零售业	44	22
G. 交通运输、仓储和邮政业	15	7
H. 住宿和餐饮业	3	1
I. 信息传输、软件和信息技术服务业	62	43
K. 房地产业	58	29
L. 租赁和商务服务业	9	3
M. 科学研究和技术服务业	10	3
N. 水利、环境和公共设施管理业	6	7
O. 居民服务、修理和其他服务业	0	0
P. 教育	2	0
Q. 卫生和社会工作	3	1
R. 文化、体育和娱乐业	13	6
S. 综合	7	6
总计	987	430

Panel C：年报问询函特性	
是否"投资特征"的年报问询函	
(1)"投资特征"的年报问询函	454
(2)"无投资特征"的年报问询函	533
总计	987

在 Panel B 的问询函样本行业分布中，无论是年报问询函还是并购问询函，问询函件的行业分布不均匀，主要集中于制造业（C）。其中，制造业（C）中年报问询函为 654 家，其占总年报问询函样本之比为 66.26%（654/987）；制造业（C）中并购问询样本为 260 家，其占总并购问询函样本之比为 60.47%（260/430）。

Panel C 报告了年报问询函特性，"投资特征"的年报问询函为 454 家，"无投资特征"的年报问询函为 533 家，即具有"投资特征"的年报问询函占年报问询函样本的 45.99%（454/987），说明上市公司投资行为是交易所年报问询监管关注的一个重要事项。

（二）主要变量的描述性统计

表4-3列示了主要变量的描述性统计结果。问询监管（CLT_t）的均值为0.273[①]。年报问询函（CL_t）的均值为0.210，即样本期间大约有21%上市公司被年报问询监管；其中"投资特征"的年报问询函（$InvestCL_t$）的均值为0.097，说明在样本期间的年报问询函中，大约有9.7%上市公司的被年报问询与投资相关的事项。并购问询（$CLMA_t$）的均值为0.092，大约9.2%上市公司收到并购问询函。"投资特征"的问询函（$InvestCLMA_t$，包括"投资特征"的年报问询函和并购问询函）的均值为0.175。

表4-3　　　　　　　　主要变量的描述性统计结果

Variable	N	Mean	Std. Dev.	min	Median	max
CLT_t	4690	0.273	0.446	0	0	1
CL_t	4690	0.210	0.412	0	0	1
$CLMA_t$	4690	0.092	0.290	0	0	1
$InvestCL_t$	4690	0.097	0.300	0	0	1
$InvestCLMA_t$	4690	0.175	0.384	0	0	1
$NonInvestCL_t$	4690	0.098	0.297	0	0	1
$Overinvest_t$	4690	0.025	0.029	6.29e-06	0.015	0.120
$OverinvestHis_t$	4690	0.016	0.017	3.48e-06	0.010	0.071
$EP1_t$	4690	0.212	0.408	0	0	1
$EP2_t$	4690	0.088	0.366	-0.618	0.015	1.843
$lnSize_t$	4690	22.43	1.267	19.68	22.28	26.19
Lev_t	4690	0.456	0.203	0.060	0.453	0.943
$Loss_t$	4690	0.102	0.302	0	0	1

[①] 问询监管（CLT_t，包括年报问询函和并购问询函样本）的均值（0.273）不等于各自的描述性统计之和（年报问询函均值与并购问询函均值的总和），原因是：在研究期间样本中，年报问询函样本与并购问询函样本有重合（双重问询）的情形。同理，下面的"投资特征"的问询函（$InvestCLMA_t$）中，"投资特征"的年报问询函样本公司与并购问询函样本也有重合的情形。

续表

Variable	N	Mean	Std. Dev.	min	Median	max
ROA_t	4690	0.036	0.0630	-0.281	0.0340	0.206
$Growth_t$	4690	0.242	0.609	-0.617	0.121	3.924
$lnAge_t$	4690	2.370	0.639	1.099	2.485	3.219
$Cash_t$	4690	0.045	0.069	-0.183	0.044	0.242
$Fshare_t$	4690	0.335	0.144	0.083	0.316	0.731
$DirSize_t$	4690	2.132	0.202	1.609	2.197	2.708
$IndepRatio_t$	4690	0.376	0.054	0.333	0.357	0.571
$Dual_t$	4690	0.260	0.439	0	0	1
SOE_t	4690	0.367	0.482	0	0	1
$Big4_t$	4690	0.059	0.236	0	0	1
$Switch_t$	4690	0.077	0.266	0	0	1
$InMAO_t$	4690	0.030	0.172	0	0	1
$Punishment_t$	4690	0.110	0.312	0	0	1
$Litigation_t$	4690	0.161	0.367	0	0	1
$Restatement_t$	4690	0.124	0.329	0	0	1
MA_t	4690	0.699	0.459	0	1	1
$Mchange_t$	4690	0.265	0.442	0	0	1
$Zscore_t$	4690	2.327	1.740	-1.103	1.936	10.718

当期过度投资（$OverInvest_t$）均值为 0.025，历史性过度投资水平（$OverinvestHis_t$）的均值为 0.016。行业层面的产能过剩样本（$EP1_t$）的均值为 0.212，即大约有 21.2% 上市公司所处行业为产能过剩行业；经过行业中位数调整后的历史性产能利用率（$EP2_t$）的均值为 0.088。

（三）主要变量的均值差异统计

表 4-4 列示了本章主要变量的均值差异统计结果。其中，将全样本区分为"未被问询公司与被问询公司"一组，即列（1）vs 列（2）；另一组在被问询样本公司子样本中区分为"无投资特征"问询函与"投资特征"问询函，即列（3）vs 列（4）。

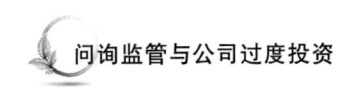

表 4-4　　　　　　　　主要变量的均值差异统计

Variable	未被问询公司 (1) (N=3409) Mean	被问询公司 全样本 (2) (N=1281) Mean	被问询公司 "无投资特征" 问询公司 (3) (N=459) Mean	"投资特征" 问询公司 (4) (N=822) Mean	T检验 (1)-(2) Mean Diff (t值)	T检验 (3)-(4) Mean Diff (t值)
$OverinvestHis_t$	0.015	0.017	0.015	0.018	-0.002* (-1.69)	-0.003* (-1.94)
$EP1_t$	0.204	0.231	0.190	0.254	-0.027** (-1.99)	-0.064*** (-2.64)
$EP2_t$	0.112	0.024	0.100	0.030	0.088*** (7.37)	0.070*** (5.04)
$lnSize_t$	22.494	22.242	22.093	22.325	0.252*** (6.09)	-0.232*** (-3.42)
Lev_t	0.447	0.481	0.483	0.479	-0.033*** (-5.03)	0.004 (0.35)
$Loss_t$	0.063	0.205	0.246	0.182	-0.143*** (-14.71)	0.064*** (2.71)
ROA_t	0.045	0.013	0.006	0.017	0.032*** (15.85)	-0.011** (-2.44)
$Growth_t$	0.227	0.280	0.233	0.307	-0.053*** (-2.66)	-0.074* (-1.73)
$lnAge_t$	2.378	2.349	2.283	2.385	0.029 (1.38)	-0.102*** (-2.97)
$Cash_t$	0.050	0.030	0.030	0.029	0.020*** (9.10)	0.001 (0.13)
$Fshare_t$	0.344	0.311	0.316	0.308	0.033*** (7.04)	0.008 (1.02)
$DirSize_t$	2.145	2.100	2.097	2.101	0.045*** (6.81)	-0.004 (-0.33)

续表

Variable	未被问询公司 (1) (N=3409) Mean	被问询公司全样本 (2) (N=1281) Mean	"无投资特征"问询公司 (3) (N=459) Mean	"投资特征"问询公司 (4) (N=822) Mean	T检验 (1)-(2) Mean Diff (t值)	T检验 (3)-(4) Mean Diff (t值)
$IndepRatio_t$	0.375	0.379	0.378	0.377	-0.004** (-2.11)	0.001 (0.02)
$Dual_t$	0.246	0.297	0.309	0.291	-0.051*** (-3.57)	0.018 (0.69)
SOE_t	0.412	0.247	0.227	0.258	0.166*** (10.62)	-0.031 (-1.25)
$Big4_t$	0.069	0.032	0.035	0.030	0.037*** (4.83)	0.005 (0.43)
$Switch_t$	0.063	0.113	0.111	0.114	-0.050*** (-5.81)	-0.003 (-0.18)
$InMAO_t$	0.013	0.078	0.096	0.068	-0.065*** (-11.79)	0.028* (1.78)
$Punishment_t$	0.087	0.169	0.187	0.158	-0.081*** (-7.98)	0.029 (1.34)
$Litigation_t$	0.144	0.205	0.207	0.203	-0.060*** (-5.04)	0.004 (0.16)
$Restatement_t$	0.109	0.162	0.157	0.165	-0.053*** (-4.92)	-0.009 (-0.39)
MA_t	0.666	0.788	0.723	0.824	-0.122*** (-8.18)	-0.100*** (-4.23)
$Mchange_t$	0.250	0.307	0.303	0.309	-0.057*** (-3.96)	-0.006 (-0.23)
$Zscore_t$	2.461	1.970	1.873	2.024	0.491*** (8.67)	-0.151 (-1.52)

注：***、**、*分别表示在1%、5%、10%的统计水平下显著。下同。

从中可知，在未被问询公司列（1）中历史性过度投资（OverinvestHis$_t$）的均值（0.015）要低于被问询公司列（2）中历史性过度投资（OverinvestHis$_t$）的均值（0.017），且均值差异检验通过了显著性检验，说明历史性过度投资较高的公司更有可能收到交易所问询函。进一步在被问询公司子样本中划分"无投资特征"问询函和"投资特征"问询函样本，在"无投资特征"问询公司列（3）中历史性过度投资（OverinvestHis$_t$）的均值（0.015）要低于"投资特征"问询公司列（4）中历史性过度投资（OverinvestHis$_t$）的均值（0.018），说明相对于"无投资特征"问询公司，历史性过度投资水平较高的公司更有可能收到"投资特征"问询函。

行业层面的产能过剩变量（EP1$_t$）的均值差异检验结果显示，在未被问询公司列（1）中产能过剩变量（EP1$_t$）的均值（0.204）要低于被问询公司列（2）中产能过剩变量（EP1$_t$）的均值（0.231），且均值差异检验通过了显著性检验；在"无投资特征"问询公司列（3）中产能过剩变量（EP1$_t$）的均值（0.190）要低于"投资特征"问询公司列（4）中产能过剩变量（EP1$_t$）的均值（0.254）。同理，历史性产能利用率（EP2$_t$）的均值差异检验结果也类似。这说明产能过剩的公司更有可能收到交易所的问询函。

（四）主要变量的相关性检验

表4-5列示了本章主要变量的Pearson相关性检验结果。历史性过度投资（OverinvestHis$_t$）与问询监管（CLT$_t$）及"投资特征"的问询函（InvestCLMA$_t$）均在10%的统计水平下显著正相关。行业层面的产能过剩变量（EP1$_t$）与问询监管（CLT$_t$）在5%的统计水平下显著正相关，行业层面的产能过剩变量（EP1$_t$）与"投资特征"的问询函（InvestCLMA$_t$）在1%的统计水平下显著正相关。历史性产能利用率（EP2$_t$）与问询监管（CLT$_t$）及"投资特征"的问询函（InvestCLMA$_t$）均在1%的统计水平下显著负相关。这些结果初步表明过度投资行为较为严重的公司和产能过剩公司更易于被监管问询。这一相关性结果只是在没有控制影响问询监管其他因素情形下的单变量之间的相关关系。

表 4-5　主要变量的相关性检验

	Variable	1	2	3	4	5	6	7	8	9
1	CLT_t	1								
2	$InvestCLMA_t$	0.738***	1							
3	$OverinvestHis_t$	0.025*	0.027*	1						
4	$EP1_t$	0.029**	0.048***	0.007	1					
5	$EP2_t$	−0.107***	−0.073***	−0.028***	−0.061***	1				
6	$lnSize_t$	−0.088***	−0.038***	−0.015	0.063***	0.117***	1			
7	Lev_t	0.073***	0.053***	−0.031**	0.021	0.084***	0.492***	1		
8	$Loss_t$	0.210***	0.123***	−0.021	0.029**	−0.094***	−0.136***	0.148***	1	
9	ROA_t	−0.225***	−0.142***	0.058***	−0.001	0.185***	0.044***	−0.348***	−0.658***	1
10	$Growth_t$	0.039***	0.055***	0.003	−0.034**	−0.041***	0.048***	0.022	−0.138***	0.191***
11	$lnAge_t$	−0.020	0.009	−0.022	0.061***	0.043***	0.317***	0.343***	0.082***	−0.174***
12	$Cash_t$	−0.131***	−0.105***	0.105***	0.099***	0.191***	0.044***	0.199***	−0.193***	0.395***
13	$Fshare_t$	−0.102***	−0.087***	−0.028*	0.043***	0.128***	0.215***	0.067***	−0.065***	0.112***
14	$DirSize_t$	−0.099***	−0.068***	−0.011	0.076***	0.018	0.261***	0.149***	−0.046***	0.003
15	$IndepRatio_t$	0.030**	0.022	0.002	−0.039**	−0.014	−0.016	−0.025*	0.016	−0.019
16	$Dual_t$	0.052***	0.030**	0.053***	−0.050***	−0.049***	−0.142***	−0.098***	0.002	0.040***
17	SOE_t	−0.153***	−0.104***	−0.060***	0.120***	0.078***	0.294***	0.256***	0.008	−0.108***
18	$Big4_t$	−0.070***	−0.058***	−0.020	0.031**	0.069***	0.336***	0.114***	−0.033**	0.031**

续表

	Variable	1	2	3	4	5	6	7	8	9
19	$Switch_t$	0.085***	0.061***	0.015	−0.003	−0.007	−0.003	0.035**	0.022	−0.023
20	$lnMAO_t$	0.169***	0.101***	−0.017	0.008	−0.038***	−0.046***	0.096***	0.170***	−0.184***
21	$Punishment_t$	0.115***	0.068***	−0.013	0.003	−0.029**	−0.030**	0.107***	0.121***	−0.131***
22	$Litigation_t$	0.073***	0.053***	−0.012	0.032**	0.008	0.038***	0.097***	0.037**	−0.066***
23	$Restatement_t$	0.071***	0.058***	−0.016	0.023	−0.034**	−0.005	0.084***	0.079***	−0.078***
24	MA_t	0.118***	0.126***	−0.011	−0.051***	−0.042***	0.016	0.001	−0.017	0.031**
25	$Mchange_t$	0.057***	0.048***	−0.030**	0.032***	0.006	0.061***	0.105***	0.069***	−0.108***
26	$Zscore_t$	−0.125***	−0.081***	−0.048***	−0.040***	0.110***	−0.322***	−0.795***	−0.233***	0.461***
		11	12	13	14	15	16	17	18	19
10		1								
11	−0.021	1								
12	0.004	−0.042***	1							
13	−0.002	−0.063***	0.078***	1						
14	−0.049***	0.148***	0.046***	0.007	1					
15	0.022	−0.026*	−0.013	0.042***	−0.544***	1				
16	0.028*	−0.213***	−0.009	−0.023	−0.191***	0.111***	1			
17	−0.086***	0.447***	0.011	0.205***	0.246***	−0.030**	−0.274***	1		
18	−0.024*	0.105***	0.079***	0.142***	0.072***	0.037**	−0.057***	0.120***	1	

续表

Variable	1	2	3	4	5	6	7	8	9
19	0.131***	0.002	-0.021	0.010	-0.016	0.001	0.023	0.050***	1
20	0.060***	-0.073***	-0.052***	-0.024	0.008	0.005	-0.016	-0.023	0.042***
21	-0.027*	-0.083***	-0.057***	-0.0002	-0.024*	0.014	-0.006	-0.032**	0.053***
22	0.035**	-0.045***	-0.048**	-0.009	0.023	-0.003	0.027*	0.011	0.003
23	-0.002	-0.067***	-0.037**	0.011	-0.022	-0.032**	0.010	-0.022	0.018
24	0.053***	-0.024*	-0.115***	-0.065***	0.011	0.070***	-0.232***	-0.066***	-0.005
25	0.051***	-0.039***	0.021	0.004	0.006	-0.106***	0.140***	0.054***	0.061***
26	0.005	0.220***	0.018	-0.124***	0.024*	0.063***	-0.194***	-0.058***	-0.026*
	20	21	22	23	24	25	26		
20	1								
21	0.124***	1							
22	0.047***	0.056***	1						
23	0.076***	0.129***	0.036**	1					
24	-0.013	-0.006	0.005	0.009	1				
25	0.056***	0.031**	0.017	0.030**	-0.023	1			
26	-0.104***	-0.119***	-0.085***	-0.085***	-0.008	-0.103***	1		

注：***、**、*分别表示在1%、5%和10%的统计水平下显著。下同。

在公司财务特征方面，公司规模越小、负债水平高、发生亏损、盈利状况差时，更易于被监管问询；在公司治理特征方面，董事会规模越大、具有内控缺陷、小事务所审计公司、发生审计师变更、管理层变更公司，其收到问询函的概率越高。由于国有公司具有天然的政府支持背景，其收到问询函的概率较非国有公司更低。同时，发生财务重述、诉讼风险较高、破产风险公司（Zscore值是反指标）及处罚公司中，其收到问询函的概率也较高。

此外，从表4-5的主要变量相关系数来看，本章回归模型中的大部分变量相关系数在0.6以下，表明主要变量之间存在多重共线性的可能性不大。

第三节 实证检验分析

一 问询监管对历史性过度投资的甄别检验

表4-6的列（1）至列（2）列示了问询监管对历史性过度投资甄别的Logit回归结果。

首先，在模型变量方面，列（1）至列（2）的被解释变量分别为第t年的问询监管（CLT_t）（包括年报问询和并购问询）、"投资特征"的问询函（$InvestCLMA_t$）（包括"投资特征"的年报问询和并购问询），解释变量为第t年的历史性过度投资（$OverinvestHis_t$）。

表4-6　问询监管对过度投资行为甄别的 Logit 回归结果

Variable	历史性过度投资		产能过剩			
	CLT_t	$InvestCLMA_t$	CLT_t	$InvestCLMA_t$	CLT_t	$InvestCLMA_t$
	（1）	（2）	（3）	（4）	（5）	（6）
$OverinvestHis_t$	5.365**	6.285**				
	(2.24)	(2.44)				
$EP1_t$			0.456***	0.666***		
			(4.21)	(5.46)		

续表

Variable	历史性过度投资		产能过剩			
	CLT_t	$InvestCLMA_t$	CLT_t	$InvestCLMA_t$	CLT_t	$InvestCLMA_t$
	(1)	(2)	(3)	(4)	(5)	(6)
$EP2_t$					-0.390***	-0.307**
					(-2.61)	(-2.07)
$\ln Size_t$	-0.113***	-0.049	-0.110***	-0.047	-0.108**	-0.044
	(-2.66)	(-1.03)	(-2.58)	(-0.97)	(-2.52)	(-0.93)
Lev_t	0.710*	0.692*	0.623	0.581	1.028***	0.917**
	(1.82)	(1.66)	(1.60)	(1.38)	(2.60)	(2.24)
$Loss_t$	0.501***	0.265	0.481***	0.235	0.531***	0.286
	(3.11)	(1.47)	(2.99)	(1.31)	(3.30)	(1.64)
ROA_t	-4.801***	-2.897***	-4.780***	-2.957***	-4.316***	-2.526**
	(-4.63)	(-2.86)	(-4.62)	(-2.93)	(-4.21)	(-2.50)
$Growth_t$	0.140**	0.197***	0.144**	0.204***	0.126**	0.186***
	(2.29)	(2.94)	(2.36)	(3.07)	(2.06)	(2.82)
$\ln Age_t$	-0.027	0.122	-0.026	0.124	-0.016	0.132
	(-0.37)	(1.48)	(-0.35)	(1.51)	(-0.22)	(1.64)
$Cash_t$	-1.596**	-2.187***	-1.629**	-2.275***	-1.263*	-1.902***
	(-2.47)	(-3.04)	(-2.53)	(-3.16)	(-1.96)	(-2.71)
$Fshare_t$	-0.361	-0.504	-0.377	-0.531	-0.296	-0.448
	(-1.16)	(-1.49)	(-1.21)	(-1.55)	(-0.95)	(-1.39)
$DirSize_t$	-0.667***	-0.553**	-0.711***	-0.606**	-0.703***	-0.586**
	(-2.76)	(-2.05)	(-2.96)	(-2.23)	(-2.91)	(-2.26)
$IndepRatio_t$	-0.377	-0.507	-0.347	-0.427	-0.419	-0.532
	(-0.44)	(-0.53)	(-0.41)	(-0.45)	(-0.49)	(-0.57)
$Dual_t$	0.016	0.003	0.031	0.026	0.015	0.004
	(0.18)	(0.03)	(0.35)	(0.27)	(0.17)	(0.04)
SOE_t	-0.686***	-0.493***	-0.726***	-0.553***	-0.695***	-0.504***
	(-6.42)	(-4.06)	(-6.80)	(-4.53)	(-6.49)	(-4.43)
$Big4_t$	-0.406**	-0.525**	-0.425**	-0.557**	-0.412**	-0.534**
	(-2.05)	(-2.39)	(-2.11)	(-2.49)	(-2.04)	(-2.36)

续表

Variable	历史性过度投资		产能过剩			
	CLT_t	$InvestCLMA_t$	CLT_t	$InvestCLMA_t$	CLT_t	$InvestCLMA_t$
	(1)	(2)	(3)	(4)	(5)	(6)
$Switch_t$	0.520***	0.328**	0.534***	0.350**	0.529***	0.336**
	(4.01)	(2.33)	(4.09)	(2.46)	(4.09)	(2.39)
$lnMAO_t$	1.307***	0.543**	1.287***	0.515**	1.303***	0.541**
	(6.43)	(2.45)	(6.36)	(2.36)	(6.40)	(2.49)
$Punishment_t$	0.401***	0.226*	0.404***	0.230*	0.394***	0.219*
	(3.67)	(1.80)	(3.71)	(1.83)	(3.62)	(1.80)
$Litigation_t$	0.177*	0.026	0.168	0.013	0.183*	0.036
	(1.72)	(0.23)	(1.63)	(0.12)	(1.78)	(0.33)
$Restatement_t$	0.213**	0.223*	0.201*	0.211*	0.203*	0.213*
	(1.99)	(1.89)	(1.88)	(1.81)	(1.89)	(1.81)
MA_t	0.470***	0.664***	0.472***	0.671***	0.457***	0.652***
	(5.37)	(6.29)	(5.37)	(6.35)	(5.21)	(6.16)
$Mchange_t$	0.251***	0.223**	0.240***	0.210**	0.248***	0.220**
	(3.09)	(2.44)	(2.96)	(2.30)	(3.05)	(2.38)
$Zscore_t$	−0.064	−0.011	−0.076*	−0.027	−0.037	0.005
	(−1.55)	(−0.24)	(−1.84)	(−0.59)	(−0.94)	(0.11)
Year/Industry	Yes	Yes	Yes	Yes	Yes	Yes
Constant	2.368**	−0.969	2.561**	−0.746	2.258**	−1.035
	(2.19)	(−0.81)	(2.39)	(−0.62)	(2.06)	(−0.88)
Chi2	505.60***	363.84***	511.79***	368.16***	509.19***	355.81***
Pseudo R^2	0.142	0.112	0.145	0.119	0.143	0.112
N	4690	4690	4690	4690	4690	4690

注：括号内数值表示 Z 统计值；标准误差按公司 Cluster 进行处理。

其次，在公司历史性过度投资的问询识别检验情景中，问询监管（CLT）所在列（1）中历史性过度投资（OverinvestHis）的回归系数在5%统计水平下显著为正；"投资特征"的问询监管（InvestCLMA）的检验中，列（2）中历史性过度投资（OverinvestHis）的回归系数在

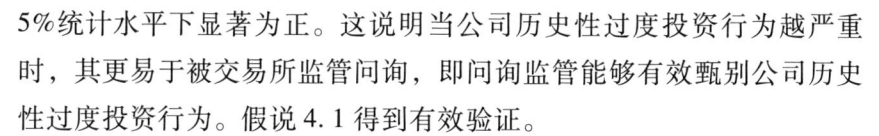

5%统计水平下显著为正。这说明当公司历史性过度投资行为越严重时,其更易于被交易所监管问询,即问询监管能够有效甄别公司历史性过度投资行为。假说4.1得到有效验证。

二 问询监管对产能过剩的甄别检验

从问询监管对产能过剩的识别检验来看,表4-6的列(3)至列(6)报告了回归结果。其中,列(3)至列(4)的解释变量为行业层面的产能过剩($EP1$),$EP1$的回归系数均在1%统计水平下显著为正;从历史性产能利用率($EP2$)的问询识别检验来看,列(5)至列(6)中$EP2$的回归系数分别在1%和5%统计水平下显著为负(历史产能利用率是产能过剩的反向指标)。这表明问询监管对我国上市公司过度投资行为后果之产能过剩状况关注度较高,通过问询函机制来改善产能过剩公司信息披露问题,以更好识别产能过剩的信息风险。假说4.2得到有效验证。

就显著的控制变量方面,表4-6的列(1)至列(6)中,ROA及$Cash$的回归系数均显著为负,即盈利能力较差、经营现金流较差的上市公司更易于被监管问询;Lev、$Loss$和$Growth$的回归系数均显著为正,说明负债水平较高的公司、亏损公司、成长性较高公司更易于被监管问询;SOE的回归系数显著为负,说明我国上市公司的产权性质可能会影响交易所的问询监管效力,即国有公司的最终控制人是政府机构,具有一种天然的政治关联特性,相对于非国有公司而言,国有公司和政府的关系更为密切,使那些没有政府庇佑的非国有公司更易于被监管问询;$Big4$的回归系数显著为负,说明由于小规模事务所审计的公司中,其会计信息质量在一定程度上较不稳健,从而使小规模事务所审计的公司更易于被监管问询;$Switch$、$Mchange$、$InMAO$的回归系数显著为正,说明发生审计师变更、管理层变更及具有内部控制缺陷的公司,其更易于被问询关注;$Punishment$和$Restatement$的回归系数均显著为正,即被监管处罚公司和财务重述的公司更易于被监管问询;MA的回归系数显著为正,即实施并购行为的公司更容易被问询关注。以上关于控制变量的回归结果大部分与Cassell等(2013)、Chen等(2018)的研究发现基本一致。

三 问询监管对综合过度投资行为的甄别检验

基于上述历史性过度投资（$OverinvestHis$）和产能过剩变量（$EP1$和$EP2$）检验后，本章进一步考察这三个变量所构成的综合过度投资行为的问询识别效果，以捕捉问询监管对公司过度投资行为的联合识别效应。

一方面，本书将历史性过度投资（$OverinvestHis$）和产能过剩变量（$EP1$和$EP2$）这三个变量同时纳入一个模型中进行检验，表4-7的列（1）至列（2）报告了"历史过度投资+产能过剩"的问询甄别检验结果。从中可知，在问询监管（CLT）和"投资特征"的问询函（$InvestCLMA$）为被解释变量检验中，历史性过度投资（$OverinvestHis$）和产能过剩变量（$EP1$和$EP2$）的回归系数也均显著。这进一步夯实了研究假说4.1和假说4.2。

表4-7　问询监管对综合过度投资行为甄别的 Logit 回归结果

Variable	历史性过度投资+产能过剩		综合过度投资行为	
	CLT_t	$InvestCLMA_t$	CLT_t	$InvestCLMA_t$
	(1)	(2)	(3)	(4)
$OverinvestHis_t$	5.328**	6.545**		
	(2.22)	(2.53)		
$EP1_t$	0.476***	0.683***		
	(4.37)	(5.58)		
$EP2_t$	-0.404***	-0.321*		
	(-2.69)	(-1.96)		
$AggreOverinvest_t$			1.358***	1.625***
			(4.94)	(5.13)
$\ln Size_t$	-0.114***	-0.051	-0.110**	-0.045
	(-2.67)	(-1.05)	(-2.56)	(-0.92)
Lev_t	1.055***	0.930**	1.057***	1.075***
	(2.68)	(2.23)	(2.73)	(2.61)
$Loss_t$	0.494***	0.240	0.506***	0.267
	(3.07)	(1.34)	(3.15)	(1.49)

续表

Variable	历史性过度投资+产能过剩		综合过度投资行为	
	CLT_t	$InvestCLMA_t$	CLT_t	$InvestCLMA_t$
	(1)	(2)	(3)	(4)
ROA_t	-4.593***	-2.894***	-4.409***	-2.534**
	(-4.46)	(-2.85)	(-4.31)	(-2.49)
$Growth_t$	0.131**	0.194***	0.129**	0.184***
	(2.14)	(2.91)	(2.11)	(2.76)
$lnAge_t$	-0.031	0.115	-0.023	0.124
	(-0.41)	(1.38)	(-0.31)	(1.50)
$Cash_t$	-1.481**	-2.225***	-1.365**	-1.960***
	(-2.29)	(-3.08)	(-2.12)	(-2.71)
$Fshare_t$	-0.304	-0.477	-0.298	-0.432
	(-0.98)	(-1.39)	(-0.95)	(-1.26)
$DirSize_t$	-0.720***	-0.612**	-0.733***	-0.630**
	(-3.00)	(-2.25)	(-3.05)	(-2.32)
$IndepRatio_t$	-0.385	-0.448	-0.389	-0.478
	(-0.46)	(-0.47)	(-0.46)	(-0.50)
$Dual_t$	0.014	0.008	0.020	0.008
	(0.15)	(0.08)	(0.22)	(0.08)
SOE_t	-0.706***	-0.526***	-0.717***	-0.529***
	(-6.62)	(-4.29)	(-6.73)	(-4.36)
$Big4_t$	-0.408**	-0.542**	-0.417**	-0.545**
	(-2.02)	(-2.47)	(-2.05)	(-2.46)
$Switch_t$	0.521***	0.333**	0.531***	0.340**
	(3.96)	(2.33)	(4.05)	(2.38)
$lnMAO_t$	1.292***	0.519**	1.289***	0.523**
	(6.39)	(2.36)	(6.37)	(2.39)
$Punishment_t$	0.407***	0.233*	0.402***	0.227*
	(3.72)	(1.85)	(3.70)	(1.82)
$Litigation_t$	0.170*	0.017	0.173*	0.028
	(1.66)	(0.15)	(1.68)	(0.25)

续表

Variable	历史性过度投资+产能过剩		综合过度投资行为	
	CLT_t	$InvestCLMA_t$	CLT_t	$InvestCLMA_t$
	(1)	(2)	(3)	(4)
$Restatement_t$	0.191*	0.202*	0.190*	0.197*
	(1.78)	(1.73)	(1.77)	(1.68)
MA_t	0.473***	0.673***	0.465***	0.660***
	(5.40)	(6.41)	(5.31)	(6.25)
$Mchange_t$	0.249***	0.221**	0.244***	0.217**
	(3.06)	(2.41)	(3.00)	(2.37)
$Zscore_t$	−0.026	0.017	−0.031	0.024
	(−0.67)	(0.37)	(−0.81)	(0.56)
Year/Industry	Yes	Yes	Yes	Yes
Constant	2.290**	−1.007	2.332**	−1.045
	(2.12)	(−0.84)	(2.16)	(−0.87)
Chi2	524.09***	386.13***	518.43***	369.56***
Pseudo R^2	0.148	0.122	0.148	0.120
N	4690	4690	4690	4690

注：括号内数值表示 Z 统计值；标准误差按公司 Cluster 进行处理。

另一方面，在上述三个过度投资行为（OverinvestHis/EP1/EP2）的基础上，参考 Lang 等（2012）、辛清泉等（2014）研究方法，本章构建了一个第 t 年的综合过度投资行为指标（$AggreOverinvest_t$），其值等于历史性过度投资（OverinvestHis）和行业层面的产能过剩变量（EP1）及历史性产能利用率变量（EP2）这三个变量的样本百分等级（Percentile rank）的平均值。相比于单个过度投资行为的变量，综合过度投资变量能够在一定程度上刻画公司过度投资行为的联合效应（Combined effect）。当该综合过度投资指标（AggreOverinvest）的值越大，则公司过度投资行为越严重。需要说明的是，由于历史性产能利用率变量（EP2）是反向指标，为便于同其他过度投资变量进行比较，在此估计综合过度投资指标时，将历史性产能利用率变量（EP2）指标先乘以−1，再和其他两个过度投资行为变量估计其综合

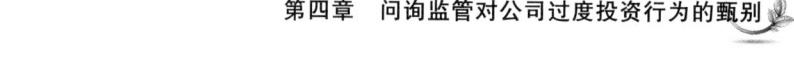

指标。

表 4-7 的列（3）至列（4）报告了问询监管对综合过度投资行为的甄别检验结果。从中可知，问询监管（CLT）和"投资特征"的问询函（$InvestCLMA$）为被解释变量情景检验中，$AggreOverinvest$ 的回归系数均在 1% 统计水平下显著为正，这说明由历史性过度投资（$OverinvestHis$）和产能过剩变量（$EP1$ 和 $EP2$）所构成的综合过度投资行为越严重的公司，其被监管问询的概率越大。问询监管在整体层面上能识别公司过度投资行为的潜在风险。

综上检验，在控制公司财务业绩和治理特征的情况下，当上市公司的历史性过度投资行为较为严重，以及过度投资行为所带来的产能过剩公司情景中，交易所问询函的一线监管给予了高度关注，以此识别公司过度投资行为及其所带来的经济后果，规范公司投资决策的信息披露事项，增强公司投资决策的谨慎性和透明性，以防控资本市场投资扭曲的金融风险问题。这一研究结果也说明交易所将国家金融风险防控重点议题之公司过度投资的风险行为，以及供给侧结构性改革项目之产能过剩化解议题融入了问询决策函中，通过问询信息机制来推进企业投资结构优化问题。与此同时，这一过度投资行为对问询监管的影响研究，为下一步关于问询监管的公司未来过度投资行为治理奠定了前因经验基础。

第四节 稳健性检验

一 倾向得分匹配法（PSM）

倾向得分匹配法（Propensity Score Matching，PSM）。本章的实证研究模型中，可能存在与控制变量相关的遗漏变量问题，这可能导致交易所问询监管并不受或不全受公司过度投资行为的影响。因此，借鉴 Rosenbaum 和 Rubin（1983）提出的倾向得分匹配方法，采用倾向得分匹配法对问询监管变量进行内生性控制，采用一对一最近邻匹配法为标的公司（被问询公司）寻找对照组，即为每个被问询公司寻找一个基本特征相似、最接近的对照样本。

具体地，分别以全样本问询函（$CLT_{i,t}$）和"投资特征"问询函（$InvestCLMA_{i,t}$）为被解释变量进行 Probit 模型回归，在影响接受问询函的因素之控制变量方面，参考 Cassell 等（2013）、Heese 等（2017）研究，具体包括：第 t 年的公司规模（$\ln Size_{i,t}$）；负债水平（$Lev_{i,t}$）；盈利状况（$Loss_{i,t}$）；总资产收益率（$ROA_{i,t}$）；成长性（$Growth_{i,t}$）；公司年龄（$\ln Age_{i,t}$）、经营活动净现金流（$Cash_{i,t}$）；股权集中度（$Fshare_{i,t}$）；董事会规模（$DirSize_{i,t}$）；独立董事比例（$IndepRatio_{i,t}$）；两职兼任（$Dual_{i,t}$）；产权性质（$SOE_{i,t}$）；审计师类型（$Big4_{i,t}$）；审计师变更（$Switch_{i,t}$）；内部控制缺陷审计意见（$InMAO_{i,t}$）；违规处罚（$Punishment_{i,t}$）；诉讼风险（$Litigation_{i,t}$）；财务重述（$Restatement_{i,t}$）；公司并购（$MA_{i,t}$）；管理层变更（$Mchange_{i,t}$）；公司破产风险（$Zscore_{i,t}$），以及年度效应和行业效应。

PSM 第一阶段中，采用二元 Probit 模型来估计上市公司被监管问询的可能概率，按照倾向得分值为实验组挑选与其概率值最为接近的控制组，即对全样本问询函和"投资特征"的问询函的每家上市公司倾向得分进行一对一最近邻匹配。最终，获得问询监管（CLT）的控制组样本 1281 个，总研究样本为 2562 个；"投资特征"问询函（$InvestCLMA$）的控制组样本 822 个，总研究样本为 1644 个。

表 4-8 报告了 PSM 第一阶段的 Probit 模型回归结果。参考 Cunningham 等（2020）研究，关于 PSM 第一阶段回归结果的匹配有效性，对匹配的实验组和控制组进行均值平稳差异检验。表 4-9 列示了全样本问询监管（CLT）为被解释变量下，PSM 第一阶段估计的实验组和控制组的均值平稳差异结果；表 4-10 列示了"投资特征"问询函（$InvestCLMA$）为被解释变量下，PSM 第一阶段估计的实验组和控制组的均值平稳差异结果。由此可知，实验组和控制组的均值差异检验结果均不显著，一定程度上说明 PSM 匹配是有效性的。

表 4-8 倾向得分匹配第一阶段的 Probit 模型回归结果

Variable	CLT_t	$InvestCLMA_t$
	(1)	(2)
$lnSize_t$	-0.066***	-0.027
	(-2.71)	(-0.99)
Lev_t	0.355	0.272
	(1.59)	(1.17)
$Loss_t$	0.316***	0.149
	(3.37)	(1.46)
ROA_t	-2.603***	-1.615***
	(-4.48)	(-2.80)
$Growth_t$	0.080**	0.099***
	(2.23)	(2.61)
$lnAge_t$	-0.009	0.081*
	(-0.21)	(1.73)
$Cash_t$	-0.832**	-1.037***
	(-2.26)	(-2.62)
$Fshare_t$	-0.186	-0.248
	(-1.04)	(-1.32)
$DirSize_t$	-0.392***	-0.368**
	(-2.80)	(-2.43)
$IndepRatio_t$	-0.189	-0.325
	(-0.39)	(-0.61)
$Dual_t$	0.008	0.013
	(0.16)	(0.23)
SOE_t	-0.401***	-0.280***
	(-6.57)	(-4.19)
$Big4_t$	-0.230**	-0.272**
	(-2.05)	(-2.29)
$Switch_t$	0.314***	0.222***
	(4.10)	(2.75)

续表

Variable	CLT_t	$InvestCLMA_t$
	(1)	(2)
$lnMAO_t$	0.778***	0.321**
	(6.39)	(2.54)
$Punishment_t$	0.230***	0.138*
	(3.54)	(1.93)
$Litigation_t$	0.108*	0.027
	(1.78)	(0.43)
$Restatement_t$	0.132**	0.130*
	(2.08)	(1.94)
MA_t	0.269***	0.362***
	(5.39)	(6.33)
$Mchange_t$	0.142***	0.114**
	(3.00)	(2.21)
$Zscore_t$	−0.045*	−0.022
	(−1.93)	(−0.85)
Year/Industry	Yes	Yes
Constant	1.479**	−0.364
	(2.39)	(−0.55)
Chi2	534.614***	353.529***
Pseudo R^2	0.140	0.109
N	4690	4690

注：括号内数值表示 Z 统计值；标准误差按公司 Cluster 进行处理。

表4-9　倾向得分匹配第一阶段的实验组和控制组的均值差异（CLT）

Variable	控制组（CLT=0）	实验组（CLT=1）	(1)-(2)	T-value
	(1)	(2)		
	Mean	Mean	MeanDiff	
$lnSize$	22.302	22.242	0.060	1.289
Lev	0.474	0.481	−0.007	−0.866

续表

Variable	控制组（CLT=0）(1) Mean	实验组（CLT=1）(2) Mean	(1)-(2) MeanDiff	T-value
Loss	0.142	0.150	-0.008	-0.237
ROA	0.026	0.023	0.003	0.757
Growth	0.299	0.280	0.018	0.629
lnAge	2.333	2.349	-0.016	-0.645
Cash	0.031	0.030	0.001	0.352
Fshare	0.316	0.311	0.005	0.939
DirSize	2.102	2.100	0.002	0.233
IndepRatio	0.379	0.378	0.001	0.159
Dual	0.297	0.297	0.000	0.000
SOE	0.259	0.247	0.012	0.727
Big4	0.034	0.032	0.002	0.221
Switch	0.104	0.113	-0.009	-0.762
lnMAO	0.032	0.036	-0.004	-0.135
Punishment	0.147	0.169	-0.022	-1.517
Litigation	0.194	0.205	-0.010	-0.642
Restatement	0.152	0.162	-0.010	-0.705
MA	0.799	0.788	0.011	0.683
Zscore	2.079	2.067	0.012	0.729
Mchange	0.291	0.307	-0.016	-0.862

表 4-10　倾向得分匹配第一阶段的实验组和控制组的均值差异（InvestCLMA）

Variable	InvestCLMA=0 控制组 (1) Mean	InvestCLMA=1 实验组 (2) Mean	(1)-(2) MeanDiff	T-value
lnSize	22.261	22.325	-0.064	-1.086
Lev	0.473	0.479	-0.006	-0.592

续表

Variable	InvestCLMA = 0 控制组 (1) Mean	InvestCLMA = 1 实验组 (2) Mean	(1)-(2) MeanDiff	T-value
Loss	0.180	0.182	-0.002	-0.128
ROA	0.018	0.017	0.001	0.235
Growth	0.348	0.307	0.041	1.052
lnAge	2.368	2.385	-0.017	-0.570
Cash	0.031	0.030	0.001	0.299
Fshare	0.314	0.308	0.006	0.873
DirSize	2.103	2.101	0.002	0.229
IndepRatio	0.377	0.378	-0.001	-0.288
Dual	0.290	0.291	-0.001	-0.054
SOE	0.231	0.258	-0.027	-1.262
Big4	0.027	0.030	-0.003	-0.443
Switch	0.105	0.114	-0.010	-0.632
lnMAO	0.064	0.068	-0.004	-0.297
Punishment	0.151	0.158	-0.007	-0.409
Litigation	0.209	0.203	0.006	0.305
Restatement	0.176	0.165	0.011	0.589
MA	0.816	0.824	-0.008	-0.385
Mchange	0.308	0.309	-0.001	-0.053
Zscore	2.052	2.024	0.028	0.338

表 4-11 至表 4-12 报告了倾向得分匹配法下问询监管对（综合）过度投资行为甄别的回归结果。由此可知，在控制内生性情况下，历史性过度投资较为严重和产能过剩公司更易于被监管问询。公司投资行为是影响交易所问询监管的一个重要因素。本章主要研究结论仍然成立。

表4-11　　问询监管对过度投资行为的甄别：内生性控制

Variable	历史性过度投资 CLT$_t$ (1)	历史性过度投资 InvestCLMA$_t$ (2)	产能过剩 CLT$_t$ (3)	产能过剩 InvestCLMA$_t$ (4)	产能过剩 CLT$_t$ (5)	产能过剩 InvestCLMA$_t$ (6)
OverinvestHis$_t$	6.676**	9.123***				
	(2.53)	(2.96)				
EP1$_t$			0.387***	0.696***		
			(3.17)	(4.54)		
EP2$_t$					−0.337**	−0.341**
					(−2.21)	(−2.03)
lnSize$_t$	−0.072	0.032	−0.059	0.045	−0.064	0.041
	(−1.54)	(0.58)	(−1.28)	(0.82)	(−1.38)	(0.76)
Lev$_t$	0.676*	0.077	0.567	−0.037	0.944**	0.332
	(1.71)	(0.17)	(1.44)	(−0.08)	(2.28)	(0.69)
Loss$_t$	0.202	0.061	0.191	0.054	0.220	0.079
	(1.28)	(0.31)	(1.21)	(0.27)	(1.40)	(0.39)
ROA$_t$	−2.001**	0.384	−1.993**	0.409	−1.678*	0.738
	(−2.04)	(0.35)	(−2.04)	(0.37)	(−1.73)	(0.66)
Growth$_t$	0.009	−0.049	0.010	−0.048	−0.005	−0.067
	(0.16)	(−0.72)	(0.17)	(−0.71)	(−0.09)	(−0.99)
lnAge$_t$	0.019	−0.070	0.022	−0.069	0.031	−0.049
	(0.22)	(−0.69)	(0.27)	(−0.68)	(0.36)	(−0.48)
Cash$_t$	0.366	−0.550	0.348	−0.593	0.693	−0.149
	(0.55)	(−0.70)	(0.53)	(−0.75)	(1.04)	(−0.19)
Fshare$_t$	0.147	−0.528	0.143	−0.586	0.219	−0.460
	(0.41)	(−1.31)	(0.40)	(−1.45)	(0.61)	(−1.14)
DirSize$_t$	−0.016	−0.008	−0.063	−0.062	−0.054	−0.061
	(−0.06)	(−0.02)	(−0.22)	(−0.19)	(−0.19)	(−0.18)
IndepRatio$_t$	−0.226	0.237	−0.256	0.151	−0.241	0.236
	(−0.23)	(0.20)	(−0.27)	(0.13)	(−0.25)	(0.20)
Dual$_t$	−0.037	0.021	−0.024	0.048	−0.039	0.019
	(−0.38)	(0.18)	(−0.24)	(0.42)	(−0.39)	(0.16)

续表

Variable	历史性过度投资		产能过剩			
	CLT_t	$InvestCLMA_t$	CLT_t	$InvestCLMA_t$	CLT_t	$InvestCLMA_t$
	(1)	(2)	(3)	(4)	(5)	(6)
SOE_t	−0.140	0.236*	−0.189	0.141	−0.158	0.196
	(−1.19)	(1.65)	(−1.61)	(0.96)	(−1.35)	(1.37)
$Big4_t$	0.049	−0.002	0.026	−0.017	0.051	−0.015
	(0.19)	(−0.01)	(0.10)	(−0.06)	(0.19)	(−0.05)
$Switch_t$	−0.023	0.059	−0.004	0.100	−0.010	0.080
	(−0.17)	(0.35)	(−0.03)	(0.59)	(−0.07)	(0.48)
$lnMAO_t$	0.815***	0.043	0.803***	−0.004	0.813***	0.040
	(4.07)	(0.19)	(4.02)	(−0.02)	(4.04)	(0.19)
$Punishment_t$	0.074	0.046	0.077	0.049	0.067	0.030
	(0.64)	(0.31)	(0.67)	(0.32)	(0.59)	(0.20)
$Litigation_t$	−0.127	−0.040	−0.127	−0.017	−0.109	−0.010
	(−1.15)	(−0.30)	(−1.15)	(−0.13)	(−0.99)	(−0.07)
$Restatement_t$	0.008	−0.093	−0.006	−0.124	−0.003	−0.107
	(0.07)	(−0.69)	(−0.05)	(−0.92)	(−0.02)	(−0.80)
MA_t	−0.089	0.090	−0.092	0.063	−0.111	0.055
	(−0.83)	(0.67)	(−0.86)	(0.47)	(−1.04)	(0.41)
$Mchange_t$	0.052	0.030	0.038	0.003	0.043	0.017
	(0.57)	(0.27)	(0.42)	(0.02)	(0.48)	(0.15)
$Zscore_t$	0.040	0.009	0.025	−0.006	0.063	0.027
	(0.89)	(0.16)	(0.56)	(−0.10)	(1.36)	(0.49)
Year/Industry	Yes	Yes	Yes	Yes	Yes	Yes
Constant	0.598	−0.769	0.662	−0.603	0.489	−0.823
	(0.47)	(−0.51)	(0.53)	(−0.40)	(0.39)	(−0.54)
Chi2	149.881***	23.438***	149.200***	35.004***	147.257***	17.943***
Pseudo R^2	0.045	0.010	0.046	0.017	0.045	0.010
N	2562	1644	2562	1644	2562	1644

注：括号内数值表示 Z 统计值；标准误差按公司 Cluster 进行处理。

表4-12 问询监管对综合过度投资行为的甄别：内生性控制

Variable	历史性过度投资+产能过剩		综合过度投资行为	
	CLT_t	$InvestCLMA_t$	CLT_t	$InvestCLMA_t$
	(1)	(2)	(3)	(4)
$OverinvestHis_t$	6.727**	9.846***		
	(2.54)	(3.14)		
$EP1_t$	0.401***	0.719***		
	(3.27)	(4.65)		
$EP2_t$	-0.339**	-0.355**		
	(-2.22)	(-2.11)		
$AggreOverinvest_t$			1.142***	1.654***
			(3.97)	(4.75)
$lnSize_t$	-0.068	0.033	-0.061	0.043
	(-1.46)	(0.61)	(-1.31)	(0.78)
Lev_t	0.983**	0.412	0.957**	0.525
	(2.38)	(0.86)	(2.37)	(1.10)
$Loss_t$	0.188	0.051	0.200	0.069
	(1.18)	(0.25)	(1.26)	(0.34)
ROA_t	-2.038**	0.417	-1.841*	0.727
	(-2.07)	(0.37)	(-1.89)	(0.65)
$Growth_t$	0.003	-0.050	-0.002	-0.066
	(0.05)	(-0.75)	(-0.03)	(-0.98)
$lnAge_t$	0.017	-0.081	0.026	-0.059
	(0.20)	(-0.79)	(0.30)	(-0.58)
$Cash_t$	0.485	-0.566	0.609	-0.202
	(0.72)	(-0.71)	(0.92)	(-0.26)
$Fshare_t$	0.196	-0.521	0.214	-0.467
	(0.55)	(-1.28)	(0.60)	(-1.15)
$DirSize_t$	-0.066	-0.047	-0.083	-0.087
	(-0.23)	(-0.14)	(-0.29)	(-0.26)
$IndepRatio_t$	-0.273	0.183	-0.272	0.189
	(-0.28)	(0.15)	(-0.28)	(0.16)

续表

Variable	历史性过度投资+产能过剩		综合过度投资行为	
	CLT_t	$InvestCLMA_t$	CLT_t	$InvestCLMA_t$
	(1)	(2)	(3)	(4)
$Dual_t$	-0.039	0.038	-0.034	0.033
	(-0.40)	(0.32)	(-0.34)	(0.28)
SOE_t	-0.167	0.187	-0.185	0.158
	(-1.43)	(1.28)	(-1.58)	(1.09)
$Big4_t$	0.050	-0.015	0.040	-0.025
	(0.19)	(-0.05)	(0.15)	(-0.08)
$Switch_t$	-0.018	0.063	-0.005	0.084
	(-0.13)	(0.37)	(-0.04)	(0.49)
$lnMAO_t$	0.804***	-0.001	0.803***	0.007
	(4.02)	(-0.00)	(4.01)	(0.03)
$Punishment_t$	0.078	0.051	0.074	0.035
	(0.68)	(0.34)	(0.65)	(0.23)
$Litigation_t$	-0.128	-0.016	-0.118	0.007
	(-1.16)	(-0.12)	(-1.06)	(0.05)
$Restatement_t$	-0.012	-0.133	-0.015	-0.135
	(-0.11)	(-0.99)	(-0.13)	(-1.01)
MA_t	-0.086	0.082	-0.101	0.051
	(-0.81)	(0.61)	(-0.95)	(0.38)
$Mchange_t$	0.048	0.011	0.039	0.002
	(0.52)	(0.09)	(0.43)	(0.02)
$Zscore_t$	0.077	0.050	0.068	0.051
	(1.64)	(0.90)	(1.48)	(0.94)
Year/Industry	Yes	Yes	Yes	Yes
Constant	0.435	-0.895	0.469	-0.889
	(0.34)	(-0.58)	(0.37)	(-0.58)
Chi2	162.250***	49.746***	154.513***	36.115***
Pseudo R^2	0.050	0.024	0.049	0.019
N	2562	1644	2562	1644

注：括号内数值表示 Z 统计值；标准误差按公司 Cluster 进行处理。

二 更换过度投资指标

借鉴研究公司过度投资的相关权威文献（Biddle et al., 2009；李万福等，2011；窦欢等，2014），采用 Biddle 等（2009）的投资效率模型来度量公司过度投资水平，其模型如下所示：

$$Invest_{i,t} = \alpha_0 + \beta_1 Growth_{i,t-1} + \varepsilon_{i,t} \tag{4.4}$$

上述模型（4.4）中，被解释变量为第 t 年的公司投资规模（$Invest_{i,t}$）；解释变量为第 $t-1$ 年公司成长性（$Growth_{i,t-1}$），对模型（4.4）分年度及分行业回归估计所得的正残差（$\varepsilon>0$）作为公司过度投资水平（$Overinv$）。这里，同样通过滚动计算前三年（第 t 年、第 $t-1$ 年和第 $t-2$ 年）的公司过度投资水平的均值来测度公司的历史性过度投资行为（$OverinvHis$），以检验问询监管对公司历史性过度投资行为的有效识别。

表 4-13 报告了替换过度投资变量的回归结果。在问询监管（CLT）和"投资特征"问询函（$InvestCLMA$）为被解释变量的列（1）至列（2）中，历史性过度投资行为（$OverinvHis$）的回归系数均在 10% 统计水平下显著为负，表明历史性过度投资行为严重的公司受到监管问询的概率更大。本章主要研究结论也稳健。

表 4-13　问询监管对过度投资行为的甄别：替代变量检验

Variable	Biddle 等（2009）投资模型	
	CLT_t	$InvestCLMA_t$
	（1）	（2）
$OverinvHis_t$	2.278*	2.833*
	(1.68)	(1.75)
$lnSize_t$	-0.097**	0.001
	(-2.28)	(0.02)
Lev_t	0.823**	0.453
	(2.04)	(0.97)
$Loss_t$	0.607***	0.486***
	(3.65)	(2.64)

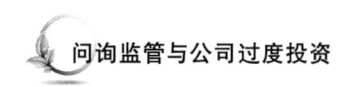

续表

Variable	Biddle 等（2009）投资模型	
	CLT_t	$InvestCLMA_t$
	（1）	（2）
ROA_t	-5.442***	-2.549**
	(-4.77)	(-2.28)
$Growth_t$	0.179***	0.177**
	(2.72)	(2.34)
$\ln Age_t$	0.044	0.144*
	(0.61)	(1.65)
$Cash_t$	-1.090	-1.465*
	(-1.62)	(-1.90)
$Fshare_t$	-0.069	-0.205
	(-0.24)	(-0.57)
$DirSize_t$	-0.672***	-0.895***
	(-2.75)	(-3.04)
$IndepRatio_t$	-0.337	-0.787
	(-0.39)	(-0.75)
$Dual_t$	0.108	0.098
	(1.28)	(0.96)
SOE_t	-0.724***	-0.512***
	(-6.56)	(-3.84)
$Big4_t$	-0.348*	-0.465*
	(-1.89)	(-1.93)
$Switch_t$	0.586***	0.434***
	(4.42)	(2.89)
$\ln MAO_t$	1.413***	0.679***
	(5.65)	(2.73)
$Punishment_t$	0.395***	0.251*
	(3.34)	(1.91)
$Litigation_t$	0.262**	-0.020
	(2.56)	(-0.16)

续表

Variable	Biddle 等（2009）投资模型	
	CLT_t	$InvestCLMA_t$
	（1）	（2）
$Restatement_t$	0.212*	0.239*
	（1.88）	（1.89）
MA_t	0.421***	0.617***
	（4.56）	（5.45）
$Mchange_t$	0.091	0.096
	（1.03）	（0.92）
$Zscore_t$	−0.053	−0.063
	（−1.22）	（−1.08）
Year/Industry	Yes	Yes
Constant	1.805*	−1.194
	（1.66）	（−0.92）
Chi2	476.491***	323.929***
Pseudo R^2	0.131	0.105
N	4590	4590

注：括号内数值表示 Z 统计值；标准误差按公司 Cluster 进行处理。

三 拓展年报问询函区间的检验

自上海证券交易所（2013年7月1日）和深圳证券交易所（2014年1月13日）正式开通上市公司财务报告的信息披露直通车起，交易所开始对上市公司进行年报问询（始于2012年度的财务报告），到2015年则开始频繁向上市公司发出年报问询函，并分别在沪深交易所官网公开披露问询发函和回函件。由于2015年以前的年报问询函公开披露不全，大部分年报问询函没有披露问询回函，因此，稳健性测试中，本章在过度投资样本中将研究区间拓展为2012—2018年度的年报问询函，其中2012年度的年报问询函有48家上市公司，"投资特征"的年报问询函为4家上市公司；2013年度的年报问询函有49家上市公司，"投资特征"的年报问询函为9家上市公司。

拓展年报问询函区间的实证结果见表4-14。从中有历史性过度投资（OverinvestHis）和产能过剩（EP1 及 EP2）的回归系数均显著。说明拓展年报问询函研究样本区间后，公司过度投资行为的问询监管识别效果仍然存在。本章主要研究结论依然得到支持。

表 4-14　　　　问询监管对过度投资行为的甄别：
拓展年报问询函区间的检验

Variable	历史性过度投资		产能过剩			
	CLT_t	$InvestCLMA_t$	CLT_t	$InvestCLMA_t$	CLT_t	$InvestCLMA_t$
	(1)	(2)	(3)	(4)	(5)	(6)
$OverinvestHis_t$	4.737**	6.415**				
	(2.16)	(2.52)				
$EP1_t$			0.446***	0.697***		
			(4.43)	(5.77)		
$EP2_t$					-0.418***	-0.328**
					(-3.09)	(-2.05)
$\ln Size_t$	-0.122***	-0.054	-0.120***	-0.052	-0.119***	-0.048
	(-2.98)	(-1.14)	(-2.94)	(-1.07)	(-2.88)	(-1.00)
Lev_t	0.881**	0.821**	0.796**	0.709*	1.236***	1.058***
	(2.45)	(2.04)	(2.21)	(1.75)	(3.37)	(2.62)
$Loss_t$	0.502***	0.196	0.485***	0.167	0.541***	0.222
	(3.33)	(1.08)	(3.21)	(0.93)	(3.59)	(1.23)
ROA_t	-4.046***	-3.365***	-3.994***	-3.413***	-3.514***	-2.935***
	(-4.14)	(-3.23)	(-4.11)	(-3.28)	(-3.62)	(-2.80)
$Growth_t$	0.148**	0.211***	0.152**	0.218***	0.132**	0.198***
	(2.49)	(3.11)	(2.56)	(3.23)	(2.20)	(2.90)
$\ln Age_t$	0.067	0.149*	0.067	0.152*	0.078	0.160**
	(0.97)	(1.84)	(0.97)	(1.87)	(1.11)	(1.97)
$Cash_t$	-1.631***	-2.105***	-1.672***	-2.204***	-1.307**	-1.817***
	(-2.71)	(-2.99)	(-2.80)	(-3.13)	(-2.16)	(-2.58)
$Fshare_t$	-0.218	-0.512	-0.237	-0.545	-0.146	-0.453
	(-0.75)	(-1.54)	(-0.82)	(-1.62)	(-0.50)	(-1.36)

续表

Variable	历史性过度投资		产能过剩			
	CLT_t	$InvestCLMA_t$	CLT_t	$InvestCLMA_t$	CLT_t	$InvestCLMA_t$
	(1)	(2)	(3)	(4)	(5)	(6)
$DirSize_t$	-0.536**	-0.515*	-0.571**	-0.565**	-0.571**	-0.549**
	(-2.31)	(-1.91)	(-2.47)	(-2.09)	(-2.46)	(-2.04)
$IndepRatio_t$	-0.040	-0.453	-0.001	-0.363	-0.096	-0.480
	(-0.05)	(-0.47)	(-0.00)	(-0.38)	(-0.12)	(-0.50)
$Dual_t$	-0.014	-0.008	-0.000	0.015	-0.016	-0.007
	(-0.16)	(-0.08)	(-0.00)	(0.16)	(-0.19)	(-0.07)
SOE_t	-0.686***	-0.492***	-0.720***	-0.554***	-0.689***	-0.502***
	(-6.82)	(-4.06)	(-7.20)	(-4.56)	(-6.84)	(-4.13)
$Big4_t$	-0.360*	-0.492**	-0.375*	-0.523**	-0.362*	-0.501**
	(-1.79)	(-2.18)	(-1.84)	(-2.28)	(-1.77)	(-2.20)
$Switch_t$	0.431***	0.298**	0.442***	0.321**	0.436***	0.305**
	(3.73)	(2.14)	(3.80)	(2.29)	(3.77)	(2.19)
$lnMAO_t$	1.251***	0.546**	1.233***	0.517**	1.258***	0.544**
	(6.92)	(2.50)	(6.80)	(2.41)	(6.92)	(2.52)
$Punishment_t$	0.393***	0.235*	0.395***	0.240*	0.385***	0.228*
	(3.86)	(1.91)	(3.88)	(1.94)	(3.79)	(1.87)
$Litigation_t$	0.154	0.014	0.144	0.000	0.159	0.024
	(1.53)	(0.12)	(1.42)	(0.00)	(1.58)	(0.21)
$Restatement_t$	0.286***	0.229**	0.278***	0.218*	0.275***	0.218*
	(2.84)	(1.97)	(2.78)	(1.90)	(2.73)	(1.88)
MA_t	0.407***	0.674***	0.409***	0.682***	0.398***	0.662***
	(5.02)	(6.41)	(5.05)	(6.50)	(4.91)	(6.28)
$Mchange_t$	0.256***	0.225**	0.248***	0.212**	0.253***	0.221**
	(3.31)	(2.49)	(3.20)	(2.35)	(3.27)	(2.46)
$Zscore_t$	-0.067*	0.003	-0.078**	-0.012	-0.037	0.019
	(-1.76)	(0.07)	(-2.02)	(-0.28)	(-1.03)	(0.46)
Year/Industry	Yes	Yes	Yes	Yes	Yes	Yes
Constant	0.933	-3.394***	1.126	-3.159**	0.825	-3.446***
	(0.91)	(-2.72)	(1.10)	(-2.51)	(0.79)	(-2.73)

续表

Variable	历史性过度投资		产能过剩			
	CLT_t	$InvestCLMA_t$	CLT_t	$InvestCLMA_t$	CLT_t	$InvestCLMA_t$
	(1)	(2)	(3)	(4)	(5)	(6)
Chi2	729.536***	472.327***	734.016***	491.137***	740.477***	470.375***
Pseudo R^2	0.179	0.188	0.182	0.195	0.181	0.188
N	6288	6288	6288	6288	6288	6288

注：括号内数值表示 Z 统计值；标准误差按公司 Cluster 进行处理。

第五节 本章结论

一 本章小结

本章借助沪深交易所的问询监管机制，采用2014—2018年中国A股上市公司及其年报问询函或并购问询函为研究样本，从公司过度投资及其后果之产能过剩情景，探究了问询监管对公司过度投资行为的识别效果。研究发现，在控制公司财务业绩和治理特征的基础上，交易所问询监管能够有效甄别公司过度投资行为。具体表现在：历史性过度投资较为严重的公司被监管问询的概率更大，产能过剩公司也更易于收到交易所的问询函。

本章结果说明，上市公司投资行为和其所涉及国家产业结构改革重点项目之产能过剩问题是影响交易所问询监管决策的重要因素。即交易所将国家金融风险防控重点议题之公司过度投资的风险行为，以及供给侧结构性改革项目之产能过剩化解问题融入了问询决策函数中，可通过问询信息机制来优化企业投资结构，引导产能过剩企业投资的科学性。

二 本章贡献

本章的研究贡献主要体现在如下两个方面。

第一，从公司投资行为情景拓展了交易所问询监管决策的动因。

现有关于问询函影响因素的文献，美国 SEC 问询函主要从公司信息披露、内部治理特征等方面展开研究（Cassell et al., 2013）；同时美国 SEC 等监管机构的问询函主要侧重公司信息披露问题等监管，具有规制导向性。与之有所不同的是，我国交易所问询监管不仅在信息披露事项问询，还将问询的一线监管范围扩大到公司日常投资行为、并购重组等重大事项上；并且我国交易所问询监管情景中，政府力量占据主导地位，这可能使美国等发达国家的问询监管侧重点与中国新兴市场问询监管有所差异，中国证监会或交易所的问询监管制度可能更注重原则导向性。交易所在问询决策过程中，除了问询公司财务业绩和治理特征方面外，在问询决策中还融入国家政策改革步伐的蓝图设计，从而使问询制度更好服务资本市场监管体制改革的新方向。尤其是在党的十九大以来国家大力推进金融风险防范和供给侧结构性改革的攻坚战背景下，资本市场监管理念开始转变，交易所一线监管由之前的"事前审核"转变为"事后审核"。本章研究结论表明，交易所在问询决策中关注了金融风险防控范畴中的过度投资行为，并将供给侧结构性改革重点事项之产能过剩化解问题纳入问询监管决策中，因此从以上方面提供了我国交易所问询监管动因的特色经验证据。

第二，产能利用问题关乎企业资本配置效率，其与过度投资行为密切相关，交易所监管问询给予了高度关注，本章结论拓展了产能过剩信息披露的监管机制研究。具体基于我国注册制改革下年报问询函和并购问询函的监管新政，从公司过度投资及其经济后果之"产能过剩"的问询识别层面提供了交易所问询信息是可以作为企业产业结构优化升级和企业可持续健康发展的长效监督机制的证据，对结合问询函的信息披露监督机制来推进我国供给侧结构性改革，如化解企业过热投资的信息风险、产能过剩风险和提高投资决策的科学性等具有重要启示。

第五章

问询监管对公司过度投资的治理效应

实现资源的有效配置是资本市场健康发展的重要目标，这一目标的实现基础则是上市公司投资效率的提高。在当前"简政放权"的大背景下，问询监管是我国资本市场信息披露监管模式的重大变革，也是"放松管制、加强监管"这一理念在资本市场监管中的重要贯彻。问询制度的监管效果受到实务界和学术界的共同关注。目前国内关于问询函政策的研究才刚刚起步。因此，以证券交易所问询函为代表的一线监管政策有效性，成为本章研究的重点。

基于第四章探索交易所问询监管对公司过度投资行为的有效识别后，本章将考察问询监管对公司未来过度投资行为的治理机制。具体而言，本章将考察如下关键问题：①交易所问询监管机制对公司未来的过度投资行为是否具有治理效果？②若问询机制对公司过度投资行为具有监管效用，那么二者关系作用的背后机理是什么？本章将从信息不对称和代理问题这两个基础性理论框架来构建问询监管的影响机制。其中，代理问题从代理成本考量（管理层和股东的第一类代理成本、大股东和中小股东的第二类代理成本）和代理行为特征（包括管理层过度自信、超额现金持有和激进负债行为）这两个层面进行考察。

第五章 问询监管对公司过度投资的治理效应

第一节 理论分析与研究假说

一 问询监管对公司过度投资的治理效应

高效率公司投资是宏观经济增长的微观基础，投资活动作为公司价值创造的一项非常重要的战略性决策，对推动公司持续健康发展具有重要作用。然而，基于信息不对称和代理问题的存在，公司持有过度投资行为倾向（Jensen and Meckling, 1976; Biddle et al., 2009）。同时，完善公司信息披露质量能够缓解公司投资决策中的信息不对称，进而减少公司过度投资行为（张纯和吕伟，2009；张建勇等，2014）。交易所的问询函作为信息披露机制的一种创新监管模式，能够减少公司的过度投资行为，其理论分析主要体现在如下几方面：

第一，问询监管的管制职能观。公共利益理论中（Stigler, 1971; Peltzman, 1976），管制来自投资者对纠正市场失灵的客观需求，同时管制也可以提高资源配置的效率并使公共利益不受侵害。在转型经济国家中，当法律制度不够完善或执法效率较低时，行政管制治理能够成为一种保护投资者利益的替代机制（Glaeser and Shleifer, 2001; Pistor and Xu, 2005; 陈冬华等，2008）。具体在政策落实等场合下，行政治理有时候甚至要比正式的法律治理更有成效（Glaeser and Shleifer, 2001）。

中国证券监督管理委员会作为资本市场监管的权威官方机构，通过建立有效信息披露监督机制来维护资本市场秩序的健康运行，纠正市场信息失灵的缺陷，以保障其合法运行和保护社会公众利益。作为监管问询执行机构之沪深证券交易所，其虽然是不以营利为目的会员制的法人机构，但很多政策实施实际上是证监会管理职能的延伸，两大证券交易所履行的上市公司问询监督职能受中国证监会领导，这使交易所的问询监管具有行政管制的权威特性。问询函作为会计信息管制的一种预防性监管方式，通过监督公司信息披露状况，能够在一定程度上纠正或弥补上市公司会计信息披露供给的不完善性。从会计信息管制的产权视角，交易所问询监管能够在一定程度上将公司信息披露的瑕疵问题内在化，减少公司信息披露的不完善所带来的外部性问题，最终提高会计信息披露供给的质量，有效保护投资者利益不受侵害。与此同时，在交易所的问询监管政策中，上交所与深交所分别在其股票上市规则[①]中指出，"上市公司应当认真对待本所对其定期报告的事后审核意见，及时回复交易所发放的问询函"。并且，两大证券交易所也分别在其上市公司信息披露工作考核/评价办法[②]中就明确指出，在考核上市公司信息披露合规性等时，会关注"上市公司是否在规定期限内如实回复交易所问询函"。若公司不能对问询事项做出合理解释或者不予回复问询函，将可能会引发证监会对被问询公司的立案调查，在这样兼具权威特性的一线问询监管对上市公司具有较强的威慑功效（陈运森等，2019；李晓溪等，2019b），从而使问询监管新规对上市公司信息披露及管理层自利行为具有一定的约束效用。当公司信息披露具有瑕疵情形时，会被交易所监管问询，督促被问询公司及时完善已有瑕疵的信息披露并回复交易所问询函（一般为自发函日起7个工作日之内回复），增强公司自身财务信息披露的充分性和透明性。特别是公司投资事项成为问询关注重点时，交易所会要求被问询公司完善投资事项的信息披露，对于不规范的投资行为会要求补充说明公司投资决策的科学性与合理性。比如，2019年5月31日，深交所对猛狮新能源公司（002684）的年报问询中，就关注了该公司前期投资较为激进性问题，要求说明该公司对相关投资决策的科学性及后续安排[③]。在这样刨根问底式的监管问询下，使问询监管对公司过度投资行为具有管制效用。

---

① 参见2018年11月16日深圳证券交易所发布的关于《深圳证券交易所股票上市规则（2018年11月修订）》；2018年11月16日上海证券交易所发布的关于《上海证券交易所股票上市规则（2018年11月修订）》。

② 参见2017年5月5日深圳证券交易所发布的关于《深圳证券交易所上市公司信息披露工作考核办法（2017年修订）》；2017年6月23日上海证券交易所发布的关于《上海证券交易所上市公司信息披露工作评价办法（2017年修订）》的修订说明。

③ 深交所对猛狮科技的问询：http://reportdocs.static.szse.cn/UpFiles/fxklwxhj/LSD00268447773.pdf? random=0.056060916171254194。

与此同时，从行政介入治理视角，问询机制对公司过度投资行为治理作用的发挥，还有可能是通过引发有关行政机构的关注实现。比如，2019年5月30日康美药业"300亿元财务造假"被上交所连环问询曝光的同时，还引发了财政部介入和稽查，于是在2019年6月4日发布了关于《2019年度医药行业会计信息质量检查工作》的"穿透式监管"政策，按照"双随机、一公开"的要求，共同随机抽取了77户医药企业进行检查，这便是典型例证①。在这一线监管过程中，由于相关行政治理机制易于受到信息不对称的影响，问询信息披露大大降低了行政关注的信息不对称程度，带来了行政关注的压力，而行政介入能够发挥管制的治理职能，提高公司违规的行政成本，从而有效规范公司的过度投资行为。

第二，问询监管的信息效用观。基于新制度经济学的分析架构，问询监管对公司过度投资行为的信息效用可以采用产权理论予以阐释。从企业本质理论出发，企业是经济组织中一系列合约安排的联合体（Coase，1937；Cheung，1983），制度运作的成本（主要是交易成本）普遍存在于所有合约之中，代理成本则是交易成本在委托代理合约关系中的具体化（Coase，1937；Williamson，1979）。这使代理成本可以作为委托人有效限制代理人自利行为的一系列合约而形成交易成本（Jensen and Meckling，1976；刘浩等，2015）。新制度经济学的产权理论认为，交易的实质就是产权的交换，交易成本作为产权交换的成本。从产权交换的视角，交易成本可以分为计量成本与执行成本两种。计量成本（Measurement cost）属于一种信息传递成本，用之确定产权交换价值的成本；执行成本则是合约履行的成本，用之保障产权交换价值得到顺利实现（Alchian and Demsetz，1972；Cheung，1983；刘浩等，2015）。因此，从产权经济学的交易成本而言，改善信息披露质量与强化合约履行可以作为减少公司代理成本的重要路径（刘浩等，2015；程博等，2016）。具体到委托代理框架下的公司投资

---

① 参见新浪财经新闻链接：https://finance.sina.com.cn/stock/relnews/cn/2019-05-30/doc-ihvhiews5579651.shtml. 财政部官网链接：http://jdjc.mof.gov.cn/zhengwuxinxi/gongzuodongtai/201906/t20190604_3271092.html.

决策实践中，管理层受托于股东并实施投资管理活动，其不仅体现于各级管理层之间内部合约履行的相关信息，还体现在管理层和股东等其他合约者的信息传递，这种投资决策活动也是公司管理层的一种合约履行形式，履行股东委托投资管理之责任；同时，由于管理层利己行为有损于公司投资项目，需要监督机制予以强化管理层的合约履行。回到交易所问询监管的情景之中，问询函能够作为一种改善交易双方合约履行的监管机制，通过强化信息披露以降低合约交易双方之间的信息不对称程度，完善产权交换的信息环境和透明性，促进问询信息在代理人和委托人之间的有效传递，降低投资合约履行的代理成本，并减少投资合约履行的逆向选择及道德风险问题的发生；同时，问询信息环境的改善，其能够在一定程度上提高公司内部以及公司内部和外部投资者之间的信息传递效率，这直接增加了管理层不规范投资行为的执行成本，从而有助于减少信息不对称所致的过度投资行为。总而言之，产权经济学分析视角下，问询信息机制能够通过改善公司信息环境与强化投资合约履行这两条路径来缓解激进行为利益驱动下的代理问题，有效抑制公司过度投资行为。

第三，问询监管的有效市场监督观。交易所一线监管问询作为一种公共信息披露的市场化监督机制，其在市场中的威慑力能够对公司过度投资行为发挥治理作用。首先，从问询监管的声誉效应出发，声誉是公司的一项重要无形资产，良好的声誉是公司宝贵的财富资源，这种财富资源来自投资者的认知、公司员工的荣誉感与市场信誉所带来的低成本交易，能够增强公司的市场竞争能力（Fombrun and Mark，1990；Barney，1991）。在有效市场中，声誉也是一种有效的市场治理机制。张维迎（2002）等指出声誉机制是法律制度有效运行的基础，声誉甚至可以比法律制度以更低的成本来维持市场交易秩序。同时，在声誉理论中，声誉机制具有激励作用，体现在：较差的声誉效应会给当事人的职业生涯带来负面影响，而较高的声誉效应则会增加当事人的市场议价能力；较差的声誉对机会主义行为具有治理作用，较高的声誉机制则具有正向激励之功用（Fama and Jensen，1983）。回到交易所问询监管的情景之中，当上市公司被交易所问询时，意味着公司财务信息披露具有瑕疵或披露不充分,问询函的刨根问底式监管能够识别公司财务信息披露的瑕疵点并要求向公众披露问询发函和回函,揭示公司治理方面可能存在的问题,增加了公司不规范行为被发现的概率,引起市场公众、新闻媒体等的广泛关注和激发市场参与者的积极监督。对于一些问询函回复不明晰的关键事项或尚未解决的问询事项,交易所就同一问题还会进行再次发函问询或"刨根问底"式的多次问询,甚至启动现场调查方案。在交易所问询监管、市场公众关注及新闻媒体等的多重舆论监督下,问询监管机制会给被问询公司带来了解决各个问询事项的执行成本(Cassell et al., 2013);同时也增加了市场关注压力的声誉成本,使公司的声誉受损并产生较大的声誉修复成本。并且由于公司投资行为是管理层受托责任并执行,问询监管所带来了负面市场反应也会影响管理层声誉,此时较差的声誉机制对管理层自利行为便发挥了约束作用,通过声誉机制发挥问询监管的市场治理作用。其次,公司被问询后带来的一系列公司自身的负面市场反应会波及利益相关者(如控股股东、投资者等),在一定程度上折损公司利益相关者的期望财富,利益相关者为避免或减少自身财富不受问询函的潜在影响,问询监管压力可能会间接增进利益相关者更有动机监督公司管理层不规范的投资行为。因此,上市公司在经历交易所问询监管后,在问询函披露引起的有效市场监督压力下,管理层为降低因问询函带来的回函执行成本或市场交易成本,以及降低问询信息风险或未来的法律诉讼风险,并基于自身声誉维护与任职压力等的考虑,问询监管会使公司管理层因代理问题而产生的自利行为有所收敛,督促管理层纠正或放弃与公司长期利益相悖的机会主义行为,进而改善公司过度投资行为。

与此同时,由于公司不规范的投资决策行为不仅助长了管理层的信息操纵行为,还带来了严重的市场信息风险问题(江轩宇和许年行,2015),对于那些"投资特征"关键事项的信息披露问题,在当前金融风险防范的攻坚背景下交易所问询监管会给予重点关注。当公司收到具有"投资特征"关键事项的问询函时,公司投资行为问题已经被交易所质疑并曝光,管理层进行过度投资的成本更大。此时,监管方针对公司不规范的投资事项问题提出完善对策，督促管理层有针对性地对投资决策行为进行自我改善，增进公司披露更多的投资事项及其决策程序，投资决策信息也更透明，从而使具有"投资特征"相关的问询监管对公司过度投资行为的监管效用更加突出。

综上所述，监管问询机制能够发挥积极的"管制职能""信息效用""有效市场监督"，降低公司投资决策过程中的信息不对称和公司代理成本，威慑管理层进行过度投资的成本增加、收益下降，进而减少代理问题所致的过度投资行为。尤其是在"投资特征"的问询监管情景中更具精准问询施策，此时问询监管对公司过度投资行为的治理效用更显著。

基于上述理论分析，提出如下假说：

假说5.1：其他条件不变情况下，问询监管能有效抑制公司未来过度投资行为。

假说5.2：与没有"投资特征"相关的问询函相比，问询监管对公司过度投资行为的治理效用在具有"投资特征"相关的问询监管情景中更明显。

二 问询监管、信息不对称与公司过度投资

信息不对称程度是影响公司过度投资的重要因素之一（Healy and Palepu，2001；Biddle and Hilary，2006）。当信息不对称存在时，经理人为追求在职消费、不断扩大公司规模来提升自身声誉的愿望，掌控着大量公司内部决策信息的经理人占据比较优势，其有动机将富足资金投入一些高风险的投资项目（Jensen，1986）。这种由于经理人和股东之间信息不对称产生的代理行为会导致公司过度投资。因此，信息披露监督机制在公司投资行为的规范中显得更为重要，通过完善公司信息披露水平，提高公司投资决策的透明性，能够使利益相关者更及时监督公司经理人的代理行为，避免经理人将多余资金投入诸如"帝国建造"之类损害公司价值中，减少公司过度投资行为。

作为信息披露监督机制的问询监管，其在关注上市公司投资行为和要求公司披露更多决策有用信息的同时，能够降低公司经理人、控股股东及投资者等之间的信息不对称程度，改善公司投资决策所处的

信息环境。如果问询监管能够有效抑制公司未来过度投资行为，那么基于问询监管的信息治理作用，这一积极效应该在信息不对称程度较高的公司中更为显著。据此，提出如下假说：

假说5.3：相比于信息不对称较低情景，问询监管对公司过度投资行为的治理效用在信息不对称较高情景中更明显。

三 问询监管、代理问题与公司过度投资

代理问题是影响公司过度投资的重要动因。本章从双重代理成本考量（管理层与股东的第一类代理成本、大股东与中小股东的第二类代理成本）和代理行为特征（包括管理层过度自信、超额现金持有及激进负债行为）两个层面来刻画公司的代理问题，考察不同代理成本及其行为特征下问询监管对公司过度投资的影响。

（一）问询监管、双重代理成本与公司过度投资

委托代理理论框架下，经理人和股东之间的第一类代理问题是造成公司过度投资的重要因素之一。代理冲突越严重的公司，代理人为了利己之私，其偏离委托人利益的自利行为的可能性更大（Jensen and Meckling, 1976; Eisenhardt, 1989）。这使代理问题较为突出的公司中，管理层进行过度投资的概率更高。与此同时，在第二类代理问题中，大股东与中小股东的代理问题也会助长公司过度投资行为。Johnson（2000）认为，在两权分离程度较大（现金流权和控制权）的公司中，大股东可能会利用公司富足现金投资于其拥有更多协同利益的项目，或者高价收购大股东自身掌控的其他资产，而不管该投资项目或收购行为是否给公司所有股东带来增量利益，由此使公司投资于部分净现值为负的高风险项目而导致过度投资。Jiang等（2018）、李万福等（2011）和万良勇（2013）也指出，在我国公司股权高度集中的情景下，大股东与中小股东的第二类代理问题也是引发公司非效率投资行为的重要因素之一。因此，公司双重代理问题越严重时，更需要外部监督机制予以规制，通过缓解公司双重代理冲突来减少公司过度投资。

作为一种信息披露监督机制的问询函，其能够提高监管信息在公司管理层、大股东及投资者等之间的传递效率，改善公司代理行为冲

突的信息环境，并对公司管理层与控股股东进行及时性的威慑监管，降低公司双重代理成本。若问询监管能够有效抑制公司未来过度投资行为，那么这一积极效应该在双重代理成本较为严重的公司中更为显著。据此，提出如下假说：

假说5.4：相比于双重代理成本较低的公司，问询监管对公司过度投资行为的治理效用在双重代理成本较高的公司中更明显。

（二）问询监管、代理行为特征与公司过度投资

基于过度投资形成的动因，从管理层过度自信、超额现金持有和激进负债行为三个维度来分析不同代理行为特征下问询监管对公司过度投资的影响机制。

高阶梯队理论中，管理者特质对公司行为具有重要影响（Hambrick and Mason，1984；Bertrand and Schoar，2003）。从管理者的非理性假设视角，管理者过度自信会在一定程度上扭曲公司的投资行为。Roll（1986）提出了管理者"自大"（Hubris）假说对公司过度投资行为进行了有效阐释。因此，从管理层特质视角，过度自信是影响公司过度投资的一个重要诱因（Heaton，2002；Malmendier and Tate，2005）。管理层过度自信的激进投资行为越严重时，更需要外部监督机制予以威慑管理层个人特质所导致的自利行为。当上市公司被监管问询时，这种问询的威慑效应会影响管理层市场声誉的同时，可能还会影响管理层过度自信的非理性行为，让问询信息效应予以震慑管理层过度自信情景下的公司决策行为，从而使管理层在问询监管环境中更加谨慎而理性的投资决策，合理地估计投资项目风险及现金流，不易进行自大而冒风险的投资行为。因此，如果问询监管能够对公司未来过度投资行为发挥治理作用，这一积极威慑效应在管理层过度自信较高的公司中更为显著。据此，提出如下假说：

假说5.5：相比于管理层过度自信较低的公司，问询监管对公司过度投资行为的治理效用在管理层过度自信较高的公司中更明显。

投资支出与现金流之间的关系中，Jensen（1986）在自由现金流的代理成本假说中就指出，管理者为了追逐利己之私，其会采用富足资金投资那些高风险的项目，增加了公司过度投资的可能性。Richardson（2006）实证研究表明，自由现金流催生了公司的过度投资行为。因此，当公司拥有超额现金流时，管理层过度投资的自利行为更为严重。尤其是在中国上市公司的现金持有率及其流动性显著高于其他国家的制度背景中（Guariglia and Yang, 2016; Yang et al., 2019），公司超额现金持有行为更加助长了这一非效率投资行为。若问询监管能有效抑制公司过度投资的话，那么在公司超额现金持有较高情景中，问询监管可能事先会影响管理层超额现金持有的代理动机，增强公司现金流管理的透明性和使用效率，让管理层更加合理地配置公司投资决策的现金流项目，进而使问询机制对公司过度投资的监管效用在较高超额现金持有水平的公司中更突出。因此，提出如下假说：

假说 5.6：相比于超额现金持有较低的公司，问询监管对公司过度投资行为的治理效用在超额现金持有较高的公司中更显著。

在当前我国供给侧结构性改革的国家战略背景下，供给侧改革的一个重点是"降杠杆"。杠杆较高的公司中，持有激进的投资行为。Jensen 和 Meckling（1976）在"资产替代假说"指出，由于公司股东和债权人存在利益冲突，当公司负债能力较高时，股东/管理者常常会放弃那些低风险或低收益的项目，转而会利用富足的银行信贷资源进行高风险及高收益的投资项目。罗党论等（2012）、李云鹤（2014）认为，管理者为满足自身利益追求，当公司持有过多信贷资源时，管理者有动机将公司的超额信贷资源进行非效率的投资行为。邓路等（2017）通过实证发现，超额银行借款助长了公司过度投资。因此，过度负债情景下的激进投资行为是监管机构重点关注的事项，尤其是在当前我国供给侧结构性改革的攻坚战背景下更为重点防控。若问询监管能够减少公司过度投资行为，则对于那些具有激进负债倾向的公司情景中，问询监管应该对此类公司投资行为的关注度更高、问询影响力也更大，使问询监管对公司过度投资行为的抑制作用在激进负债较高的公司中更明显。因此，提出如下假说：

假说 5.7：相比于激进负债较低的公司，问询监管对公司过度投资行为的治理效用在激进负债较高的公司中更显著。

第二节 研究设计

一 研究样本与数据来源

本章以 2014—2017 年中国沪深 A 股上市公司及其问询函为研究样本,其中被解释变量之公司过度投资的样本期间为未来一期,即采用 2015—2018 年。财务数据来自 CSMAR 数据库和 Wind 数据库;年报问询函和并购问询函数据来自沪深证券交易所、巨潮资讯网和百度新闻网,通过手工收集而得;同时为确保问询函数据的全面性,将手工查询范围扩展至一些包含问询函相关的其他类型公告和财务报告的补充公告。本章对样本数据进行了如下处理:①剔除金融业、财务数据缺失的样本;②为降低极端值的影响,对样本期间内所有的连续变量在 1% 和 99% 分位数水平下进行了 Winsorize 处理。最终,在具有过度投资样本公司中获得 3680 个年度观测值。

二 变量定义与模型设定

(一)主要变量定义

1. 问询监管的测度

基于第四章中关于问询监管变量的测度,本章也分别从全样本问询监管(CLT)和"投资特征"的问询监管($InvestCLMA$)两个方面来考察。

(1)问询监管变量(CLT)。当上市公司被沪深证券交易所问询(包括年报问询函和并购问询函),此时 CLT 取值为 1,否则为 0。

(2)"投资特征"的问询函($InvestCLMA$)。即公司当年年报问询函中涉及"投资特征"问题($InvestCL=1$)或者因并购被问询($CLMA=1$)时,$InvestCLMA$ 取值为 1,否则 $InvestCLMA$ 取值为 0。

(3)历史性的年报问询函和前瞻性的年报问询函。在我国交易所问询监管情景中,年报问询监管不仅关注公司历史性投资行为,还关注公司未来投资决策的科学性(前瞻性投资事项)。本章根据交易所对公司投资行为的实际问询文本,并借鉴李常青等(2008)、马黎珺等（2019）对前瞻性信息披露定义的相关研究，进一步将年报问询函中的投资问询文本内容划分为历史性投资的年报问询函和前瞻性投资的年报问询函，以考察历史性投资信息问询和前瞻性投资信息问询这两种具有时间趋势特质的"投资特征"年报问询函对公司过度投资行为的潜在影响。

①历史性投资的年报问询函（$HisInvestCL$）：在年报问询函的投资问询文本内容中，涉及问询的投资事项是"过去投资行为或当期投资行为"等与已经投资相关的关键文本事项，则划分为历史性投资的年报问询函（$HisInvestCL$）。

②前瞻性投资的年报问询函（$FutInvestCL$）：在年报问询函的投资问询文本内容中，涉及"未来投资建设方案、未来投资安排、未来建设进度、投资计划、投资建设规划、未来投资金额、未来投资估算、后续投资建设、拟投入金额、拟投资、预计投资额、投资预算、未来预计投资、未来重大的投资支出计划、未来投资合同的承诺"等与未来投资行为密切相关的关键文本事项，划分为前瞻性投资的年报问询函（$FutInvestCL$）。

2. 信息不对称的测度

为使公司信息不对称测度得较为全面，本章从四个维度来衡量公司信息不对称程度，即盈余信息透明度、证券分析师跟踪人数和机构投资者持股，以及上述三个信息不对称变量的样本百分等级（Percentile rank）的平均值的综合指标。同时为更好反映本章研究问询监管情景中公司信息不对称程度的历史性，分别采用过去三年（第 $t-1$ 期、第 $t-2$ 期和第 $t-3$ 期）的上述四个信息不对称变量之和的均值作为信息不对称程度的替代变量，并根据上述四个信息不对称变量的中位数划分信息不对称较高或信息不对称较低两组，具体每个信息不对称变量的测度如下：

（1）盈余信息透明度。由于盈余质量较低的信息环境中，公司信息不对称程度更大（Bhattacharya et al.，2013；魏明海等，2013；辛清泉等，2014）。参考 Hutton 等（2009）研究方法，采用上市公司过去三年（第 $t-1$ 期、第 $t-2$ 期和第 $t-3$ 期）可操控性应计项目绝对值之和的均值作为盈余信息透明度的替代变量（DA），可操控性应计利润的估计是基于业绩调整的 Jones 模型（Kothari et al.，2005）分年度分行业估计而得。可操控性应计利润的绝对值越大，盈余信息越不透明。Hutton 等（2009）采用该指标来表示公司会计信息透明度的反向指标。

（2）证券分析师跟踪人数。证券分析师作为资本市场中一种重要的信息中介机制，可视为公司信息环境的指示器，分析师主要通过对上市公司信息进行收集、加工、研究与发布，能够降低公司信息不对称程度（Bushman et al.，2004；Lang et al.，2012；张纯等，2009）。参考 Bushman 等（2004）、Lang 等（2012）、吴战篪和李晓龙（2015）研究，采用上市公司过去三年（第 $t-1$ 期、第 $t-2$ 期和第 $t-3$ 期）分析师跟踪人数之和的均值作为公司信息不对称程度的替代指标（$Analyst$）。

（3）机构投资者持股。公司外部信息环境中，机构投资者也是一种信息中介机制，能够有效降低公司与外部投资者的信息不对称程度（Bushman et al.，2004；吴战篪和李晓龙，2015）。在借鉴 Bushman 等（2004）、吴战篪和李晓龙（2015）研究基础上，采用上市公司过去三年（第 $t-1$ 期、第 $t-2$ 期和第 $t-3$ 期）机构投资者持股比例之和的均值作为公司信息不对称程度的替代变量（$InstHold$）。

（4）信息不对称综合指标。在上述三个信息不对称变量的基础上，参考 Lang 等（2012）、辛清泉等（2014）研究方法，构建一个综合信息不对称指标（$Tasymmetry$），其值等于公司过去三年的盈余信息透明度（DA）、分析师跟踪（$Analyst$）和机构投资者持股（$InstHold$）这三个变量的样本百分等级（Percentile rank）的平均值。相比于单个信息不对称变量，综合信息不对称指标能够在一定程度上刻画公司信息不对称的联合效应（Combined effect）（Lang et al.，2012）。当该信息不对称综合指标（$Tasymmetry$）越小时，则公司信息不对称越严重。需要说明的是，由于盈余信息透明度（DA）是反向指标，为了便于同其他信息不对称指标进行比较，在此估计信息不对称综合指标时，将盈余信息透明度（DA）指标先乘以-1，再和其他两个信息不对称指标来估计其综合指标。此时，DA 越大，盈余质量越高，信息不对称程度越低。

3. 双重代理成本的测度

本章分别以管理层和股东之间的第一类代理成本、大股东与中小股东之间的第二类代理成本来测度双重代理成本，并以双重代理成本变量各自的中位数划分代理成本较高或代理成本较低两组。

（1）第一类代理成本。采用两种方法来测度第一类代理成本。

①管理费用率（$Agencycost1$）。管理费用率是从公司管理者代理行为所造成的效率损失和成本支出来直接测度的方法（Ang et al.，2000），其作为公司行政管理部门为组织与管理日常生产经营活动所发生的各项费用，包括办公费、董事会费、业务招待费、差旅费等多项内容，这些项目在所有经营性收支项目中是定义最为模糊、外延性最广泛的费用项目（李云鹤，2015）。管理费用率可以在一定程度上反映公司管理层对实物性消费（如在职消费、不当开支等）而形成的第一类代理成本的管控效率（罗进辉，2012）。因此，借鉴 Ang 等（2000）、罗进辉（2012）、李云鹤（2015）研究，采用管理费用率来度量第一类代理成本，其等于管理费用与主营业务收入之比，并采用过去三年（第 $t-1$ 期、第 $t-2$ 期和第 $t-3$ 期）管理费用率之和的均值来测度。

②管理层持股比例（$Agencycost2$）。管理层持股能够减少管理层和股东之间的利益冲突，有利于增进公司管理者和外部股东之间的利益趋同，从而可以缓解第一类代理冲突问题（Jensen and Meckling，1976；Shleifer and Vishny，1997）。管理层持股比例越高，第一类代理冲突越不严重。因此，借鉴刘笑霞和李明辉（2013）、王化成等（2015）研究，采用管理层持股比例来度量第一类代理成本。

（2）第二类代理成本。采用两种方法来测度第二类代理成本。

①其他应收款占比（$Agencycost3$）。参考姜国华和岳衡（2005）、罗进辉（2012）研究，采用过去三年（第 $t-1$ 期、第 $t-2$ 期和第 $t-3$ 期）其他应收款与公司总资产的比值之和的均值，予以反映大股东和中小股东之间的第二类代理成本。这是由于：一方面，大股东占用上

市公司资金是公司大股东侵占中小股东利益的重要方式之一；另一方面，大股东占用上市公司资金往往通过关联方销售而形成的应收账款以及通过"暂借款"方式所形成的其他应收款，相比于关联方销售而形成的应收账款，通过"暂借款"方式所形成的其他应收款更具有隐蔽性，使其构成了大股东侵占中小股东利益的重要方式及内容之一。因此，其他应收款能够反映大股东和中小股东利益冲突的第二类代理问题。当其他应收款比例越高时，则表明第二类代理问题越严重。

②股权制衡度（Agencycost4）。在股权制衡下使其他非控股股东能够监督控股股东，有利于改善大股东对中小股东的利益侵占行为，减少控制权溢价，并有助于缓解公司治理中的大股东与中小股东代理问题（Jiang et al.，2018；王奇波和宋常，2006）。因此，借鉴王化成等（2015）研究方法，采用上市公司"第二位至第五位大股东持股比例之和/第一大股东持股比例"作为股权制衡度的替代变量。

4. 管理层过度自信的测度

由于管理层过度自信源自心理学的认知行为，在测度方面具有一定挑战性。考虑数据的可获取性和我国资本市场的实际情况，采用具有股票收益约束条件下的管理层持股情况和高管相对薪酬来测度管理层过度自信，并以管理层过度自信变量的中位数划分管理层过度自信高或管理层过度自信低两组。具体测度如下：

（1）考虑股票收益约束条件下管理层持股情况测度的过度自信（Overcon1）。Malmendier和Tate（2005）把CEO持有公司股票期权直到其任期最后一年时，将此情形下的CEO持股定义为具有过度自信特性的CEO。但是股票期权激励制度在中国资本市场实施的并不太普遍，有关股票期权激励信息数据很少在公司年报中披露，无法获取相关数据（Firth et al.，2006）。因此，本书采用管理层对股票持有情况予以替代股票期权。为减少自身的非系统性风险，具有分散风险特质的CEO应减少其对本公司股票的持有数量（Malmendier and Tate，2005）。但是，由于过度自信的管理者往往对自身能力的高估，使过度自信的管理者对自身管控下的公司未来绩效与股票价格过于自信和乐观，导致了管理者在其任职期间内从来不抛售本公司股票。为此，在李丹蒙等（2018）研究基础上，并基于本章研究样本 2014—2017 年，采用股票收益约束条件下的管理层短期持股情况来测度管理层过度自信（Overcon1）。即在研究样本当年，上市公司股票收益率低于公司所处市场股票收益率平均水平的条件下，管理层持股仍未有减持情形，则视为管理层过度自信，此时 Overcon1 取值为 1；否则，视为管理层非过度自信，则 Overcon1 取值为 0。具体管理层持股的股票收益约束条件如下。

①$Mhold_{i,t} \geqslant Mhold_{i,t-1}$；②$Return_{i,t} < MarketReturn_{i,t}$

其中，$Mhold_{i,t}$ 为第 t 年公司管理层持股数量；$Mhold_{i,t-1}$ 为第 $t-1$ 年公司管理层持股数量；$Return_{i,t}$ 为第 t 年公司的股票收益率；$MarketReturn_{i,t}$ 为第 t 年公司所处市场在第 t 年的股票收益率。若条件①和条件②同时满足，则表明第 t 年公司管理层是过度自信的；否则视为管理层非过度自信。

（2）高管相对薪酬测度的管理层过度自信（Overcon2）。相关研究表明，CEO 相对于公司内其他管理者的薪酬水平越高，说明 CEO 在公司中的地位越重要，此时也易于产生过度自信（Hayward and Hambrick，1997）。Brown 和 Sarma（2007）发现，公司管理者的薪酬比例越高时，管理者的控制力度越强。为此，借鉴 Hayward 和 Hambrick（1997）、Brown 和 Sarma（2007）、姜付秀等（2009）、刘艳霞和祁怀锦（2019）的研究，采用高管相对薪酬来测度管理层过度自信。具体采用"薪酬最高的前三名高管薪酬总和/所有高管的薪酬总和"来度量管理层过度自信（Overcon2）。该值越大，说明管理层越过度自信。

5. 超额现金持有的测度

本章采用两种方法来测度公司超额现金持有，并以超额现金持有变量的中位数划分公司超额现金持有较高或超额现金持有较低两组。具体测度如下。

（1）行业均值法的超额现金持有（Ind_ExCash）。借鉴张会丽和吴有红（2012）、罗进辉等（2018）研究方法，将公司实际持有现金额度及其行业均值的差额定义为行业均值法的超额现金持有（Ind_ExCash）。公司实际持有现金额度=（货币资金+短期投资净额）/净资产，净资产=总资产-货币资金-短期投资净额。

（2）残差法的超额现金持有（Res_ExCash）。借鉴Dittmar等（2003）的回归模型残差方法来估计超额现金持有水平。具体地，参考罗进辉等（2018）、杨兴全等（2010）研究方法，构建公司现金持有水平的预测模型（5.1），将此模型预测的残差值定义为超额现金持有（Res_ExCash）。模型如下：

$$CASH_{i,t+1} = \alpha_0 + \alpha_1 \ln Size_{i,t} + \alpha_2 Lev_{i,t} + \alpha_3 Growth_{i,t} + \alpha_4 Divid_{i,t} + \alpha_5 Cash_{i,t} + \alpha_6 Cash\_Risk_{i,t} + \alpha_7 Capex_{i,t} + Industry + Year + \varepsilon_{i,t+1} \quad (5.1)$$

模型（5.1）中，$CASH_{i,t+1}$为第$t+1$期公司实际持有的现金额度；$\ln Size_{i,t}$为第t年公司规模；$Lev_{i,t}$为第t年负债水平；$Growth_{i,t}$为第t年公司成长性；$Divid_{i,t}$为现金股利变量，若第t年公司发放了现金股利，则取值1，否则为0；$Cash_{i,t}$为第t年经营活动净现金流；$Cash\_Risk_{i,t}$为第t年经营性现金流量风险，等于公司过去三年经营性现金流量的标准差；$Capex_{i,t}$为第t年资本支出，等于公司购建固定资产、取得无形资产及其他长期资产等所支付的现金与总资产的比值。

6. 激进负债行为的测度

本章采用两种方法来测度公司激进负债行为（超额负债），并以激进负债变量的中位数划分公司激进负债行为较高或激进负债行为较低两组。具体测度如下：

（1）行业均值法的激进负债行为（Ind_ExLev）。参考姜付秀等（2008）、张会丽和陆正飞（2013）的研究方法，采用公司实际负债率减去当年行业负债率的均值作为激进负债行为的替代变量（Ind_ExLev）。

（2）残差法的激进负债行为（Res_ExLev）。借鉴Chang等（2014）、陆正飞等（2015）和李志生等（2018）研究方法，构建激进负债行为的预测模型如下：

$$Lev_{i,t+1} = \alpha_0 + \alpha_1 SOE_{i,t} + \alpha_2 ROA_{i,t} + \alpha_3 Ind\_Lev_{i,t} + \alpha_4 Growh_{i,t} + \alpha_5 Fata_{i,t} + \alpha_6 \ln Size_{i,t} + \alpha_7 Fshare_{i,t} + \mu_{i,t+1} \quad (5.2)$$

上述模型（5.2）中，$Lev_{i,t+1}$为第$t+1$年实际负债水平；$Ind\_Lev_{i,t}$为第t年行业负债率的中位数；$Growth_{i,t}$为第t年公司成长性；$Fata_{i,t}$为第t年公司固定资产与总资产的比值；$\ln Size_{i,t}$为第t年公司规模；$Fshare_{i,t}$为第t年第一大股东持股比例（股权集中度）。具体地，对上述模型（5.2）分年度进行Tobit回归，预测公司的目标负债率，将公司实际负债率减去目标负债率，得到过度负债水平（Res_ExLev）。该指标越大，过度负债水平越高，即公司负债行为越激进。

（二）模型设定

为检验假说5.1，即问询监管能有效抑制公司未来过度投资行为，构建如下问询治理模型：

$$Overinvest_{i,t+1}=\beta_0+\beta_1 CLT_{i,t}+\beta_m Control_{i,t}+Industry+Year+\mu_{i,t} \quad (5.3)$$

模型（5.3）中，$Overinvest_{i,t+1}$为第$t+1$年公司过度投资变量，$CLT_{i,t}$为第t年问询监管的虚拟变量（包括年报问询函和并购问询函）。若回归系数β_1显著为负，则表明问询监管能够有效抑制公司未来过度投资行为。

为检验假说5.2，即问询监管对公司过度投资的治理效用在具有"投资特征"相关的问询监管情景中更明显。借鉴Cunningham等（2020）研究，在"投资特征"问询函和"无投资特征"问询函的这两个互斥虚拟变量中，构建如下模型：

$$Overinvest_{i,t+1}=\beta_0+\beta_1 InvestCLMA_{i,t}+\beta_2 NonInvestCL_{i,t}+\beta_m Control_{i,t}$$
$$+Industry+Year+\mu_{i,t} \quad (5.4)$$

模型（5.4）中，$Overinvest_{i,t+1}$为第$t+1$年公司过度投资变量，$InvestCLMA_{i,t}$为第t年"投资特征"问询函的虚拟变量，$NonInvestCL_{i,t}$为第t年"无投资特征"问询函的虚拟变量。若回归系数β_1显著性大于β_2的回归系数，则表明相比于"无投资特征"问询函，"投资特征"问询监管对公司过度投资行为的积极治理作用更明显。

在过度投资治理的基本模型（5.3）至模型（5.4）中，相对于第$t+1$期被解释变量之公司过度投资（$Overinvest_{i,t+1}$）而言，控制变量$Control_{i,t}$采用第t期，原因是可以更好地减少内生性问题（Chen et al.，2011b；Jiang et al.，2018；向锐，2015）。参考Chen等

（2011b）、李万福等（2011）、万良勇（2013）、陈运森等（2019）研究，模型（5.3）至模型（5.4）的控制变量包括：第 t 期的公司规模（$\ln Size_{i,t}$）；负债水平（$Lev_{i,t}$）；总资产收益率（$ROA_{i,t}$）；成长性（$Growth_{i,t}$）；公司年龄（$\ln Age_{i,t}$）；经营活动净现金流（$Cash_{i,t}$）；股权集中度（$Fshare_{i,t}$）；管理层持股（$Mshare_{i,t}$）；董事会规模（$DirSize_{i,t}$）；两职兼任（$Dual_{i,t}$）；产权性质（$SOE_{i,t}$）；审计师类型（$Big4_{i,t}$）；股利支付率（$Dividend_{i,t}$）；违规处罚（$Punishment_{i,t}$）；法制环境（$Law_{i,t}$）；同时为控制公司过度投资可能存在的反转效应，模型还控制了历史性过度投资（$OverinvestHis_{i,t}$）。最后，控制了年度和行业效应。

为检验假说 5.3 至假说 5.7，即在"信息不对称"和"代理问题"方面考察问询监管对公司过度投资行为的影响机制，分别以"信息不对称变量""代理问题变量"的中位数划分各自两组，并在模型（5.4）基础上分组检验这些影响机制变量，同时考察分组检验的组间差异显著性。

本章所述模型的主要变量定义如表 5-1 所示。

表 5-1　　　　　　　　　　主要变量定义

变量名称	变量符号	变量定义
过度投资	$Overinvest_{i,t+1}$	采用 Richardson（2006）的公司期望投资模型，当模型估计的残差项为正（$\varepsilon>0$）时，即为公司过度投资水平
问询监管	$CLT_{i,t}$	若第 t 年公司被交易所问询（包括年报问询和并购问询），CLT 取值为 1，否则为 0
年报问询函	$CL_{i,t}$	若第 t 年公司年报被问询，CL 取值为 1，否则为 0
并购问询函	$CLMA_{i,t}$	若第 t 年公司收到并购问询函，$CLMA$ 取值为 1，否则为 0
"投资特征"的年报问询函	$InvestCL_{i,t}$	若第 t 年公司年报问询函中涉及"投资特征"则 $InvestCL$ 取值为 1，否则为 0
"投资特征"的问询函	$InvestCLMA_{i,t}$	若第 t 年公司年报问询函中涉及"投资特征"事项，或收到并购问询函时 $InvestCLMA$ 取值为 1，否则为 0

续表

变量名称	变量符号	变量定义
历史性投资的年报问询函	$HisInvestCL_{i,t}$	第 t 年公司年报问询函中，问询涉及的投资事项是关于已投资项目，$HisInvestCL$ 取值为 1，否则为 0
前瞻性投资的年报问询函	$FutInvestCL_{i,t}$	第 t 年公司年报问询函中，问询涉及的投资事项是关于未来投资项目，$FutInvestCL$ 取值为 1，否则为 0
"无投资特征"的问询函	$NonInvestCL_{i,t}$	若第 t 年公司年报问询函中未涉及"投资特征"事项，也未收到并购问询函时，$NonInvestCL$ 取值为 1，否则为 0
公司规模	$lnSize_{i,t}$	第 t 年公司总资产的自然对数
负债水平	$Lev_{i,t}$	第 t 年公司总负债/期末总资产
总资产收益率	$ROA_{i,t}$	第 t 年公司净利润/期末总资产
成长性	$Growth_{i,t}$	第 t 年公司营业收入增长率
公司年龄	$lnAge$	第 t 年公司上市年限加 1 的自然对数
经营现金流	$Cash_{i,t}$	第 t 年公司经营活动现金流量净额/期末总资产
管理层持股	$Mshare_{i,t}$	第 t 年公司高管持股比例
股权集中度	$Fshare_{i,t}$	第 t 年公司第一大股东持股数量/总股数
董事会规模	$DirSize_{i,t}$	第 t 年公司董事会人数的自然对数
独立董事比例	$IndepRatio_{i,t}$	第 t 年公司独立董事占董事会人数的比例
两职兼任	$Dual_{i,t}$	若第 t 年公司总经理兼任董事长取值为 1，否则为 0
产权性质	$SOE_{i,t}$	第 t 年公司控股股东为国有单位或国有法人则取值为 1，否则为 0
审计师类型	$Big4_{i,t}$	若第 t 年公司由国际"四大"审计则取值为 1，否则为 0
股利支付率	$Dividend_{i,t}$	第 t 年公司每股现金股利/每股收益
违规处罚	$Punishment_{i,t}$	若第 t 年上市公司被证交所（上交所、深交所）或证监会处罚则取 1，否则为 0
法制环境	$Law_{i,t}$	王小鲁等（2019）关于《中国分省份市场化指数报告（2018）》的市场化总指数中的"市场中介组织的发育和法治环境"指数
年度效应	$Year$	年度虚拟变量
行业效应	$Industry$	行业虚拟变量，据中国证监会关于《上市公司行业分类指引》（2012 年版）设置行业虚拟变量

三　主要变量的样本描述

（一）主要变量的描述性统计及均值差异

表 5-2 列示了本章主要变量的描述性统计结果。由于本章研究样本期间为 2014—2017 年，因此在样本量方面与第四章样本期间（2014—2018 年）的样本有所差异。问询监管（CLT_t）的均值为 0.273。年报问询函（CL_t）的均值为 0.200，即 2014—2017 年大约有 20% 上市公司被年报问询监管；其中"投资特征"的年报问询函（$InvestCL_t$）的均值为 0.082，说明在样本期间的年报问询函中，大约有 8.2% 上市公司被年报问询与投资相关的事项。"投资特征"的年报问询函中关于历史性投资的年报问询函（$HisInvestCL_t$）占比约 6.1%，前瞻性投资的年报问询函（$FutInvestCL_t$）占比约 2.1%。并购问询（$CLMA_t$）的均值为 0.097，大约 9.7% 上市公司收到并购问询函。"投资特征"的问询函（$InvestCLMA_t$）的均值为 0.170；"无投资特征"的问询函（$NonInvestCL_t$）的均值为 0.103。

表 5-2　　　　　　　主要变量的描述性统计结果

Variable	N	Mean	Std. Dev.	Min	Median	Max
$Overinvest_{t+1}$	3680	0.026	0.028	6.29e-06	0.015	0.126
CLT_t	3680	0.273	0.446	0	0	1
CL_t	3680	0.200	0.400	0	0	1
$CLMA_t$	3680	0.097	0.296	0	0	1
$InvestCLMA_t$	3680	0.170	0.376	0	0	1
$InvestCL_t$	3680	0.082	0.275	0	0	1
$HisInvestCL_t$	3680	0.061	0.239	0	0	1
$FutInvestCL_t$	3680	0.021	0.143	0	0	1
$NonInvestCL_t$	3680	0.103	0.305	0	0	1
$lnSize_t$	3680	22.32	1.250	19.24	22.18	27.05
Lev_t	3680	0.444	0.207	0.046	0.437	0.956
ROA_t	3680	0.042	0.053	-0.168	0.037	0.233
$Growth_t$	3680	0.236	0.577	-0.595	0.128	4.655
$lnAge_t$	3680	2.256	0.729	0.693	2.398	3.178

续表

Variable	N	Mean	Std. Dev.	Min	Median	Max
$Cash_t$	3680	0.046	0.069	-0.199	0.045	0.242
$Fshare_t$	3680	0.338	0.145	0.088	0.319	0.758
$MShare_t$	3680	0.066	0.133	0	0.001	0.617
$DirSize_t$	3680	2.131	0.199	1.609	2.197	2.708
$Dual_t$	3680	0.268	0.443	0	0	1
SOE_t	3680	0.353	0.478	0	0	1
$Big4_t$	3680	0.054	0.225	0	0	1
$Dividend_t$	3680	0.253	0.279	0	0.200	1.677
$Punishment_t$	3680	0.113	0.316	0	0	1
Law_t	3680	10.64	4.956	1.100	12.15	19.99
$OverinvestHis_t$	3680	0.010	0.014	3.48e-06	0.004	0.069
DA_t	3680	0.071	0.069	0.001	0.051	0.395
$Analyst_t$	3680	1.379	1.379	0	0.998	4.413
$InstHold_t$	3680	0.041	0.037	0	0.031	0.167
$Tasymmetry_t$	3680	0.450	0.465	-0.083	0.326	1.506
$Agencycost1_t$	3680	0.102	0.092	0.002	0.081	0.611
$Agencycost2_t$	3680	0.066	0.132	0	0.001	0.617
$Agencycost3_t$	3680	0.711	0.599	0.024	0.534	2.751
$Agencycost4_t$	3680	0.016	0.021	4.32e-06	0.009	0.113
$Overcon1_t$	3680	0.429	0.495	0	0	1
$Overcon2_t$	3680	0.408	0.124	0.192	0.386	0.812
Ind_ExCash_t	3680	-0.043	0.181	-0.467	-0.085	1.328
Res_ExCash_t	3680	-0.002	0.175	-0.351	-0.023	1.095
Ind_ExLev_t	3680	0.008	0.180	-0.362	0.004	0.499
Res_ExLev_t	3680	-0.124	0.298	-0.698	-0.174	0.672

表5-3报告了被问询公司和未被问询公司中未来一期过度投资水平的均值差异结果。本章将全样本区分为"未被问询公司与被问询公司"一组，即列（1）vs 列（2）；另一组在被问询公司子样本中区分为"无投资特征"问询函与"投资特征"问询函，即列（3）vs 列

123

(4)。关键变量中，相对于第 $t+1$ 期公司过度投资（$Overinvest_{t+1}$）而言，问询监管变量采用第 t 期。由此可知，在被问询公司列（2）中未来一期过度投资（$Overinvest_{t+1}$）的均值（0.023）要低于未被问询公司列（1）中未来一期过度投资（$Overinvest_{t+1}$）的均值（0.026），且均值差异检验通过了显著性检验，说明收到问询函的公司中，其未来一期过度投资行为会有所减少。在"投资特征"问询公司列（4）中未来一期过度投资（$Overinvest_{t+1}$）的均值（0.023）要低于"无投资特征"问询公司列（3）中未来一期过度投资（$Overinvest_{t+1}$）的均值（0.025），且均值差异通过了显著性检验，说明相比于收到"无投资特征"问询函的公司中，收到"投资特征"问询函公司中未来一期过度投资行为会有所减少。

表5-3　　　　　　　　　关键变量的均值差异结果

Variable	未被问询公司	被问询公司全样本	"无投资特征"问询公司	"投资特征"问询公司	T检验	
	(1) vs (2)		(3) vs (4)			
	(1)	(2)	(3)	(4)	(1)−(2)	(3)−(4)
	(N=2674)	(N=1006)	(N=379)	(N=627)	Mean Diff（t值）	Mean Diff（t值）
	Mean	Mean	Mean	Mean		
$Overinvest_{t+1}$	0.026	0.023	0.025	0.023	0.003*** (3.05)	0.002** (2.12)

注：***、**、*分别表示在1%、5%和10%的统计水平下显著。下同。

（二）关键变量的相关性检验

考虑到篇幅，表5-4列示了本章关键变量的Pearson相关性检验结果。在单变量的相关关系中，全样本问询监管（CLT_t）与未来一期过度投资（$Overinvest_{t+1}$）呈显著负相关，在1%统计水平下显著。年报问询函（CL_t）、并购问询（$CLMA_t$）、"投资特征"的问询函（$InvestCLMA_t$）、"投资特征"的年报问询函（$InvestCL_t$）、历史性投资的

表 5-4　关键变量的相关性检验

	Variable	1	2	3	4	5	6	7	8	9
1	$Overinvest_{t+1}$	1								
2	CLT_t	-0.050***	1							
3	CL_t	-0.045***	0.825***	1						
4	$CLMA_t$	-0.027***	0.522***	0.052***	1					
5	$InvestCLMA_t$	-0.037***	0.732***	0.432***	0.713***	1				
6	$InvestCL_t$	-0.031***	0.495***	0.599***	0.032***	0.675***	1			
7	$HisInvestCL_t$	-0.026***	0.415***	0.503***	0.023**	0.566***	0.838***	1		
8	$FulInvestCL_t$	-0.018*	0.248***	0.301***	0.021**	0.337***	0.499***	-0.042***	1	
9	$NonInvestCL_t$	0.166***	0.313***	0.379***	-0.067***	-0.092***	-0.063***	-0.051***	-0.028***	1

年报问询函（$HisInvestCL_t$）与未来一期过度投资（$Overinvest_{t+1}$）的相关系数均在1%统计水平下显著；前瞻性投资的年报问询函（$FutInvestCL_t$）与未来一期过度投资（$Overinvest_{t+1}$）的相关系数在10%统计水平下显著。这说明在单变量关系方面，问询监管对公司未来过度投资行为具有抑制效用，尤其是在"投资特征"相关的问询监管样本中更明显。问询监管的治理作用还需下一步实证模型来验证。

第三节 实证检验分析

一 问询监管对公司过度投资的治理检验

在第四章的问询监管动因研究中，已经考察了问询监管对公司过度投资行为有效识别效果。接下来从问询监管的经济后果，检验问询监管对公司未来过度投资行为的治理作用。表5-5报告了相应的回归结果。列（1）至列（5）的被解释变量是第$t+1$期的公司过度投资变量（$OverInvest_{t+1}$）。列（1）的解释变量是第t期全样本问询监管（CLT）。同时，在问询监管对公司未来过度投资的治理模型（5.3）中，为减少可能存在的内生性问题，相对于第$t+1$期的被解释变量而言，解释变量和控制变量均采用滞后一期（第t期）。

表5-5的列（1）检验中，全样本问询监管（CLT）的回归系数（0.003）在1%统计水平下显著为负。这说明相比于未被问询公司样本，那些被问询公司的未来过度投资水平经历了0.003个百分比的下降。这个差异具有经济上的显著性，即意味着在所有公司未来过度投资水平均值中（0.026），被问询公司未来过度投资水平大约有11.54%（0.003/0.026）的减少。进一步将全样本问询监管（CLT）区分为年报问询函（CL）和并购问询函（$CLMA$）两类。在列（2）的检验中，CL和$CLMA$的回归系数分别在1%和10%统计水平下显著为负，说明无论是年报问询函还是并购问询监管的情景中，交易所问询监管的信息披露机制能有效抑制公司未来过度投资行为。这有效支持了研究假说5.1。

第五章　问询监管对公司过度投资的治理效应

表 5-5　问询监管对公司过度投资治理的回归结果

Variable	问询监管		区分"投资特征"问询函		
	（1）	（2）	（3）	（4）	（5）
	$Overinvest_{t+1}$	$Overinvest_{t+1}$	$Overinvest_{t+1}$	$Overinvest_{t+1}$	$Overinvest_{t+1}$
CLT_t	-0.003***				
	(-3.44)				
CL_t		-0.003***			
		(-2.87)			
$CLMA_t$		-0.003*			
		(-1.89)			
$InvestCLMA_t$			-0.003**		
			(-2.50)		
$NonInvestCL_t$			-0.002	-0.002	-0.002
			(-1.13)	(-1.29)	(-1.31)
$InvestCL_t$				-0.004***	
				(-2.89)	
$CLMA_t$				-0.003*	-0.003*
				(-1.89)	(-1.90)
$HisInvestCL_t$					-0.004**
					(-2.53)
$FutInvestCL_t$					-0.005**
					(-2.06)
$\ln Size_t$	-0.002***	-0.002***	-0.002***	-0.002***	-0.002***
	(-4.37)	(-4.38)	(-4.32)	(-4.32)	(-4.32)
Lev_t	0.003	0.003	0.003	0.003	0.003
	(0.88)	(0.89)	(0.84)	(0.87)	(0.86)
ROA_t	0.012	0.012	0.013	0.012	0.012
	(0.99)	(1.01)	(1.12)	(1.01)	(0.99)
$Growth_t$	0.001	0.001	0.001	0.001	0.001
	(1.07)	(1.08)	(1.02)	(1.06)	(1.08)
$\ln Age_t$	-0.003***	-0.003***	-0.003***	-0.003***	-0.003***
	(-3.42)	(-3.38)	(-3.42)	(-3.40)	(-3.41)

续表

Variable	问询监管		区分"投资特征"问询函		
	(1)	(2)	(3)	(4)	(5)
	$Overinvest_{t+1}$	$Overinvest_{t+1}$	$Overinvest_{t+1}$	$Overinvest_{t+1}$	$Overinvest_{t+1}$
$Cash_t$	0.025***	0.024***	0.025***	0.024***	0.024***
	(3.54)	(3.51)	(3.55)	(3.54)	(3.53)
$Fshare_t$	0.005	0.005	0.005	0.005	0.005
	(1.40)	(1.40)	(1.43)	(1.44)	(1.43)
$MShare_t$	-0.007	-0.006	-0.006	-0.006	-0.006
	(-1.46)	(-1.44)	(-1.42)	(-1.39)	(-1.39)
$DirSize_t$	-0.000	-0.000	0.000	-0.000	-0.000
	(-0.04)	(-0.02)	(0.01)	(-0.04)	(-0.05)
$Dual_t$	-0.000	-0.000	-0.000	-0.000	-0.000
	(-0.01)	(-0.00)	(-0.03)	(-0.05)	(-0.04)
SOE_t	-0.004***	-0.004***	-0.004***	-0.004***	-0.004***
	(-3.29)	(-3.27)	(-3.19)	(-3.24)	(-3.25)
$Big4_t$	-0.001	-0.001	-0.001	-0.001	-0.001
	(-0.77)	(-0.77)	(-0.78)	(-0.81)	(-0.80)
$Dividend_t$	-0.004**	-0.004**	-0.004**	-0.004**	-0.004**
	(-2.26)	(-2.27)	(-2.21)	(-2.25)	(-2.26)
$Punishment_t$	-0.002*	-0.002*	-0.002*	-0.002*	-0.002*
	(-1.78)	(-1.78)	(-1.93)	(-1.82)	(-1.80)
Law_t	-0.000	-0.000	-0.000	-0.000	-0.000
	(-0.86)	(-0.86)	(-0.83)	(-0.84)	(-0.85)
$OverinvestHis_t$	0.430***	0.430***	0.431***	0.431***	0.430***
	(11.62)	(11.60)	(11.60)	(11.60)	(11.59)
Year/Industry	Yes	Yes	Yes	Yes	Yes
Constant	0.080***	0.080***	0.079***	0.079***	0.080***
	(6.81)	(6.78)	(6.68)	(6.71)	(6.70)
Adj_R^2	0.097	0.097	0.096	0.096	0.096
F	13.588***	13.225***	13.249***	12.868***	12.576***
N	3680	3680	3680	3680	3680

注：括号内数值表示T统计值；标准误差按公司Cluster进行了处理。

根据交易所问询函的文本内容事项，本章将问询监管情景区分为"投资特征"问询函（*InvestCLMA*）和"无投资特征"问询函（*NonInvestCL*）两种，其中"投资特征"问询函包括具有"投资特征"的年报问询函（*InvestCL*）和并购问询函（*CLMA*）。

表5-5的列（3）至列（4）表示了不同"投资特征"问询监管对公司未来过度投资的回归结果。列（3）中在控制"无投资特征"问询函（*NonInvestCL*）条件下，"投资特征"问询函（*InvestCLMA*）的回归系数在5%统计水平下显著为负，"无投资特征"问询函（*NonInvestCL*）回归系数不显著；在列（4）中，控制"无投资特征"问询函（*NonInvestCL*）情形下，将"投资特征"问询函（*InvestCLMA*）区分为"投资特征"相关的年报问询函（*InvestCL*）和并购问询函（*CLMA*）两类，*InvestCL*和*CLMA*的回归系数分别在1%和10%统计水平下显著为负，"无投资特征"问询函（*NonInvestCL*）回归系数不显著。这表明，相比于"无投资特征"问询函，具有"投资特征"的问询监管能够针对公司投资决策行为进行"刨根问底"问询，增强了公司投资决策事项的透明性和科学性，管理层也能够针对投资问询事项进行自我完善，这种投资事项的监管问询让公司管理层进行过度投资的自利行为的成本更大，使"投资特征"的问询监管对公司未来过度投资行为的治理作用更强。假说5.2得到有效验证。

进一步地，根据我国沪深交易所对上市公司投资行为的年报问询文本内容，年报问询函不仅关注了公司历史性投资行为事项，还关注了公司未来投资决策的科学性（前瞻性投资事项）。本章将年报问询函中的投资问询内容划分为历史性投资的年报问询函（*HisInvestCL*）和前瞻性投资的年报问询函（*FutInvestCL*）两类。表5-5的列（5）报告了相应的回归结果。在控制"无投资特征"问询函（*NonInvestCL*）情形下，列（5）中*NonInvestCL*的回归系数不显著，并购问询（*CLMA*）的回归系数在10%统计水平下显著为负，历史性投资的年报问询函（*HisInvestCL*）的回归系数在5%统计水平下显著为负，前瞻性投资的年报问询函（*FutInvestCL*）的回归系数在5%统计水平下显著为负。这说明在年报问询监管的情景中，交易所年报问询关注公司历史性投资事项和前瞻性投资事项对公司未来过度投资的自利行为都具有一定的监管与治理效果。这从问询关注公司历史性投资事项抑或前瞻性投资事项来更体现了交易所精准问询施策的路径效果。

就控制变量的回归结果而言，表5-5的列（1）至列（5）中，公司规模（ln$Size$）的回归系数均在1%统计水平下显著为负。规模大的公司较有可能是正常组公司，并不一定会投资过度（李万福等，2011），这使规模较大公司滥用资源进行过度投资的概率较小。这与张建勇等（2014）、向锐（2015）的研究发现基本一致。公司年龄（lnAge）的回归系数均在1%统计水平下显著为负。公司年龄越大，代表着公司相对越成熟，相比于成长性公司而言，年龄较大公司新增投资的可能性较少，即与过度投资不可能正相关（李万福等，2011）。这使公司年龄越大时，其进行激进投资行为的可能性较小，与Biddle等（2009）研究基本一致。经营现金流（$Cash$）的回归系数均在1%统计水平下显著为正。即公司拥有现金流越多时，其越有可能进行过度投资行为，这与Jensen（1986）关于自由现金流的代理成本理论以及Richardsen（2006）的经验研究相一致。产权性质（SOE）的回归系数均在1%统计水平上显著为负，说明相对于国有公司而言，非国有公司中过度投资行为较高。这与万良勇（2013）、刘行和叶康涛（2013）、张建勇等（2014）、曹春方和林雁等（2017）研究发现的基本一致。这也可能是由于在本书研究样本期间（2014—2017年）中，这期间为党的十八大反腐政策后，我国反腐力度加大，反腐力量主要针对国有企业，使国有企业诸如过度投资行为等不规范行为有所减少，进而使非国有公司在这期间中其过度投资行为有所趋高。钟覃琳等（2016）也发现党的十八大的反腐败建设缓解了企业过度投资行为。此外，关于产权性质下的公司投资行为差异，曹春方和林雁（2017）认为可能是国有企业分红制度的改革抑制了国有企业的过度投资行为，进而使民营企业的过度投资行为较为凸显。谭燕等（2011）也指出民营企业受到地方政府干预投资行为的影响较大，使我国中央政府与省级政府所控制的国有企业过度投资水平较民营企业更低。股利支付率（$Dividend$）的回归系数均显著为负，说明公司治理中的股利支付能够在一定程度上减少过度投资行为。这与肖珉（2010）研究基本一致。Jensen（1986）曾指出，派发现金股利能够有效缓解过度投资行为。公司支付的现金股利越多，内部人用于过度投资行为的资金会相应地减少（魏明海和柳建华，2007）。最后，监管处罚变量（Punishment）的回归系数均显著为负，这说明我国监管机构的行政处罚措施对公司过度投资行为具有一定的约束力。监管机构的处罚性监管具有一定监管效果，同时也说明在控制了处罚性监管的影响后，交易所非处罚性监管之问询函的一线监管对公司未来过度投资行为仍有显著治理效果。

二 信息不对称下问询监管与公司过度投资的检验

资本市场不完善情景下，信息不对称问题是上市公司过度投资行为发生的重要原因之一。若问询监管的信息披露机制对公司过度投资行为发挥治理作用，则问询监管应该在信息不对称问题较突出的公司中更明显。

表5-6报告了信息不对称情景下问询监管对公司过度投资的回归结果。从盈余信息透明度层面，在盈余信息透明度低组（1）中，具有"投资特征"问询函（InvestCLMA）的回归系数在5%的统计水平下显著为负，在盈余信息透明度高组（2）中"投资特征"问询函（InvestCLMA）的回归系数不显著，且组间差异通过显著性检验。

表5-6 问询监管对公司过度投资：信息不对称情景的检验一

Variable	盈余信息透明度		分析师跟踪情景	
	低	高	低	高
	（1）	（2）	（3）	（4）
	$Overinvest_{t+1}$	$Overinvest_{t+1}$	$Overinvest_{t+1}$	$Overinvest_{t+1}$
$InvestCLMA_t$	-0.004**	-0.002	-0.004***	-0.001
	(-2.58)	(-1.12)	(-2.67)	(-0.70)
$NonInvestCL_t$	0.000	-0.003	-0.003	0.000
	(0.05)	(-1.45)	(-1.64)	(0.06)

续表

Variable	盈余信息透明度 低 (1) $Overinvest_{t+1}$	盈余信息透明度 高 (2) $Overinvest_{t+1}$	分析师跟踪情景 低 (3) $Overinvest_{t+1}$	分析师跟踪情景 高 (4) $Overinvest_{t+1}$
$lnSize_t$	-0.003***	-0.002**	-0.002**	-0.002***
	(-3.78)	(-2.01)	(-1.96)	(-3.33)
Lev_t	0.003	0.002	0.003	0.001
	(0.55)	(0.42)	(0.60)	(0.24)
ROA_t	0.013	0.016	0.021	0.006
	(0.97)	(0.72)	(1.26)	(0.36)
$Growth_t$	-0.000	0.002	0.000	0.001
	(-0.08)	(1.00)	(0.01)	(1.30)
$lnAge_t$	-0.001	-0.005***	-0.003**	-0.003**
	(-1.14)	(-3.83)	(-2.39)	(-2.31)
$Cash_t$	0.026***	0.024**	0.036***	0.015*
	(2.92)	(2.02)	(3.26)	(1.68)
$Fshare_t$	0.011**	-0.002	0.006	0.003
	(2.42)	(-0.34)	(1.09)	(0.65)
$MShare_t$	-0.005	-0.010	-0.010	-0.002
	(-0.79)	(-1.62)	(-1.58)	(-0.26)
$DirSize_t$	0.002	-0.001	-0.000	0.000
	(0.46)	(-0.42)	(-0.08)	(0.02)
$Dual_t$	-0.001	0.001	0.002	-0.002
	(-0.35)	(0.78)	(0.96)	(-1.10)
SOE_t	-0.005***	-0.002	-0.005***	-0.003**
	(-3.16)	(-1.25)	(-2.67)	(-2.01)
$Big4_t$	-0.002	-0.002	0.003	-0.004**
	(-0.66)	(-0.70)	(0.96)	(-2.21)
$Dividend_t$	-0.008***	-0.000	-0.003	-0.005**
	(-3.24)	(-0.08)	(-1.16)	(-1.99)
$Punishment_t$	-0.003	-0.002	-0.003*	-0.002
	(-1.48)	(-1.35)	(-1.66)	(-1.00)

续表

Variable	盈余信息透明度 低 (1) $Overinvest_{t+1}$	盈余信息透明度 高 (2) $Overinvest_{t+1}$	分析师跟踪情景 低 (3) $Overinvest_{t+1}$	分析师跟踪情景 高 (4) $Overinvest_{t+1}$
Law_t	0.000	-0.000*	0.000	-0.000
	(0.58)	(-1.94)	(0.17)	(-1.56)
$OverinvestHis_t$	0.400***	0.460***	0.403***	0.449***
	(7.67)	(8.68)	(7.89)	(8.53)
Year/Industry	Yes	Yes	Yes	Yes
Constant	0.073***	0.079***	0.063***	0.080***
	(4.58)	(4.50)	(3.46)	(4.98)
F	8.944***	13.114***	6.910***	8.671***
Adj_R^2	0.093	0.103	0.086	0.108
N	1848	1832	1822	1858
Chow Test	Chi2=54.33** (p=0.042)		Chi2=59.54** (p=0.011)	

注：括号内数值表示 T 统计值；标准误差按公司 Cluster 进行了处理。

从分析师跟踪情景的检验，在分析师跟踪低组（3）中，"投资特征"问询函（InvestCLMA）回归系数在1%的统计水平下显著为负，分析师跟踪高组（4）中"投资特征"问询函（InvestCLMA）的回归系数不显著，且组间差异通过显著性检验。

机构投资者持股情景的检验结果报告于表5-7的列（1）至列（2）中。机构投资者持股低组（1）中，"投资特征"问询函（InvestCLMA）的回归系数在1%的统计水平下显著为负，在机构投资者持股高组（2）中"投资特征"问询函（InvestCLMA）的回归系数不显著，且组间差异通过显著性检验。

在综合信息不对称的检验中，基于盈余信息透明度（DA）、分析师跟踪（Analyst）和机构投资者持股（InstHold）这三个变量的样本百分等级（Percentile rank）的平均值，构建的综合信息不对称指标（Tasymmetry）的回归结果在表5-7的列（3）至列（4）中。可知，综合信息不对称指标高组（3）中，"投资特征"问询函（InvestCLMA）的回归系数在5%的统计水平下显著为负，在综合信息不对称指标低组（4）中"投资特征"问询函（InvestCLMA）的回归系数不显著，且组间差异通过显著性检验。

表 5-7　问询监管对公司过度投资：信息不对称情景的检验二

Variable	机构投资者持股情景 低 (1) $Overinvest_{t+1}$	机构投资者持股情景 高 (2) $Overinvest_{t+1}$	综合信息不对称情景 高 (3) $Overinvest_{t+1}$	综合信息不对称情景 低 (4) $Overinvest_{t+1}$
$InvestCLMA_t$	-0.007***	0.002	-0.003**	-0.002
	(-3.77)	(0.97)	(-2.11)	(-1.26)
$NonInvestCL_t$	-0.003	-0.000	-0.001	-0.003
	(-1.52)	(-0.09)	(-0.31)	(-1.59)
$lnSize_t$	-0.002***	-0.003***	-0.003***	-0.001
	(-2.79)	(-3.27)	(-3.45)	(-0.88)
Lev_t	-0.000	0.008	0.001	0.004
	(-0.04)	(1.59)	(0.15)	(0.70)
ROA_t	0.005	0.033*	0.016	0.017
	(0.35)	(1.86)	(0.98)	(1.05)
$Growth_t$	0.001	0.000	0.001	0.001
	(1.12)	(0.10)	(0.71)	(0.66)
$lnAge_t$	-0.003***	-0.002*	-0.004***	-0.002
	(-3.03)	(-1.72)	(-3.01)	(-1.58)
$Cash_t$	0.020*	0.028***	0.023**	0.030***
	(1.93)	(3.13)	(2.48)	(2.89)
$Fshare_t$	0.002	0.006	-0.000	0.009*
	(0.44)	(1.25)	(-0.02)	(1.93)
$MShare_t$	-0.004	-0.008	-0.004	-0.006
	(-0.72)	(-1.30)	(-0.64)	(-0.93)
$DirSize_t$	-0.000	0.000	0.005	-0.005
	(-0.03)	(0.00)	(1.40)	(-1.63)

续表

Variable	机构投资者持股情景 低 (1) $Overinvest_{t+1}$	机构投资者持股情景 高 (2) $Overinvest_{t+1}$	综合信息不对称情景 高 (3) $Overinvest_{t+1}$	综合信息不对称情景 低 (4) $Overinvest_{t+1}$
$Dual_t$	-0.002	0.002	-0.002	0.001
	(-1.25)	(1.24)	(-1.03)	(0.61)
SOE_t	-0.004**	-0.003**	-0.003	-0.006***
	(-2.45)	(-2.02)	(-1.63)	(-3.58)
$Big4_t$	-0.002	-0.000	-0.000	-0.004*
	(-0.70)	(-0.16)	(-0.01)	(-1.87)
$Dividend_t$	-0.005**	-0.002	-0.005**	-0.002
	(-1.97)	(-0.88)	(-2.06)	(-0.79)
$Punishment_t$	-0.001	-0.003*	-0.003*	-0.001
	(-0.68)	(-1.90)	(-1.95)	(-0.74)
Law_t	-0.000	-0.000	-0.000	-0.000
	(-0.28)	(-0.67)	(-0.71)	(-0.19)
$OverinvestHis_t$	0.401***	0.469***	0.395***	0.470***
	(7.95)	(9.58)	(7.35)	(9.47)
Year/Industry	Yes	Yes	Yes	Yes
Constant	0.077***	0.078***	0.085***	0.047***
	(4.72)	(4.47)	(4.63)	(2.73)
F	5.882***	7.546***	26.756***	7.517***
Adj_R^2	0.089	0.111	0.085	0.121
N	1851	1829	1853	1827
Chow Test	Chi2=68.12*** (p=0.002)		Chi2=70.94*** (p=0.000)	

注：括号内数值表示 T 统计值；标准误差按公司 Cluster 进行了处理。

上述实证检验说明，就公司所处信息不对称环境而言，在公司盈余信息透明度较低、分析师跟踪人数较少和机构投资者持股较低的情景中，交易所问询监管对公司过度投资行为的治理作用更明显。这在一定程度上支持了问询监管的信息治理效应，使问询监管在信息不对称程度较高的情景中对公司过度投资行为的监管效用更强。假说5.3得到有效验证。

三 代理问题下问询监管与公司过度投资的检验

(一) 双重代理成本下问询监管对公司过度投资的检验

基于代理理论分析框架，双重代理问题是我国上市公司过度投资行为发生的重要原因。若问询监管对公司过度投资行为发挥治理作用，则问询监管应该在双重代理问题较突出的公司中更明显。

本章分别从管理费用率和管理层持股来测度第一类代理成本。表5-8报告了第一类代理成本情景下问询监管对公司过度投资的回归结果。

表5-8的列(1)至列(4)检验中，在管理费用率较高的列(1)中，"投资特征"问询函(InvestCLMA)的回归系数在5%统计水平下显著为负，在管理层持股比例较低的列(3)中，"投资特征"问询函(InvestCLMA)的回归系数在1%统计水平下显著为负；在列(2)和列(4)中，即在管理费用率较低和管理层持股比例较高中，"投资特征"问询函(InvestCLMA)的回归系数均不显著，且组间差异均通过了显著性检验。这些检验表明，当上市公司第一类代理问题更为严重时，交易所问询机制对公司过度投资行为的监管效用更明显。

表5-8 问询监管对公司过度投资：第一类代理成本情景的检验

Variable	管理费用率		管理层持股	
	高	低	低	高
	(1)	(2)	(3)	(4)
	$Overinvest_{t+1}$	$Overinvest_{t+1}$	$Overinvest_{t+1}$	$Overinvest_{t+1}$
$InvestCLMA_t$	-0.004**	-0.001	-0.004***	-0.0004
	(-2.55)	(-0.71)	(-2.90)	(-0.21)
$NonInvestCL_t$	-0.001	-0.001	-0.001	-0.002
	(-0.82)	(-0.48)	(-0.76)	(-0.87)

续表

Variable	管理费用率 高 (1) Overinvest$_{t+1}$	管理费用率 低 (2) Overinvest$_{t+1}$	管理层持股 低 (3) Overinvest$_{t+1}$	管理层持股 高 (4) Overinvest$_{t+1}$
$\ln Size_t$	-0.003***	-0.002***	-0.002**	-0.002***
	(-3.15)	(-3.26)	(-2.27)	(-2.82)
Lev_t	0.001	0.006	0.006	0.000
	(0.19)	(1.16)	(1.13)	(0.01)
ROA_t	0.009	0.019	0.018	0.009
	(0.55)	(1.15)	(1.06)	(0.53)
$Growth_t$	0.001	0.000	0.001	0.001
	(1.43)	(0.02)	(0.43)	(1.06)
$\ln Age_t$	-0.001	-0.004***	-0.002*	-0.004***
	(-0.40)	(-3.25)	(-1.70)	(-2.91)
$Cash_t$	0.021*	0.033***	0.045***	0.009
	(1.92)	(3.82)	(4.02)	(1.08)
$Fshare_t$	0.008	0.003	0.012**	-0.002
	(1.44)	(0.59)	(2.17)	(-0.55)
$MShare_t$	-0.008	-0.003		
	(-1.31)	(-0.48)		
$DirSize_t$	-0.001	-0.001	-0.004	0.004
	(-0.20)	(-0.18)	(-1.00)	(1.15)
$Dual_t$	-0.001	0.001	-0.001	-0.000
	(-0.56)	(0.68)	(-0.67)	(-0.11)
SOE_t	-0.004**	-0.004**	-0.004*	-0.004**
	(-2.22)	(-2.35)	(-1.82)	(-2.47)
$Big4_t$	-0.002	-0.002	-0.005	-0.000
	(-0.47)	(-0.91)	(-1.41)	(-0.03)
$Dividend_t$	-0.006***	-0.000	-0.002	-0.006***
	(-2.72)	(-0.03)	(-0.66)	(-2.84)
$Punishment_t$	-0.004**	-0.001	0.001	-0.005***
	(-2.20)	(-0.72)	(0.53)	(-3.27)

续表

Variable	管理费用率 高 (1) $Overinvest_{t+1}$	管理费用率 低 (2) $Overinvest_{t+1}$	管理层持股 低 (3) $Overinvest_{t+1}$	管理层持股 高 (4) $Overinvest_{t+1}$
Law_t	0.000	-0.000	0.000	-0.000**
	(0.74)	(-1.27)	(0.87)	(-2.06)
$OverinvestHis_t$	0.391***	0.494***	0.402***	0.446***
	(7.98)	(8.43)	(7.54)	(8.51)
Year/Industry	Yes	Yes	Yes	Yes
Constant	0.086***	0.074***	0.076***	0.073***
	(4.53)	(4.98)	(3.64)	(4.53)
F	6.309	8.640	5.051	8.104
Adj_R^2	0.072	0.130	0.074	0.114
N	1837	1843	1838	1842
Chow Test	Chi2=72.23*** (p=0.000)		Chi2=60.62*** (p=0.006)	

注：括号内数值表示 T 统计值；标准误差按公司 Cluster 进行了处理。

关于问询监管在第二类代理问题中的过度投资治理检验，本章分别从股权制衡度和其他应收款占比来测度第二类代理成本。表5-9报告了第二类代理成本情景下问询监管对公司过度投资的回归结果。

表5-9的列（1）和列（3）检验中，即在股权制衡度较低和其他应收款占比较高的情景下，"投资特征"问询函（InvestCLMA）的回归系数均在5%统计水平下显著为负；在列（2）和列（4）中，即在股权制衡度较高和其他应收款占比较低组中，"投资特征"问询函（InvestCLMA）的回归系数均不显著，且组间差异均通过了显著性检验。这些检验表明，问询监管的信息机制会威慑大股东为控制权收益而进行激进投资的行为，使当公司第二类代理问题更为严重时，监管问询机制对公司过度投资行为的治理效用更明显。

表 5-9　问询监管对公司过度投资：第二类代理成本情景的检验

Variable	股权制衡度 低 (1) $Overinvest_{t+1}$	股权制衡度 高 (2) $Overinvest_{t+1}$	其他应收款占比 高 (3) $Overinvest_{t+1}$	其他应收款占比 低 (4) $Overinvest_{t+1}$
$InvestCLMA_t$	-0.003**	-0.002	-0.004**	-0.001
	(-2.08)	(-1.20)	(-2.19)	(-0.77)
$NonInvestCL_t$	-0.003	-0.000	-0.004**	0.001
	(-1.58)	(-0.19)	(-2.06)	(0.45)
$lnSize_t$	-0.003***	-0.002***	-0.002**	-0.003***
	(-3.51)	(-2.81)	(-2.10)	(-3.65)
Lev_t	0.005	0.003	0.004	0.004
	(0.91)	(0.54)	(0.79)	(0.78)
ROA_t	0.017	0.013	0.012	0.018
	(1.04)	(0.74)	(0.73)	(1.05)
$Growth_t$	-0.000	0.002	-0.001	0.002*
	(-0.31)	(1.52)	(-0.59)	(1.76)
$lnAge_t$	-0.003**	-0.003**	-0.005***	0.000
	(-2.43)	(-2.13)	(-4.12)	(0.09)
$Cash_t$	0.016*	0.037***	0.013	0.033***
	(1.79)	(3.30)	(1.26)	(3.58)
$Fshare_t$	0.007	0.002	0.001	0.008
	(1.33)	(0.24)	(0.14)	(1.60)
$MShare_t$	-0.006	-0.007	-0.005	-0.010
	(-0.95)	(-1.14)	(-0.89)	(-1.54)
$DirSize_t$	0.003	-0.003	-0.003	0.003
	(1.03)	(-0.77)	(-0.88)	(0.84)
$Dual_t$	0.001	-0.001	0.001	-0.001
	(0.80)	(-0.64)	(0.48)	(-0.45)
SOE_t	-0.005***	-0.002	-0.003	-0.005***
	(-3.21)	(-1.03)	(-1.40)	(-3.50)

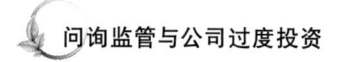

续表

Variable	股权制衡度 低 (1) $Overinvest_{t+1}$	股权制衡度 高 (2) $Overinvest_{t+1}$	其他应收款占比 高 (3) $Overinvest_{t+1}$	其他应收款占比 低 (4) $Overinvest_{t+1}$
$Big4_t$	0.000	-0.003	-0.001	-0.001
	(0.10)	(-1.25)	(-0.52)	(-0.62)
$Dividend_t$	-0.002	-0.006***	-0.004	-0.004*
	(-0.62)	(-2.62)	(-1.41)	(-1.72)
$Punishment_t$	-0.001	-0.004**	-0.002	-0.003*
	(-0.55)	(-2.47)	(-1.12)	(-1.88)
Law_t	-0.000*	0.000	-0.000	0.000
	(-1.66)	(0.67)	(-1.30)	(0.35)
$OverinvestHis_t$	0.389***	0.467***	0.462***	0.389***
	(7.81)	(8.58)	(8.20)	(7.76)
Year/Industry	Yes	Yes	Yes	Yes
Constant	0.085***	0.075***	0.076***	0.072***
	(5.16)	(4.35)	(4.17)	(4.54)
F	6.010	9.502	5.720	9.399
Adj_R^2	0.091	0.098	0.087	0.105
N	1851	1829	1839	1841
Chow Test	Chi2 = 84.91*** (p = 0.005)		Chi2 = 63.17*** (p = 0.004)	

注：括号内数值表示 T 统计值；标准误差按公司 Cluster 进行了处理。

综上检验，委托代理理论框架下，由于双重代理问题是影响公司过度投资行为的重要因素之一。当双重代理问题较为突出时，公司不规范的过度投资行为更易于滋生。此时，在问询监管的助推作用下，交易所问询机制能够在双重代理问题较为突出的公司中发挥更强的影响力，进而使问询监管在双重代理问题较为严重情景下对公司过度投资行为发挥更积极的治理效用。假说 5.4 得到有效验证。

（二）代理行为特征下问询监管对公司过度投资的检验

基于前文关于整体层面的代理成本问题的机制检验后，接下来将从管理层过度自信、超额现金持有及激进负债行为这三个维度来刻画公司的具体代理行为特征，考察不同代理行为特征下问询监管对公司过度投资的作用效应。

1. 管理层过度自信情景的检验

问询机制的引入能够对公司管理者行为发挥一定的监督和约束效用，使其更加合理地估计投资项目现金流与项目风险，从而使管理者进行理性的投资决策，即问询机制可能会在一定程度上抑制管理者自大的非理性行为，使问询监管机制在管理层过度自信较高情景中对公司过度投资行为的改善作用更明显。

表 5-10 报告了管理层过度自信下问询监管对公司过度投资的回归结果。本书分别从股票收益约束条件下的管理层持股情况和高管相对薪酬来测度管理层过度自信行为。考虑股票收益约束条件下的管理层持股情景，列（1）中为管理层过度自信组，"投资特征"问询函（$InvestCLMA$）的回归系数在5%统计水平下显著为负，而在列（2）中的管理层非过度自信组中"投资特征"问询函（$InvestCLMA$）的回归系数不显著，且组间差异通过了显著性检验。

在高管相对薪酬测度的过度自信列（3）至列（4）检验中，列（3）管理层过度自信组中"投资特征"问询函（$InvestCLMA$）的回归系数在5%统计水平下显著为负，列（4）中的管理层非过度自信组中"投资特征"问询函（$InvestCLMA$）的回归系数不显著，且组间差异通过了显著性检验。

表 5-10　问询监管对公司过度投资：管理层过度自信情景的检验

Variable	考虑股票收益约束的管理层持股		高管相对薪酬测度的过度自信	
	过度自信	非过度自信	过度自信	非过度自信
	（1）	（2）	（3）	（4）
	$Overinvest_{t+1}$	$Overinvest_{t+1}$	$Overinvest_{t+1}$	$Overinvest_{t+1}$
$InvestCLMA_t$	-0.004**	-0.002	-0.003**	-0.002
	(-2.40)	(-1.34)	(-2.15)	(-1.21)

续表

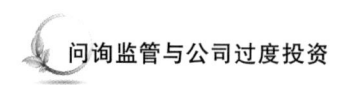

	考虑股票收益约束的管理层持股		高管相对薪酬测度的过度自信	
Variable	过度自信	非过度自信	过度自信	非过度自信
	(1)	(2)	(3)	(4)
	$Overinvest_{t+1}$	$Overinvest_{t+1}$	$Overinvest_{t+1}$	$Overinvest_{t+1}$
$NonInvestCL_t$	−0.002	−0.001	−0.002	−0.001
	(−0.98)	(−0.67)	(−0.85)	(−0.63)
$lnSize_t$	−0.002***	−0.002***	−0.002***	−0.003***
	(−2.75)	(−3.50)	(−2.60)	(−3.84)
Lev_t	0.002	0.004	0.002	0.005
	(0.45)	(0.77)	(0.48)	(0.88)
ROA_t	0.001	0.020	0.019	0.006
	(0.07)	(1.31)	(1.26)	(0.31)
$Growth_t$	0.002	0.000	−0.000	0.002*
	(1.36)	(0.21)	(−0.05)	(1.85)
$lnAge_t$	−0.002*	−0.004***	−0.004***	−0.002
	(−1.95)	(−3.31)	(−3.25)	(−1.40)
$Cash_t$	0.020**	0.031***	0.021**	0.029**
	(1.98)	(3.21)	(2.41)	(2.58)
$Fshare_t$	0.002	0.007	0.000	0.010*
	(0.38)	(1.43)	(0.08)	(1.96)
$MShare_t$	−0.006	−0.008	−0.009	−0.002
	(−0.90)	(−1.30)	(−1.55)	(−0.35)
$DirSize_t$	0.003	−0.002	−0.001	0.002
	(0.89)	(−0.70)	(−0.35)	(0.48)
$Dual_t$	0.002	−0.001	0.000	−0.001
	(0.89)	(−0.64)	(0.03)	(−0.36)
SOE_t	−0.004*	−0.004**	−0.003*	−0.004***
	(−1.96)	(−2.56)	(−1.92)	(−2.67)
$Big4_t$	−0.002	−0.001	−0.001	−0.000
	(−1.01)	(−0.33)	(−0.61)	(−0.11)
$Dividend_t$	−0.005**	−0.003	−0.003	−0.004*
	(−2.09)	(−1.23)	(−1.26)	(−1.86)

续表

Variable	考虑股票收益约束的管理层持股		高管相对薪酬测度的过度自信	
	过度自信	非过度自信	过度自信	非过度自信
	(1)	(2)	(3)	(4)
	$Overinvest_{t+1}$	$Overinvest_{t+1}$	$Overinvest_{t+1}$	$Overinvest_{t+1}$
$Punishment_t$	-0.001	-0.003*	-0.001	-0.004**
	(-0.47)	(-1.79)	(-0.53)	(-2.25)
Law_t	-0.000	-0.000	-0.000	-0.000
	(-0.87)	(-0.58)	(-0.37)	(-0.71)
$OverinvestHis_t$	0.419***	0.439***	0.450***	0.405***
	(7.75)	(8.93)	(7.77)	(8.49)
Year/Industry	Yes	Yes	Yes	Yes
Constant	0.075***	0.085***	0.079***	0.082***
	(3.77)	(5.72)	(4.25)	(5.46)
F	7.809***	7.449***	12.108***	6.201***
Adj_R^2	0.093	0.094	0.093	0.095
N	1579	2101	1844	1836
Chow Test	Chi2 = 88.12*** (p = 0.002)		Chi2 = 83.68*** (p = 0.006)	

注：括号内数值表示 T 统计值；标准误差按公司 Cluster 进行了处理。

上述检验结果表明，问询监管机制在管理层过度自信情景中具有一定的威慑治理效应，能够完善管理者的非理性投资决策，即在管理层过度自信较高情况下，问询监管对公司过度投资行为的治理作用更强。这从具有预防性监管的问询机制层面有效约束那些具有过度自信心理特性的管理者行为具有重要启示，构建一道防范管理层过度自信决策行为后果的问询机制，从而有效缓解过度投资的非效率行为。假说 5.5 得到有效验证。

2. 超额现金持有情景的检验

根据 Jensen（1986）自由现金流的代理成本假说，当公司拥有超额现金流时，管理层过度投资的自利行为更为严重。问询监管能够对公司过度投资发挥治理作用，那么在公司超额现金持有较高情景中，问询监管可能会弱化管理层超额现金持有的代理行为动机，进而使问询监管在较高超额现金持有水平情景中对公司过度投资行为的治理效应更突出。

表5-11报告了超额现金持有情景下问询监管对公司过度投资行为的回归结果。分别从残差法的超额现金持有（Res_ExCash）和行业均值法的超额现金持有（Ind_ExCash）这两个维度来度量公司超额现金持有行为。在残差法的超额现金持有（Res_ExCash）变量列（1）至列（2）检验中，超额现金持有高列（1）中，具有"投资特征"问询函（$InvestCLMA$）的回归系数在5%统计水平上显著为负，而在超额现金持有低组（2）中"投资特征"问询函（$InvestCLMA$）的回归系数不显著，且组间差异通过了显著性检验。在行业均值法的超额现金持有（Ind_ExCash）变量列（3）至列（4）检验中，超额现金持有高列（3）中，具有"投资特征"问询函（$InvestCLMA$）的回归系数在1%统计水平下显著为负，而在超额现金持有低组（4）中"投资特征"问询函（$InvestCLMA$）的回归系数不显著，且组间差异通过了显著性检验。说明相对于超额现金持有水平较低情景，问询监管对公司过度投资的抑制效应在超额现金持有较高情景下更明显。假说5.6得到有效验证。

表5-11 问询监管对公司过度投资：超额现金持有情景的检验

Variable	残差法的超额现金持有		行业均值法的超额现金持有	
	高	低	高	低
	（1）	（2）	（3）	（4）
	$Overinvest_{t+1}$	$Overinvest_{t+1}$	$Overinvest_{t+1}$	$Overinvest_{t+1}$
$InvestCLMA_t$	-0.004**	-0.002	-0.005***	-0.001
	(-2.23)	(-1.60)	(-3.21)	(-0.32)
$NonInvestCL_t$	-0.003	-0.001	-0.002	-0.002
	(-1.48)	(-0.52)	(-0.91)	(-1.26)
$lnSize_t$	-0.003***	-0.002***	-0.002**	-0.003***
	(-4.18)	(-2.90)	(-2.45)	(-3.89)

续表

Variable	残差法的超额现金持有		行业均值法的超额现金持有	
	高	低	高	低
	(1)	(2)	(3)	(4)
	$Overinvest_{t+1}$	$Overinvest_{t+1}$	$Overinvest_{t+1}$	$Overinvest_{t+1}$
Lev_t	0.001	-0.004	0.003	0.004
	(0.19)	(-0.99)	(0.50)	(0.74)
ROA_t	0.007	0.011	0.002	0.027*
	(0.38)	(0.88)	(0.12)	(1.82)
$Growth_t$	0.002	0.000	0.000	0.001
	(1.20)	(0.29)	(0.19)	(0.92)
$lnAge_t$	-0.003**	-0.002*	-0.003**	-0.003**
	(-2.44)	(-1.85)	(-2.26)	(-2.19)
$Cash_t$	0.017*	0.044***	0.043***	0.008
	(1.67)	(4.89)	(4.13)	(0.79)
$Fshare_t$	0.006	0.006	0.003	0.006
	(1.01)	(1.36)	(0.62)	(1.33)
$MShare_t$	-0.011	-0.002	-0.006	-0.007
	(-1.44)	(-0.44)	(-0.96)	(-1.19)
$DirSize_t$	0.004	-0.003	-0.005	0.005
	(0.93)	(-1.11)	(-1.38)	(1.49)
$Dual_t$	-0.000	-0.000	0.000	-0.000
	(-0.05)	(-0.15)	(0.03)	(-0.05)
SOE_t	-0.008***	-0.002	-0.003	-0.006***
	(-4.21)	(-1.30)	(-1.50)	(-3.33)
$Big4_t$	-0.002	0.001	-0.002	-0.001
	(-0.99)	(0.26)	(-0.86)	(-0.40)
$Dividend_t$	-0.002	-0.005**	-0.007***	-0.001
	(-0.64)	(-2.49)	(-3.18)	(-0.26)
$Punishment_t$	-0.003**	-0.001	-0.002	-0.003
	(-2.04)	(-0.42)	(-1.43)	(-1.52)
Law_t	-0.000	-0.000	-0.000	-0.000
	(-0.02)	(-1.11)	(-1.04)	(-0.27)

续表

Variable	残差法的超额现金持有		行业均值法的超额现金持有	
	高	低	高	低
	(1)	(2)	(3)	(4)
	$Overinvest_{t+1}$	$Overinvest_{t+1}$	$Overinvest_{t+1}$	$Overinvest_{t+1}$
$OverinvestHis_t$	0.472***	0.348***	0.416***	0.426***
	(8.63)	(8.46)	(8.21)	(7.99)
Year/Industry	Yes	Yes	Yes	Yes
Constant	0.104***	0.068***	0.076***	0.085***
	(5.98)	(4.63)	(4.92)	(4.86)
F	11.767	5.423	5.710	10.941
Adj_R^2	0.127	0.082	0.086	0.111
N	1853	1827	1852	1828
Chow Test	Chi2 = 244.36*** (p=0.000)		Chi2 = 59.41** (p=0.011)	

注：括号内数值表示 T 统计值；标准误差按公司 Cluster 进行了处理。

3. 激进负债行为情景的检验

在 Jensen 和 Meckling（1976）提出的"资产替代假说"中，指出当公司负债资源程度较高，出于责任保险角度的考虑，股东/管理者往往会选择放弃低风险及低收益的项目，转而更多地利用银行信贷资源进行高风险及高收益的投资项目，最终导致过度投资的非效率问题。因此，超额负债行为（激进负债）是公司管理者与债权人代理问题的重要体现，也是助长过度投资行为的一个重要源泉。问询监管情景中，问询信息机制能够对公司过度投资发挥治理行为，则在那些高风险负债行为的公司中，问询监管应更加给予关注，使问询机制的信息效应在较高激进负债情景下对公司过度投资的治理效用更强。

表 5-12 报告了激进负债情景下问询监管对公司过度投资行为的回归结果。分别从残差法的激进负债（Res_ExLev）和行业均值法的激进负债持有（Ind_ExLev）这两个维度来度量公司激进负债行为。在残差法的激进负债（Res_ExLev）变量列（1）至列（2）检验中，激进负债较高列（1）中，具有"投资特征"问询函（$InvestCLMA$）

的回归系数在5%统计水平下显著为负,而在激进负债较低组中"投资特征"问询函(*InvestCLMA*)的回归系数不显著,且组间差异通过了显著性检验。在行业均值法的激进负债(*Ind_ExLev*)变量列(3)至列(4)检验中,激进负债较高列(3)中,具有"投资特征"问询函(*InvestCLMA*)的回归系数在5%统计水平下显著为负,而在激进负债较低组中"投资特征"问询函(*InvestCLMA*)的回归系数不显著,且组间差异通过了显著性检验。这说明问询监管政策在公司财务杠杆较高的公司行为中发挥了更强的治理效用,即相对于激进负债较低情景,问询监管对公司过度投资的治理效应在激进负债较高情景下更明显。假说5.7得到有效验证。

表5-12　　问询监管对公司过度投资:激进负债情景的检验

Variable	残差法的激进负债行为		行业均值法的激进负债行为	
	高	低	高	低
	(1)	(2)	(3)	(4)
	$Overinvest_{t+1}$	$Overinvest_{t+1}$	$Overinvest_{t+1}$	$Overinvest_{t+1}$
$InvestCLMA_t$	-0.004**	-0.002	-0.003**	-0.002
	(-2.34)	(-1.17)	(-2.26)	(-1.17)
$NonInvestCL_t$	-0.002	-0.002	-0.002	-0.001
	(-0.83)	(-0.79)	(-1.13)	(-0.55)
$lnSize_t$	-0.001*	-0.003***	-0.002***	-0.004***
	(-1.77)	(-3.76)	(-2.86)	(-4.02)
Lev_t	-0.004	0.002	-0.011*	-0.001
	(-0.72)	(0.24)	(-1.66)	(-0.14)
ROA_t	-0.016	0.032*	0.009	0.022
	(-1.00)	(1.87)	(0.47)	(1.52)
$Growth_t$	0.003*	-0.001	0.001	-0.000
	(1.94)	(-0.64)	(1.42)	(-0.24)
$lnAge_t$	-0.002*	-0.003**	-0.004***	-0.002
	(-1.65)	(-2.43)	(-2.99)	(-1.56)
$Cash_t$	0.034***	0.019**	0.026***	0.028***
	(2.90)	(2.12)	(2.64)	(2.69)

续表

Variable	残差法的激进负债行为 高 (1) $Overinvest_{t+1}$	残差法的激进负债行为 低 (2) $Overinvest_{t+1}$	行业均值法的激进负债行为 高 (3) $Overinvest_{t+1}$	行业均值法的激进负债行为 低 (4) $Overinvest_{t+1}$
$Fshare_t$	0.001	0.009*	0.005	0.007
	(0.29)	(1.88)	(1.07)	(1.46)
$MShare_t$	−0.009	−0.004	−0.008	−0.007
	(−1.53)	(−0.64)	(−0.96)	(−1.21)
$DirSize_t$	−0.002	0.002	−0.005	0.008**
	(−0.60)	(0.76)	(−1.47)	(2.08)
$Dual_t$	0.000	−0.000	−0.001	0.001
	(0.13)	(−0.20)	(−0.70)	(0.76)
SOE_t	−0.003*	−0.004**	−0.003**	−0.005**
	(−1.65)	(−2.02)	(−2.16)	(−2.49)
$Big4_t$	−0.003	−0.001	−0.002	−0.002
	(−1.12)	(−0.28)	(−0.90)	(−0.73)
$Dividend_t$	−0.002	−0.006**	−0.002	−0.005**
	(−0.76)	(−2.39)	(−0.91)	(−2.37)
$Punishment_t$	−0.002	−0.002	−0.000	−0.004**
	(−1.39)	(−1.22)	(−0.13)	(−2.17)
Law_t	−0.000	−0.000	0.000	−0.000
	(−0.06)	(−1.38)	(0.05)	(−1.12)
$OverinvestHis_t$	0.416***	0.463***	0.457***	0.377***
	(8.10)	(8.65)	(8.95)	(6.95)
Year/Industry	Yes	Yes	Yes	Yes
Constant	0.061***	0.085***	0.088***	0.097***
	(3.48)	(5.40)	(5.78)	(4.67)
F	10.471***	12.105***	8.310***	6.196***
Adj_R^2	0.068	0.121	0.128	0.078
N	1840	1840	1844	1836
Chow Test	Chi2 = 83.87*** (p = 0.004)		Chi2 = 69.20*** (p = 0.002)	

注：括号内数值表示 T 统计值；标准误差按公司 Cluster 进行了处理。

上述激进负债情景的检验也说明问询监管机制在上市公司杠杆治理中具有一定的效用,通过问询信息披露来关注公司过度负债行为,结合交易所问询机制来推进我国供给侧结构性改革中的"降杠杆"策略具有重要启示。

第四节 稳健性检验

一 内生性控制

(一)倾向得分匹配法的双重差分模型(PSM-DID)

本章关于问询监管和公司过度投资行为治理研究中,被问询样本与未被问询样本的公司特征可能存在差异,虽然回归模型中控制了常用的控制变量,但仍然可能无法排除由于遗漏相关特征变量问题,这些不可观测变量可能会同时影响上市公司是否收到问询函和公司未来过度投资行为,从而导致公司未来过度投资行为实际上并不受或不显著受问询监管的影响。为了更好地解决因遗漏特征变量或因果关系而导致的内生性问题,参考Cunningham等(2020)、陈运森等(2019)的研究方法,问询监管可以作为一个外生自然实验,基于PSM配对样本构建双重差分(Difference-in-Differences,DID)模型,即采用PSM-DID来缓解内生性,以考察问询监管对公司未来过度投资行为的净效应影响。由于沪深交易所关于年报问询函披露开始集中于2015年的公司审计报告公布日后(2014年年报),并购问询函件也开始于2014年年底披露,将研究区间拓展至2012—2018年,以更好地对问询前后一年或问询前后两年进行双重差分模型检验,并分别从全样本问询监管(CLT)以及"投资特征"问询函(InvestCLMA)两个方面来构建双重差分模型。具体步骤如下:

首先,将问询实验组与控制组公司所有的年度观测样本包含在内,采用PSM进行一对一最近邻匹配,构造问询函样本的实验组(Treat group)与控制组(Control group)。PSM第一阶段采用Probit模型来估计上市公司被监管问询的概率,被解释变量分别为第t年公司是否收到过问询函（$Letter_t$，包括年报问询函和并购问询函），以及第 t 年公司是否收到过"投资特征"问询函（$LetterInv_t$）。双重差分模型第一阶段的PSM模型如下：

$$Letter_{i,t}/LetterInv_{i,t} = \beta_0 + \beta_1 \ln Size_{i,t} + \beta_2 Lev_{i,t} + \beta_3 Loss_{i,t} + \beta_4 ROA_{i,t}$$
$$+ \beta_5 Growth_{i,t} + \beta_6 \ln Age_{i,t} + \beta_7 Cash_{i,t} + \beta_8 Fshare_{i,t}$$
$$+ \beta_9 DirSize_{i,t} + \beta_{10} IndepRatio_{i,t} + \beta_{11} Dual_{i,t} + \beta_{12} SOE_{i,t}$$
$$+ \beta_{13} Big4_{i,t} + \beta_{14} Switch_{i,t} + \beta_{15} InMAO_{i,t}$$
$$+ \beta_{16} Punishment_{i,t} + \beta_{17} Litigation_{i,t} + \beta_{18} Restatement_{i,t}$$
$$+ \beta_{19} MA_{i,t} + \beta_{20} Mchange_{i,t} + \beta_{21} Zscore_{i,t}$$
$$+ Industry + Year + \mu_{i,t} \tag{5.5}$$

模型（5.5）中，在影响问询函的因素方面，参考Cassell等（2013）、Heese等（2017）研究，控制变量包括：第 t 年的公司规模（$\ln Size_{i,t}$）；负债水平（$Lev_{i,t}$）；盈利状况（$Loss_{i,t}$）；总资产收益率（$ROA_{i,t}$）；成长性（$Growth_{i,t}$）；公司年龄（$\ln Age_{i,t}$）、经营活动净现金流（$Cash_{i,t}$）；股权集中度（$Fshare_{i,t}$）；董事会规模（$DirSize_{i,t}$）；独立董事比例（$IndepRatio_{i,t}$）；两职兼任（$Dual_{i,t}$）；产权性质（$SOE_{i,t}$）；审计师类型（$Big4_{i,t}$）；审计师变更（$Switch_{i,t}$）；内部控制缺陷审计意见（$InMAO_{i,t}$）；违规处罚（$Punishment_{i,t}$）；诉讼风险（$Litigation_{i,t}$）；财务重述（$Restatement_{i,t}$）；公司并购（$MA_{i,t}$）；管理层变更（$Mchange_{i,t}$）；公司破产风险（$Zscore_{i,t}$），以及年度和行业效应。

其次，对于实验组与控制组公司的问询前后一年或问询前后两年的变量设置中，保留PSM匹配后问询监管前后一年或问询监管前后两年的样本，以此更好地采用双重差分来检验被问询公司与没有被问询公司在问询前后的差异性，设置双重差分模型的关键解释变量如下：

全样本问询函（CLT）的关键解释变量设置中，对于实验组样本（被监管问询公司）则 Treat 取值为1，控制组样本（PSM所得公司）则 Treat 取值为0，当被问询样本的实验组与PSM所得控制组样本在被问询后续一年或问询后续两年，则 After 取值为1，否则为 0。

"投资特征"问询函样本（InvestCLMA）的关键解释变量设置中，关于"投资特征"问询函样本的实验组和控制组，对于实验组样本（收到"投资特征"问询函公司）则 TreatInvest 取值为 1，控制组样本（PSM 所得公司）则 TreatInvest 取值为 0；当"投资特征"问询函公司的实验组和 PSM 所得控制组样本在被问询后续一年或问询后续两年，则 AfterInvest 取值为 1，否则为 0。

最后，基于上述问询函的实验组和控制组关键解释变量设置后，构建问询监管（"投资特征"问询函）的双重差分模型，如下：

$$Overinvest_{i,t}=\beta_0+\beta_1 Treat_{i,t}\times After_{i,t}+\beta_2 After_{i,t}+\beta_3 Treat_{i,t}$$
$$+\beta_m Control_{i,t}+Industry+Year+\mu_{i,t} \quad (5.6)$$

$$Overinvest_{i,t}=\beta_0+\beta_1 TreatInv_{i,t}\times AfterInv_{i,t}+\beta_2 AfterInv_{i,t}+\beta_3 TreatInv_{i,t}$$
$$+\beta_m Control_{i,t}+Industry+Year+\mu_{i,t} \quad (5.7)$$

模型（5.6）是问询监管变量（Letter）进行 PSM 所构建的 DID 模型，模型（5.7）为"投资特征"问询函（LetterInv）进行 PSM 所构建的 DID 模型，式（5.6）和式（5.7）的控制变量（$Control_{i,t}$）与本章中模型（5.3）的一致，同时控制了年度和行业效应。模型（5.6）和模型（5.7）中，交乘项 Treat×After 和 TreatInv×AfterInv 则解释为公司在被问询后续一年或问询后续两年中，接收到问询函公司（"投资特征"问询函）和倾向得分匹配所得控制组公司（未被问询公司）之间关于公司过度投资行为的差异效应，即若交乘项 Treat×After 和 TreatInv×AfterInv 的回归系数 β_1 显著为负，则表明在控制内生性问题后，问询监管对公司未来过度投资行为的治理效应也成立。

表 5-13 报告了 PSM-DID 第一阶段的 Probit 模型回归结果，被解释变量分别为第 t 年公司是否收到过问询函（$Letter_t$，包括年报问询函和并购问询函），以及第 t 年公司是否收到过"投资特征"问询函（$LetterInv_t$）。参考 Cunningham 等（2020）研究，关于 PSM 第一阶段回归结果的匹配有效性，本章对匹配的实验组和控制组进行均值差异检验。表 5-14 列示了公司是否收到问询函（Letter）为被解释变量

下，PSM第一阶段估计的实验组和控制组的均值差异结果；表5-15列示了公司是否收到"投资特征"问询函（$LetterInv_t$）为被解释变量下，PSM第一阶段估计的实验组和控制组的均值差异结果。由此可知，公司是否收到过问询函（$Letter$）为被解释变量，抑或公司是否收到过"投资特征"问询函（$LetterInv_t$）为被解释变量检验下，实验组和控制组的均值差异检验结果均不显著，一定程度上说明PSM匹配是有效性的。

表5-13　　PSM-DID中第一阶段的Probit模型回归结果

Variable	$Letter_t$	$LetterInv_t$
	（1）	（2）
$lnSize_t$	-0.077***	-0.036
	(-3.38)	(-1.39)
Lev_t	0.535***	0.455**
	(2.72)	(2.10)
$Loss_t$	0.331***	0.097
	(3.84)	(0.98)
ROA_t	-2.162***	-1.930***
	(-3.95)	(-3.28)
$Growth_t$	0.100***	0.118***
	(3.07)	(3.25)
$lnAge_t$	0.049	0.091**
	(1.24)	(2.05)
$Cash_t$	-0.998***	-1.109***
	(-3.03)	(-2.98)
$Fshare_t$	-0.101	-0.250
	(-0.63)	(-1.40)
$DirSize_t$	-0.281**	-0.326**
	(-2.13)	(-2.21)
$IndepRatio_t$	-0.064	-0.386
	(-0.14)	(-0.74)

续表

Variable	$Letter_t$	$LetterInv_t$
	(1)	(2)
$Dual_t$	-0.035	-0.010
	(-0.74)	(-0.18)
SOE_t	-0.392***	-0.278***
	(-6.89)	(-4.22)
$Big4_t$	-0.183	-0.225*
	(-1.58)	(-1.81)
$Switch_t$	0.228***	0.160**
	(3.41)	(2.07)
$lnMAO_t$	0.719***	0.305**
	(6.75)	(2.53)
$Punishment_t$	0.211***	0.125*
	(3.59)	(1.83)
$Litigation_t$	0.095	0.028
	(1.62)	(0.44)
$Restatement_t$	0.166***	0.133**
	(2.85)	(2.05)
MA_t	0.219***	0.356***
	(4.88)	(6.42)
$Mchange_t$	0.144***	0.127**
	(3.22)	(2.52)
$Zscore_t$	-0.039*	-0.006
	(-1.94)	(-0.25)
Year/Industry	Yes	Yes
Constant	0.770	-1.222*
	(1.35)	(-1.87)
Chi2	764.49***	499.14
Pseudo R^2	0.179	0.186
N	6288	6288

注：括号内数值表示 Z 统计值；标准误差按公司 Cluster 进行处理。

表 5-14　　PSM-DID 中第一阶段估计的实验组和控制组的均值差异（Letter）

Variable	Letter=0 控制组 (1) Mean	Letter=1 实验组 (2) Mean	(1)-(2) MeanDiff	T-value
ln$Size$	22.154	22.140	0.014	0.455
Lev	0.482	0.485	-0.003	-0.691
$Loss$	0.115	0.123	-0.008	-0.959
ROA	0.032	0.030	0.002	0.822
$Growth$	0.284	0.283	0.001	0.016
lnAge	2.234	2.235	-0.001	0.846
$Cash$	0.038	0.036	0.002	0.772
$Fshare$	0.332	0.330	0.002	0.543
$DirSize$	2.137	2.132	0.005	0.963
$IndepRatio$	0.371	0.372	-0.001	-0.249
$Dual$	0.261	0.264	-0.003	-0.265
SOE	0.324	0.314	0.011	0.889
$Big4$	0.035	0.037	-0.002	-0.419
$Switch$	0.083	0.086	-0.003	-0.418
lnMAO	0.030	0.032	-0.002	-0.718
$Punishment$	0.126	0.132	-0.006	-0.735
$Litigation$	0.112	0.121	-0.009	-1.048
$Restatement$	0.121	0.125	-0.004	-0.434
MA	0.666	0.672	-0.006	-0.523
$Mchange$	0.274	0.282	-0.008	-0.665
$Zscore$	2.202	2.152	0.050	1.068

表 5-15　PSM-DID 中第一阶段估计的实验组和控制组的均值差异（*LetterInv*）

Variable	*LetterInv* = 0 控制组 (1) Mean	*LetterInv* = 1 实验组 (2) Mean	(1)-(2) MeanDiff	T-value
ln*Size*	22.163	22.183	-0.020	-0.513
Lev	0.481	0.486	-0.005	-0.705
Loss	0.106	0.118	-0.012	-1.178
ROA	0.034	0.032	0.002	0.952
Growth	0.315	0.302	0.014	0.606
ln*Age*	2.298	2.299	-0.001	-0.067
Cash	0.038	0.036	0.002	0.911
Fshare	0.330	0.331	-0.001	-0.068
DirSize	2.125	2.133	-0.008	-1.274
IndepRatio	0.373	0.372	0.001	0.477
Dual	0.261	0.258	0.004	0.258
SOE	0.325	0.335	-0.010	-0.653
Big4	0.035	0.037	-0.002	-0.346
Switch	0.091	0.093	-0.002	-0.224
ln*MAO*	0.031	0.032	-0.001	-0.277
Punishment	0.125	0.123	0.002	0.196
Litigation	0.104	0.114	-0.010	-1.041
Restatement	0.113	0.124	-0.011	-1.102
MA	0.684	0.689	-0.005	-0.314
Mchange	0.280	0.294	-0.014	-0.965
Zscore	2.217	2.175	0.042	0.718

表 5-16 报告了问询监管对公司未来过度投资行为治理的 PSM-DID 回归结果。由此可知，在控制问询监管与公司未来过度投资行为之间可能存在的内生性情况下，在全样本问询监管前后一年或问询前后两年的列（1）至列（2）中，*Treat×After* 的回归系数分别在 5% 和

155

1%统计水平下显著为负,这说明公司在被问询后续一年或问询后续两年中,相对于倾向得分匹配所得控制组公司(未被问询公司)而言,接收到问询函公司未来过度投资行为有所减少。列(3)回归结果为公司在被问询前后所有年度窗口期,Treat×After 的回归系数 1%统计水平下显著为负,也说明了公司被问询后续年度内,问询监管能有效抑制公司未来过度投资行为。

"投资特征"问询前后一年或"投资特征"问询前后两年的列(4)至列(5)中,TreatInv×AfterInv 的回归系数分别在 5%和 1%统计水平下显著为负,这说明公司在被问询后续一年或问询后续两年中,相对于倾向得分匹配所得控制组公司(未被问询公司)而言,接收到"投资特征"问询函公司未来过度投资行为得到有效抑制。列(6)回归结果为公司在被"投资特征"问询前后所有年度窗口期,TreatInv×AfterInv 的回归系数 1%统计水平下显著为负,也说明公司被"投资特征"问询后续年度内,"投资特征"问询监管能有效抑制公司未来过度投资行为。

表 5—16　问询监管对公司过度投资的治理检验:PSM-DID

Variable	全样本问询函(CLT)			"投资特征"问询函(InvestCLMA)		
	问询前后一年	问询前后两年	问询前后所有年度	问询前后一年	问询前后两年	问询前后所有年度
	(1)	(2)	(3)	(4)	(5)	(6)
	Overinvest	Overinvest	Overinvest	Overinvest	Overinvest	Overinvest
Treat×After	-0.005**	-0.006***	-0.008***			
	(-1.97)	(-2.62)	(-3.41)			
After	0.003	0.003	0.004*			
	(1.24)	(1.61)	(1.93)			
Treat	0.001	0.001	0.002*			
	(0.41)	(0.77)	(1.69)			
TreatInv×AfterInv				-0.008**	-0.007***	-0.010***
				(-2.24)	(-2.61)	(-3.53)

续表

Variable	全样本问询函（CLT）			"投资特征"问询函（InvestCLMA）		
	问询前后一年	问询前后两年	问询前后所有年度	问询前后一年	问询前后两年	问询前后所有年度
	(1)	(2)	(3)	(4)	(5)	(6)
	Overinvest	Overinvest	Overinvest	Overinvest	Overinvest	Overinvest
TreatInv				0.005	0.003	0.005*
				(1.46)	(1.22)	(1.81)
AfterInv				0.002	0.002	0.003**
				(1.08)	(1.45)	(2.20)
lnSize	-0.002***	-0.002***	-0.002**	-0.001	-0.002*	-0.001
	(-2.99)	(-2.97)	(-2.47)	(-1.18)	(-1.74)	(-1.42)
Lev	0.010**	0.011***	0.009**	0.009	0.009*	0.007*
	(2.28)	(2.64)	(2.32)	(1.62)	(1.87)	(1.68)
ROA	0.030**	0.032***	0.026**	0.011	0.011	0.008
	(2.54)	(2.69)	(2.20)	(0.68)	(0.71)	(0.55)
Growth	0.003**	0.002**	0.003***	0.003**	0.003**	0.004***
	(2.47)	(2.32)	(3.07)	(2.04)	(2.32)	(3.17)
lnAge	-0.002*	-0.002*	-0.003***	-0.001	-0.002	-0.004***
	(-1.70)	(-1.93)	(-3.31)	(-0.95)	(-1.40)	(-3.18)
Cash	0.027***	0.025***	0.023***	0.023**	0.020*	0.030***
	(3.05)	(2.80)	(2.77)	(2.00)	(1.89)	(3.14)
Fshare	0.009**	0.006	0.002	0.002	0.002	-0.001
	(2.05)	(1.48)	(0.42)	(0.39)	(0.35)	(-0.25)
MShare	-0.008	-0.009	-0.005	-0.007	-0.008	-0.007
	(-1.20)	(-1.45)	(-1.00)	(-0.90)	(-1.19)	(-1.22)
DirSize	0.000	0.000	-0.001	-0.004	-0.002	-0.002
	(0.06)	(0.04)	(-0.54)	(-0.83)	(-0.62)	(-0.73)
Dual	0.004**	0.005***	0.004***	0.003	0.003*	0.003*
	(2.49)	(3.02)	(2.59)	(1.57)	(1.71)	(1.80)
SOE	-0.004***	-0.005***	-0.003**	-0.005***	-0.006***	-0.004***
	(-2.58)	(-3.32)	(-2.29)	(-2.91)	(-3.83)	(-2.64)

续表

Variable	全样本问询函（CLT）			"投资特征"问询函（InvestCLMA）		
	问询前后一年	问询前后两年	问询前后所有年度	问询前后一年	问询前后两年	问询前后所有年度
	(1)	(2)	(3)	(4)	(5)	(6)
	Overinvest	Overinvest	Overinvest	Overinvest	Overinvest	Overinvest
Big4	-0.001	0.000	-0.000	0.001	0.003	0.002
	(-0.25)	(0.14)	(-0.09)	(0.39)	(0.98)	(0.70)
Dividend	-0.005**	-0.004**	-0.004*	-0.007***	-0.006***	-0.005**
	(-2.40)	(-2.01)	(-1.72)	(-2.78)	(-2.81)	(-2.31)
Punishment	-0.003**	-0.003*	-0.002	-0.003	-0.003*	-0.002
	(-2.10)	(-1.83)	(-1.63)	(-1.59)	(-1.70)	(-1.11)
Law	0.000	-0.000	-0.000	0.000	-0.000	-0.000*
	(0.16)	(-0.86)	(-1.17)	(0.09)	(-0.33)	(-1.76)
OverinvestHis	0.384***	0.344***	0.352***	0.406***	0.399***	0.348***
	(8.54)	(8.14)	(8.59)	(7.57)	(8.13)	(7.87)
Year/Industry	Yes	Yes	Yes	Yes	Yes	Yes
Constant	0.076***	0.071***	0.075***	0.050**	0.074***	0.067***
	(4.80)	(4.54)	(5.30)	(2.55)	(4.01)	(3.91)
Adj_R^2	0.106	0.099	0.099	0.106	0.110	0.104
F	12.682***	15.742***	17.426***	6.252***	7.716***	10.344***
N	2799	3634	5777	1792	2335	3699

注：括号内数值表示T统计值；标准误差按公司Cluster进行了处理。

上述PSM-DID检验结果表明，上市公司被监管问询后，尤其是在"投资特征"问询监管后续年度情景中，公司过度投资行为得到有效抑制。这支持了本章主要研究结论，即研究假说5.1和假说5.2得到进一步有效验证。

进一步地，排除连续问询情形对PSM-DID模型估计的影响。根据本章研究区间样本，交易所问询上市公司存在连续年度问询的情况，全样本问询监管（CLT）中共212家上市公司连续收到年度问询函，其中连续2年收到问询函的有184家公司、连续3年收到问询的有 23 家公司，连续 4 年收到问询函的有 5 家公司；"投资特征"问询函（InvestCLMA）样本中，共 92 家公司连续收到年度问询函，其中连续 2 年收到问询函的有 79 家公司、连续 3 年收到问询函的有 10 家公司、连续 4 年收到问询函的有 3 家公司。当存在连续问询样本公司时，可能会在一定程度上影响双重差分模型的估计效果。在此，本章不考虑（排除）连续被问询的上述样本公司情形，并按照上述 PSM-DID 步骤重新估计，其回归结果报告于表 5-17。

表 5-17　问询监管对公司过度投资的 PSM-DID：排除连续问询情形

Variable	全样本问询函（CLT）			"投资特征"问询函（InvestCLMA）		
	问询前后一年	问询前后两年	问询前后所有年度	问询前后一年	问询前后两年	问询前后所有年度
	(1)	(2)	(3)	(4)	(5)	(6)
	Overinvest	Overinvest	Overinvest	Overinvest	Overinvest	Overinvest
Treat×After	-0.007**	-0.007***	-0.008***			
	(-2.19)	(-2.76)	(-3.62)			
After	0.004*	0.004*	0.004**			
	(1.68)	(1.83)	(2.17)			
Treat	0.000	0.001	0.002**			
	(0.10)	(0.84)	(2.33)			
TreatInv×AfterInv				-0.009**	-0.010***	-0.010***
				(-2.20)	(-2.98)	(-3.25)
TreatInv				0.003	0.005	0.005*
				(1.03)	(1.58)	(1.90)
AfterInv				0.002	0.002	0.002*
				(0.98)	(1.38)	(1.75)
lnSize	-0.002***	-0.002***	-0.002***	-0.002**	-0.002**	-0.001*
	(-2.99)	(-3.02)	(-2.87)	(-2.57)	(-2.37)	(-1.76)
Lev	0.007	0.010**	0.009**	0.009	0.010*	0.005
	(1.53)	(2.25)	(2.31)	(1.58)	(1.81)	(1.24)

续表

Variable	全样本问询函（CLT）			"投资特征"问询函（InvestCLMA）		
	问询前后一年	问询前后两年	问询前后所有年度	问询前后一年	问询前后两年	问询前后所有年度
	(1)	(2)	(3)	(4)	(5)	(6)
	Overinvest	Overinvest	Overinvest	Overinvest	Overinvest	Overinvest
ROA	0.016	0.024*	0.018	0.005	0.015	0.014
	(1.24)	(1.88)	(1.42)	(0.30)	(0.86)	(0.96)
Growth	0.003**	0.003**	0.003***	0.003**	0.003**	0.004***
	(2.43)	(2.57)	(2.86)	(2.18)	(2.12)	(3.17)
lnAge	-0.002**	-0.003***	-0.005***	-0.001	-0.001	-0.003***
	(-1.96)	(-2.73)	(-4.81)	(-0.61)	(-0.92)	(-3.14)
Cash	0.026***	0.017*	0.025***	0.030**	0.028**	0.026**
	(2.67)	(1.83)	(2.87)	(2.54)	(2.56)	(2.53)
Fshare	0.004	0.001	0.000	0.004	0.001	-0.002
	(0.77)	(0.32)	(0.08)	(0.71)	(0.27)	(-0.41)
MShare	-0.009	-0.013**	-0.010*	-0.010	-0.006	-0.005
	(-1.54)	(-2.22)	(-1.81)	(-1.35)	(-0.75)	(-0.83)
DirSize	-0.002	-0.001	-0.002	0.001	-0.001	-0.003
	(-0.45)	(-0.37)	(-0.81)	(0.16)	(-0.33)	(-0.77)
Dual	0.004**	0.004**	0.003**	0.005**	0.004*	0.004**
	(2.08)	(2.51)	(2.19)	(1.99)	(1.68)	(2.03)
SOE	-0.004**	-0.004***	-0.002*	-0.006***	-0.006***	-0.004***
	(-2.39)	(-2.95)	(-1.95)	(-3.08)	(-3.40)	(-2.69)
Big4	-0.000	0.001	0.002	-0.000	0.003	0.002
	(-0.00)	(0.27)	(0.70)	(-0.06)	(0.81)	(0.54)
Dividend	-0.004**	-0.005**	-0.005***	-0.003	-0.004**	-0.004*
	(-2.06)	(-2.35)	(-2.84)	(-1.23)	(-2.06)	(-1.88)
Punishment	-0.003**	-0.003*	-0.003*	-0.004*	-0.002	-0.003
	(-1.97)	(-1.71)	(-1.87)	(-1.88)	(-1.18)	(-1.47)
Law	-0.000	-0.000	-0.000	0.000	-0.000	-0.000
	(-0.86)	(-1.63)	(-1.51)	(0.57)	(-0.46)	(-1.36)

续表

Variable	全样本问询函（CLT）			"投资特征"问询函（InvestCLMA）		
	问询前后一年	问询前后两年	问询前后所有年度	问询前后一年	问询前后两年	问询前后所有年度
	（1）	（2）	（3）	（4）	（5）	（6）
	Overinvest	Overinvest	Overinvest	Overinvest	Overinvest	Overinvest
OverinvestHis	0.369***	0.369***	0.352***	0.456***	0.385***	0.338***
	(6.90)	(7.33)	(7.93)	(6.95)	(6.55)	(6.76)
Year/Industry	Yes	Yes	Yes	Yes	Yes	Yes
Constant	0.082***	0.077***	0.081***	0.063***	0.082***	0.077***
	(5.11)	(4.99)	(5.98)	(2.99)	(4.24)	(4.58)
Adj_R^2	0.103	0.108	0.106	0.108	0.102	0.105
F	8.380***	9.225***	13.258***	6.030***	7.041***	10.170***
N	2501	3204	4961	1624	2128	3373

注：括号内数值表示 T 统计值；标准误差按公司 Cluster 进行了处理。

从表 5-17 中可知，在排除连续被问询的上述样本公司情形后，无论是在全样本问询监管情形估计的 PSM-DID 结果，还是"投资特征"问询监管下估计的 PSM-DID 结果，列（1）至列（6）中的 Treat×After 或 TreatInv×AfterInv 的回归系数均显著为负，说明排除连续被问询公司情形，即当公司首次被问询后续年度中，其未来过度投资行为也有所减少。

（二）Heckman 两阶段法

由于交易所问询上市公司可能会有选择性，使问询监管的治理研究可能存在样本选择偏差问题。参考 Ball 和 Shivakumar（2005）、窦欢等（2014）研究，采用 Heckman 两阶段自选择矫正模型进行检验，第一阶段使用上市公司可能被监管问询影响因素的 Probit 模型（模型中控制变量与上述研究中 PSM 估计模型的控制变量一致），分别对全样本问询监管（CLT），"投资特征"问询函样本（InvestCLMA）和"无投资特征"问询函样本（NonInvestCL）进行 Probit 回归，估计得到三个逆米尔斯比率（Inverse Mill's Ratio，IMR），分别为 IMR_all、

IMR_Invest 及 IMR_NonInvest。

表 5-18 报告了 Heckman 第一阶段 Probit 模型的回归结果，分别为问询监管（CLT），"投资特征"问询函（InvestCLMA）和"无投资特征"问询函（NonInvestCL）的 Probit 模型估计结果。

表 5-18　　　　　Heckman 第一阶段的 Probit 模型回归结果

Variable	CLT_t	$InvestCLMA_t$	$NonInvestCL_t$
	(1)	(2)	(3)
$\ln Size_t$	-0.066***	-0.027	-0.113***
	(-2.71)	(-0.99)	(-3.86)
Lev_t	0.355	0.272	0.315
	(1.59)	(1.17)	(1.20)
$Loss_t$	0.316***	0.149	0.313***
	(3.37)	(1.46)	(2.92)
ROA_t	-2.603***	-1.615***	-1.217*
	(-4.48)	(-2.80)	(-1.88)
$Growth_t$	0.080**	0.099***	0.029
	(2.23)	(2.61)	(0.69)
$\ln Age_t$	-0.009	0.081*	-0.099*
	(-0.21)	(1.73)	(-1.95)
$Cash_t$	-0.832**	-1.037***	-0.495
	(-2.26)	(-2.62)	(-1.20)
$Fshare_t$	-0.186	-0.248	0.068
	(-1.04)	(-1.32)	(0.32)
$DirSize_t$	-0.392***	-0.368**	-0.133
	(-2.80)	(-2.43)	(-0.72)
$IndepRatio_t$	-0.189	-0.325	0.029
	(-0.39)	(-0.61)	(0.05)
$Dual_t$	0.008	0.013	0.057
	(0.16)	(0.23)	(0.92)
SOE_t	-0.401***	-0.280***	-0.361***
	(-6.57)	(-4.19)	(-4.91)

续表

Variable	CLT_t	$InvestCLMA_t$	$NonInvestCL_t$
	(1)	(2)	(3)
$Big4_t$	-0.230**	-0.272**	-0.104
	(-2.05)	(-2.29)	(-0.71)
$Switch_t$	0.314***	0.222***	0.270***
	(4.10)	(2.75)	(3.08)
$InMAO_t$	0.778***	0.321**	0.582***
	(6.39)	(2.54)	(4.77)
$Punishment_t$	0.230***	0.138*	0.149*
	(3.54)	(1.93)	(1.91)
$Litigation_t$	0.108*	0.027	0.142**
	(1.78)	(0.43)	(2.08)
$Restatement_t$	0.132**	0.130*	0.055
	(2.08)	(1.94)	(0.73)
MA_t	0.269***	0.362***	0.007
	(5.39)	(6.33)	(0.11)
$Mchange_t$	0.142***	0.114**	0.138**
	(3.00)	(2.21)	(2.35)
$Zscore_t$	-0.045*	-0.022	-0.069**
	(-1.93)	(-0.85)	(-2.35)
Year/Industry	Yes	Yes	Yes
Constant	1.479**	-0.364	1.995**
	(2.39)	(-0.55)	(2.57)
Chi2	534.614***	353.529***	309.602***
Pseudo R^2	0.140	0.109	0.106
N	4690	4690	4690

注：括号内数值表示Z统计值；标准误差按公司Cluster进行处理。

第二阶段模型回归中，基于本章主研究模型（5.3）和模型（5.4），将逆米尔斯比率之 *IMR_all* 作为控制变量放入问询监管对公司过度投资行为的研究模型（5.3）中，将逆米尔斯比率之 *IMR_In-*

vest 及 IMR_NonInvest 作为控制变量同时放入"投资特征"问询监管对公司过度投资行为的研究模型（5.4）中，以修正可能存在的自选择问题。

表 5-19 报告了 Heckman 第二阶段回归结果。在控制可能存在的自选择问题后，列（1）中问询监管（CLT）的回归系数在1%统计水平下显著为负，列（2）中"投资特征"问询函（InvestCLMA）回归系数在5%统计水平下显著为负，"无投资特征"问询函（Invest-CLMA）回归系数不显著。这说明考虑可能存在自选择的内生性问题后，问询监管对公司未来过度投资行为的治理效应也存在，尤其是"投资特征"问询监管对公司未来过度投资行为的积极影响更明显。本章主要研究结论是稳健的。

表 5-19　　问询监管对公司过度投资：Heckman 两阶段法

Variable	(1) $Overinvest_{t+1}$	(2) $Overinvest_{t+1}$
CLT_t	-0.003***	
	(-3.34)	
$InvestCLMA_t$		-0.003**
		(-2.39)
$NonInvestCL_t$		-0.001
		(-1.05)
$lnSize_t$	-0.002***	-0.003***
	(-4.40)	(-3.94)
Lev_t	0.004	0.004
	(1.03)	(1.04)
ROA_t	0.008	0.008
	(0.58)	(0.64)
$Growth_t$	0.001	0.001
	(1.17)	(1.19)
$lnAge_t$	-0.003***	-0.003***
	(-3.38)	(-3.21)

续表

Variable	(1) $Overinvest_{t+1}$	(2) $Overinvest_{t+1}$
$Cash_t$	0.024***	0.024***
	(3.50)	(3.48)
$Fshare_t$	0.004	0.004
	(1.30)	(1.25)
$MShare_t$	−0.006	−0.006
	(−1.46)	(−1.41)
$DirSize_t$	−0.001	−0.001
	(−0.20)	(−0.20)
$Dual_t$	−0.000	0.000
	(−0.01)	(0.00)
SOE_t	−0.004***	−0.005***
	(−3.16)	(−3.07)
$Big4_t$	−0.002	−0.002
	(−0.95)	(−1.05)
$Dividend_t$	−0.004**	−0.004**
	(−2.31)	(−2.27)
$Punishment_t$	−0.002	−0.002
	(−1.45)	(−1.57)
Law_t	−0.000	−0.000
	(−0.88)	(−0.85)
$OverinvestHis_t$	0.431***	0.431***
	(11.63)	(11.60)
IMR_all_t	0.002	
	(0.68)	
IMR_Invest_t		0.002
		(0.59)
$IMR\_NonInvest_t$		0.001
		(0.24)
Year/Industry	Yes	Yes

续表

Variable	(1) $Overinvest_{t+1}$	(2) $Overinvest_{t+1}$
Constant	0.080***	0.077***
	(6.82)	(5.93)
Adj_R^2	0.097	0.096
F	13.288***	12.668***
N	3680	3680

注：括号内数值表示 T 统计值；标准误差按公司 Cluster 进行了处理。

从回归列（1）至列（3）中三个逆米尔斯比率（IMR_all、IMR_Invest 和 IMR_NonInvest）的回归系数来看，在统计上均不显著，表明自选择问题可能不会对公司被监管问询产生显著影响，本章研究中样本选择性偏差的可能不大。

二　过度投资的替代变量检验

基于第四章稳健性检验中所采用的 Biddle 等（2009）的投资效率模型（4.4），本章采用该模型（4.4）估计的第 $t+1$ 年过度投资水平（$\varepsilon>0$，$Overinv_{t+1}$），予以考察问询监管对公司未来过度投资行为的治理效应。回归结果列示在表 5-20 的列（1）至列（2）中。问询监管（CLT）和"投资特征"问询函（InvestCLMA）为解释变量的列（1）至列（2）中，CLT 和 InvestCLMA 的回归系数均显著为负，说明问询监管能够有效抑制公司未来过度投资行为，并且这种积极治理效用在具有"投资特征"问询监管情景中更为明显。这支持了本章的主要研究结论。

表 5-20　　　　问询监管对公司过度投资：替代变量检验

Variable	Biddle 等（2009）模型		全样本检验			
	(1)	(2)	Richardson（2006）模型		Biddle 等（2009）模型	
			(3)	(4)	(5)	(6)
	$Overinv_{t+1}$	$Overinv_{t+1}$	$OinvT1_{t+1}$	$OinvT1_{t+1}$	$OinvT2_{t+1}$	$OinvT2_{t+1}$
CLT_t	-0.006***		-0.002***		-0.004***	
	(-4.65)		(-4.19)		(-5.71)	

166

续表

Variable	Biddle等（2009）模型		全样本检验			
			Richardson（2006）模型		Biddle等（2009）模型	
	（1）	（2）	（3）	（4）	（5）	（6）
	$Overinv_{t+1}$	$Overinv_{t+1}$	$OinvT1_{t+1}$	$OinvT1_{t+1}$	$OinvT2_{t+1}$	$OinvT2_{t+1}$
$InvestCLMA_t$		−0.005***		−0.002***		−0.003***
		(−3.57)		(−3.03)		(−3.87)
$NonInvestCL_t$		−0.004		−0.001		−0.003
		(−1.56)		(−1.02)		(−1.29)
$\ln Size_t$	−0.001	−0.001	−0.001**	−0.001**	0.0002	0.0003
	(−1.42)	(−1.38)	(−2.23)	(−2.20)	(0.70)	(0.71)
Lev_t	0.009	0.008	0.004***	0.004**	0.007***	0.007***
	(1.64)	(1.57)	(2.60)	(2.56)	(3.33)	(3.28)
ROA_t	0.027*	0.028*	0.015***	0.016***	0.040***	0.041***
	(1.68)	(1.78)	(2.84)	(2.99)	(5.99)	(6.14)
$Growth_t$	0.001	0.001	0.000	0.000	−0.001*	−0.001*
	(0.74)	(0.72)	(0.40)	(0.36)	(−1.73)	(−1.77)
$\ln Age_t$	−0.007***	−0.007***	−0.002***	−0.002***	−0.007***	−0.007***
	(−5.91)	(−5.90)	(−3.58)	(−3.56)	(−10.74)	(−10.70)
$Cash_t$	0.033***	0.033***	0.018***	0.018***	0.033***	0.033***
	(3.53)	(3.55)	(5.51)	(5.49)	(7.95)	(7.94)
$Fshare_t$	0.005	0.005	0.000	0.000	0.000	0.000
	(0.96)	(0.98)	(0.03)	(0.04)	(0.14)	(0.15)
$MShare_t$	−0.010*	−0.010*	−0.003	−0.003	−0.005	−0.005
	(−1.72)	(−1.68)	(−1.29)	(−1.26)	(−1.53)	(−1.50)
$DirSize_t$	0.001	0.002	0.001	0.001	0.001	0.001
	(0.38)	(0.43)	(0.55)	(0.57)	(0.52)	(0.55)
$Dual_t$	0.002	0.002	0.000	0.000	0.001	0.001
	(0.96)	(0.94)	(0.76)	(0.75)	(1.54)	(1.54)
SOE_t	−0.003*	−0.003*	−0.002***	−0.002***	−0.002*	−0.001*
	(−1.75)	(−1.66)	(−3.03)	(−2.95)	(−1.81)	(−1.71)
$Big4_t$	−0.002	−0.002	−0.001	−0.001	0.000	0.000
	(−0.84)	(−0.85)	(−1.45)	(−1.45)	(0.11)	(0.12)

续表

Variable	Biddle 等（2009）模型		全样本检验			
			Richardson（2006）模型		Biddle 等（2009）模型	
	（1）	（2）	（3）	（4）	（5）	（6）
	$Overinv_{t+1}$	$Overinv_{t+1}$	$OinvT1_{t+1}$	$OinvT1_{t+1}$	$OinvT2_{t+1}$	$OinvT2_{t+1}$
$Dividend_t$	-0.006***	-0.006***	-0.002***	-0.002**	-0.002**	-0.002**
	(-2.86)	(-2.82)	(-2.59)	(-2.53)	(-2.38)	(-2.32)
$Punishment_t$	-0.002	-0.002	-0.000	-0.000	-0.001	-0.001
	(-1.09)	(-1.24)	(-0.32)	(-0.39)	(-0.71)	(-0.78)
Law_t	-0.000	-0.000	-0.000	-0.000	-0.000	-0.000
	(-1.01)	(-0.98)	(-0.92)	(-0.90)	(-1.15)	(-1.14)
$OverinvestHis_t$	0.740***	0.740***	0.229***	0.229***	0.824***	0.824***
	(14.62)	(14.57)	(11.15)	(11.11)	(21.14)	(21.09)
Year/Industry	Yes	Yes	Yes	Yes	Yes	Yes
Constant	0.067***	0.065***	0.021***	0.020***	0.011	0.011
	(3.85)	(3.74)	(3.77)	(3.68)	(1.41)	(1.35)
Adj_R^2	0.166	0.165	0.038	0.038	0.194	0.193
F	18.641***	18.073***	8.931***	8.655***	23.371***	22.765***
N	3626	3626	9817	9817	9817	9817

注：括号内数值表示 T 统计值；标准误差按公司 Cluster 进行处理。

问询监管对公司过度投资行为的治理情形中，参考李万福等（2010）、江轩宇和许年行（2015）研究，基于第四章研究中的投资效率模型（4.1）和投资效率模型（4.4）估计的非效率投资变量，分别设置全样本过度投资变量（$OinvT1_{t+1}$ 和 $OinvT2_{t+1}$），当投资效率模型所估计的残差项大于 0（$\varepsilon>0$）时为过度投资水平（$OinvT1_{t+1}=\varepsilon$ 和 $OinvT2_{t+1}=\varepsilon$）；当残差小于 0（$\varepsilon<0$）时将其取值为 0（此时过度投资水平为 0，即当 $\varepsilon<0$ 时，$OinvT1_{t+1}=0$ 和 $OinvT2_{t+1}=0$），并在投资效率模型的全样本中进行检验。表 5-20 的列（3）至列（6）报告了相应的回归结果。由此可知，问询监管（CLT）和"投资特征"问询函（InvestCLMA）的回归系数均显著为负，这些检验均支持了问询监管能有效抑制公司未来过度投资行为的研究结论。

三 拓展年报问询函区间的检验

自上海证券交易所（2013年7月1日）和深圳证券交易所（2014年1月13日）正式开通上市公司财务报告的信息披露直通车起，沪深证券交易所开始对上市公司进行年报问询（始于2012年度的财务报告），到2015年则开始频繁向上市公司发出年报问询函，并分别在沪深交易所官网公开披露问询发函和回函件。由于2015年以前的年报问询函公开披露不全，大部分年报问询函没有披露问询回函。在此，本章在过度投资样本中将研究区间拓展为2012—2017年度的年报问询函。

拓展年报问询函区间的实证结果见表5-21。问询监管（CLT）和"投资特征"问询函（$InvestCLMA$）的回归系数均显著为负，说明在考虑拓展研究样本区间后，问询监管对公司过度投资行为的治理效用亦成立，支持了本章主要研究结论。

表5-21 问询监管对公司过度投资：拓展年报问询函区间的检验

Variable	(1) $Overinvest_{t+1}$	(2) $Overinvest_{t+1}$
CLT_t	-0.002**	
	(-1.98)	
$InvestCLMA_t$		-0.003**
		(-2.32)
$NonInvestCL_t$		0.0002
		(0.14)
$\ln Size_t$	-0.003***	-0.003***
	(-5.71)	(-5.64)
Lev_t	0.001	0.000
	(0.17)	(0.15)
ROA_t	0.009	0.009
	(0.81)	(0.84)
$Growth_t$	0.001	0.001
	(1.22)	(1.23)

续表

Variable	(1) $Overinvest_{t+1}$	(2) $Overinvest_{t+1}$
$lnAge_t$	-0.003***	-0.003***
	(-3.80)	(-3.86)
$Cash_t$	0.022***	0.022***
	(3.69)	(3.74)
$Fshare_t$	0.004	0.004
	(1.21)	(1.23)
$MShare_t$	-0.005	-0.005
	(-1.40)	(-1.34)
$DirSize_t$	0.001	0.001
	(0.30)	(0.31)
$Dual_t$	0.000	0.000
	(0.36)	(0.32)
SOE_t	-0.004***	-0.003***
	(-3.38)	(-3.32)
$Big4_t$	0.001	0.001
	(0.47)	(0.42)
$Dividend_t$	-0.004***	-0.004***
	(-2.98)	(-2.95)
$Punishment_t$	-0.003***	-0.003***
	(-3.20)	(-3.29)
Law_t	-0.000	-0.000
	(-1.24)	(-1.18)
$OverinvestHis_t$	0.395***	0.395***
	(12.04)	(12.02)
Year/Industry	Yes	Yes
Constant	0.091***	0.090***
	(8.64)	(8.53)
Adj_R^2	0.094	0.094
F	18.241***	17.755***
N	5392	5392

注：括号内数值表示T统计值；标准误差按公司Cluster进行处理。

四 问询力度的检验

由于每个上市公司财务状况不同,交易所的问询力度也各异。当问询力度越大时,则说明监管机构对上市公司的关注度较高,被监管问询公司自身可能存在的财务问题较严重,此时公司受到监管力度更大,督促其增加相关财务信息披露和改善不规范行为的力度越强。在较高强度的问询压力之下,其带来的市场关注力量也较高,为避免再次被交易所监管问询或问询更多问题事项而引致较高回复问询函的执行成本及市场声誉成本,公司管理层可能会增强财务信息披露的透明性,并更加规范自身激进的投资行为,提高投资决策的科学性和合理性。因此,当问询力度越大时,问询监管机制对公司过度投资行为的治理效用更明显。

本书分别从问询问题个数($CLTQ_t$)、每年度问询累计次数($NumCLT_t$)来度量问询监管力度。问询问题个数($CLTQ_t$)方面,最大值为39个,均值为9.426。每年度问询累计次数($NumCLT_t$)中,年度内被问询两次的上市公司有28家,年度内被问询三次的上市公司有2家,年度内只被问询一次的上市公司有976家。

在已有检验中,分别测度为问询问题个数加1的自然对数(ln$CLTQ_t$)、每年度问询累计次数加1的自然对数(ln$NumCLT_t$),并分别从过度投资样本公司和过度投资公司的问询函子样本来检验。表5-22报告了问询力度对公司过度投资的回归结果。在列(1)过度投资样本公司中,ln$CLTQ$的回归系数显著为负;在过度投资公司的问询函子样本列(2)中,ln$CLTQ$的回归系数也显著为负。同理,在每年度问询累计次数(ln$NumCLT$)的列(3)至列(4)检验中,结果也支持了问询力度的治理作用。

表5-22　　　　问询监管对公司过度投资:问询力度的检验

Variable	问询问题个数		年度内问询次数	
	(1)	(2)	(3)	(4)
	$Overinvest_{t+1}$	$Overinvest_{t+1}$	$Overinvest_{t+1}$	$Overinvest_{t+1}$
ln$CLTQ_t$	-0.001**	-0.006***		
	(-2.03)	(-2.59)		

续表

Variable	问询问题个数		年度内问询次数	
	(1)	(2)	(3)	(4)
	$Overinvest_{t+1}$	$Overinvest_{t+1}$	$Overinvest_{t+1}$	$Overinvest_{t+1}$
$\ln NumCLT_t$			-0.003*	-0.018***
			(-1.83)	(-3.80)
$\ln Size_t$	-0.002***	-0.002*	-0.002***	-0.002**
	(-4.34)	(-1.84)	(-4.33)	(-1.99)
Lev_t	0.003	0.009**	0.003	0.008*
	(0.84)	(2.02)	(0.82)	(1.78)
ROA_t	0.014	0.011	0.014	0.012
	(1.15)	(0.85)	(1.18)	(0.91)
$Growth_t$	0.001	0.000	0.001	0.000
	(1.01)	(0.47)	(0.98)	(0.27)
$\ln Age_t$	-0.003***	-0.001	-0.003***	-0.001
	(-3.40)	(-0.66)	(-3.42)	(-0.94)
$Cash_t$	0.025***	0.030***	0.025***	0.031***
	(3.58)	(2.75)	(3.59)	(2.89)
$Fshare_t$	0.005	0.003	0.005	0.004
	(1.42)	(0.55)	(1.43)	(0.60)
$MShare_t$	-0.006	-0.013**	-0.006	-0.013**
	(-1.45)	(-2.05)	(-1.45)	(-2.06)
$DirSize_t$	0.000	-0.001	0.000	-0.001
	(0.03)	(-0.15)	(0.03)	(-0.23)
$Dual_t$	-0.000	-0.001	-0.000	-0.001
	(-0.03)	(-0.80)	(-0.03)	(-0.83)
SOE_t	-0.004***	-0.005**	-0.004***	-0.004**
	(-3.18)	(-2.49)	(-3.16)	(-2.34)
$Big4_t$	-0.001	-0.001	-0.001	-0.001
	(-0.74)	(-0.17)	(-0.74)	(-0.18)
$Dividend_t$	-0.004**	-0.000	-0.004**	-0.000
	(-2.18)	(-0.15)	(-2.16)	(-0.04)

续表

Variable	问询问题个数		年度内问询次数	
	(1)	(2)	(3)	(4)
	$Overinvest_{t+1}$	$Overinvest_{t+1}$	$Overinvest_{t+1}$	$Overinvest_{t+1}$
$Punishment_t$	-0.002*	0.001	-0.002*	0.000
	(-1.92)	(0.36)	(-1.95)	(0.23)
Law_t	-0.000	-0.000	-0.000	-0.000
	(-0.85)	(-0.28)	(-0.84)	(-0.06)
$OverinvestHis_t$	0.430***	0.275***	0.431***	0.288***
	(11.58)	(5.12)	(11.59)	(5.35)
Year/Industry	Yes	Yes	Yes	Yes
Constant	0.079***	0.070***	0.079***	0.076***
	(6.72)	(3.99)	(6.71)	(4.19)
Adj_R^2	0.096	0.075	0.096	0.067
F	13.605***	3.260***	13.580***	3.030***
N	3680	1006	3680	1006

注：括号内数值表示 T 统计值；标准误差按公司 Cluster 进行处理。

综上检验，当交易所问询力度越强时，问询机制对公司过度投资行为的监管效用更明显。这从问询力度层面支持了本章关于过度投资行为的问询治理效用。

五 考虑公司治理的检验

公司过度投资行为是否被改正，不仅与监管层的精准问询有关，还可能与公司自身的治理程度有关。良好的公司治理机制对过度投资行为具有治理作用（方红星和金玉娜，2013；柳建华等，2015）。相反，当公司治理较差时，更可能易于助长管理层进行过度投资的自利行为。此时更需要问询监管机制弥补公司治理缺陷的不足，而问询监管也更可能关注那些公司治理较差的公司行为（Cassell et al.，2013），对公司治理水平较差的影响力更强，使问询监管对公司过度投资行为的治理效用可能在公司治理较差情景中更明显。

为检验这一截面的稳健测试，借鉴张会丽和陆正飞（2012）、方红星和金玉娜（2013）的研究，本书选取如下八个治理特征变量，通过主成分分析法构建综合公司治理变量（$Gover_{i,t}$）：董事会规模（$DirSize_{i,t}$）、独立董事比例（$IndepRatio_{i,t}$）、两职兼任（$Dual_{i,t}$）、股权集中度（$Fshare_{i,t}$）、第二位至第十位大股东持股比例之和（$NCLS10_{i,t}$）、产权性质（$SOE_{i,t}$）、两权分离度（$Separation_{i,t}$，即为控股股东的控制权与所有权之差）、管理层持股（$Mshare_{i,t}$）。采用第一大主成分作为公司治理的测度指标（$Gover_{i,t}$），并以$Gover_{i,t}$的中位数划分公司治理较好组（大于等于$Gover_{i,t}$的中位数）和公司治理较差组（小于$Gover_{i,t}$的中位数）。

表5-23报告了不同公司治理水平下问询监管对公司过度投资行为的差异结果。在公司治理水平较差的列（1）和列（3）中，问询监管（CLT）和"投资特征"问询函（InvestCLMA）回归系数的显著性均大于公司治理水平较好的列（2）和列（4）。说明当公司治理水平较差时，交易所问询机制对公司过度投资行为发挥更大的治理作用。这在一定程度上支持了本章的研究结论。

表5-23　问询监管对公司过度投资：不同公司治理情景的检验

Variable	公司治理较差 （1） $Overinvest_{t+1}$	公司治理较好 （2） $Overinvest_{t+1}$	公司治理较差 （3） $Overinvest_{t+1}$	公司治理较好 （4） $Overinvest_{t+1}$
CLT_t	-0.004*** (-2.59)	-0.003** (-2.28)		
$InvestCLMA_t$			-0.005*** (-2.81)	-0.004** (-2.31)
$NonInvestCL_t$			-0.002 (-1.03)	0.001 (0.69)
$\ln Size_t$	-0.004*** (-4.65)	-0.001* (-1.75)	-0.004*** (-4.72)	-0.001* (-1.66)
Lev_t	0.006 (1.28)	0.000 (0.05)	0.006 (1.25)	0.000 (0.02)

续表

Variable	公司治理较差 (1) $Overinvest_{t+1}$	公司治理较好 (2) $Overinvest_{t+1}$	公司治理较差 (3) $Overinvest_{t+1}$	公司治理较好 (4) $Overinvest_{t+1}$
ROA_t	0.013	0.009	0.013	0.012
	(0.81)	(0.55)	(0.83)	(0.71)
$Growth_t$	0.001	0.001	0.000	0.001
	(0.43)	(0.96)	(0.40)	(0.90)
$lnAge_t$	-0.003**	-0.003**	-0.003**	-0.003**
	(-2.21)	(-2.44)	(-2.13)	(-2.57)
CFO_t	0.016*	0.036***	0.016*	0.036***
	(1.77)	(3.34)	(1.79)	(3.40)
$Fshare_t$	0.005	0.006	0.005	0.006
	(1.10)	(0.83)	(1.08)	(0.83)
$MShare_t$	-0.004	-0.007	-0.004	-0.007
	(-0.47)	(-1.31)	(-0.48)	(-1.22)
$DirSize_t$	0.002	-0.002	0.003	-0.002
	(0.76)	(-0.49)	(0.81)	(-0.43)
$Dual_t$	0.002	-0.002	0.002	-0.002
	(1.25)	(-0.95)	(1.28)	(-1.03)
SOE_t	-0.005***	-0.002	-0.005***	-0.002
	(-3.14)	(-0.83)	(-3.03)	(-0.80)
$Big4_t$	0.000	-0.003	0.000	-0.003
	(0.07)	(-1.09)	(0.15)	(-1.09)
$Dividend_t$	-0.001	-0.006***	-0.001	-0.006***
	(-0.47)	(-2.84)	(-0.47)	(-2.72)
$Punishment_t$	-0.003*	-0.002	-0.003*	-0.002
	(-1.76)	(-0.94)	(-1.86)	(-1.22)
Law_t	-0.000	0.000	-0.000	0.000
	(-1.11)	(0.05)	(-1.12)	(0.09)
$OverinvestHis_t$	0.412***	0.434***	0.411***	0.436***
	(7.97)	(7.75)	(8.22)	(7.74)
Year/Industry	Yes	Yes	Yes	Yes

续表

Variable	公司治理较差 （1） $Overinvest_{t+1}$	公司治理较好 （2） $Overinvest_{t+1}$	公司治理较差 （3） $Overinvest_{t+1}$	公司治理较好 （4） $Overinvest_{t+1}$
Constant	0.102***	0.060***	0.102***	0.056***
	(6.20)	(3.57)	(6.22)	(3.38)
Adj_R^2	0.111	0.079	0.112	0.079
F	8.492***	8.776***	7.300***	10.656***
N	1858	1822	1858	1822
Chow Test	Chi2=89.85*** （p=0.001）		Chi2=95.82*** （p=0.000）	

注：括号内数值表示T统计值；标准误差按公司Cluster进行处理。

第五节　本章结论

一　本章小结

本章从经济后果层面来研究问询监管的有效性，即借助沪深交易所问询机制，采用2014—2017年A股上市公司及其问询函样本，考察问询监管对公司未来过度投资行为的治理效应及作用机理。主要研究发现：

（1）交易所问询监管机制能够有效减少公司未来的过度投资行为，并且这种积极治理效用在具有"投资特征"问询监管情景中更显著。采用倾向得分匹配法的双重差分模型（PSM-DID）和Heckman两阶段法控制内生性问题后，上述研究结论也稳健。进一步从年报问询函的文本内容，将"投资特征"的年报问询函区分为历史性投资的年报问询函和前瞻性投资的年报问询函后，发现历史性投资的年报问询函和前瞻性投资的年报问询函对公司未来过度投资行为均具有显著的治理效用，这从问询关注公司历史性投资事项抑或前瞻性投资事项来更体现了交易所精准问询施策的路径效果。此外，当问询力度越大，问询机制对公司过度投资行为的治理作用更凸显。

(2) 基于信息不对称机制,从公司所处信息环境,在公司盈余信息透明度较低、分析师跟踪人数较少和机构投资者持股较低的情景中,问询监管对公司过度投资行为的治理作用更明显。这支持了问询监管的信息治理效应,使问询监管在信息不对称程度较高的情景中对公司过度投资行为的监管效用更强。

(3) 委托代理理论框架中,分别从代理成本考量和代理行为特征两个重要层面,发现代理问题是问询监管影响公司过度投资的重要机制。具体表现在:在代理成本考量方面,问询监管对公司过度投资行为的积极治理作用在双重代理成本较为严重的公司中更显著。从代理行为特征方面,基于管理层过度自信视角发现问询监管在管理层过度自信较高情景中对公司过度投资行为的治理效用更显著;在公司持有超额现金的行为动机下,问询监管在超额现金持有较高情景中对公司过度投资行为的治理效用更显著;在公司与债权人的代理行为特征中,当公司具有较高激进负债行为时,问询监管的公司过度投资治理效用更显著。

二 本章贡献

本章的研究贡献主要体现在如下三个方面:

(1) 从制度治理层面构建交易所问询监管影响公司过度投资行为的理论分析架构,也从公司过度投资视角提供了我国注册制改革下问询监管的有效性问题,拓展了问询监管的经济后果研究。以往问询监管经济后果的研究主要从公司信息披露(Bozanic et al., 2017; Brown et al., 2018; 陈运森等, 2018a; 李晓溪等, 2019a)、税收规避(Kubick et al., 2016)、盈余管理(Cunningham et al., 2020; 陈运森等, 2019)、分析师行为(Wang, 2016; Bozanic et al., 2017)和审计师行为(Gietzmann and Pettinicchio, 2014; 陈运森等, 2018b)等方面。本书则从公司管理层自利行为的过度投资分析了问询监管的治理机制,尤其是"投资特征"问询监管的治理效果,丰富了监管机构对资本市场的问询监管政策研究,对公司投资行为的的精准问询监管具有经验参考。正如在当前中国转型经济的创新驱动背景下,证券监管机构正积极推进资本市场监管体制改革的新方向,尤其是2013年沪深交易所正式开通上市公司信息披露的直通车以来，以及2019年证监会关于建立"以信息披露为中心的科创板试点注册制"来促进资本市场高质量发展的重大举措，使我国注册制改革下问询函制度的监管效果备受政策制定者和学术界的高度关注。因此，本章为交易所问询函一线监管的有效性提供了新的直接证据，对强化交易所以问询函为代表的创新监管方式以及精准的分类问询监管具有重要的经验证据。

（2）从监管问询的公共信息披露层面丰富了公司过度投资行为治理路径的相关研究。公司过度投资行为不仅损害了公司价值（Malmendier and Tate，2008；杜兴强，2011），加剧了市场股价崩盘（江轩宇和许年行，2015），甚至使公司陷入财务危机和破产境地（Higgins and Schall，1975；李万福等，2010）。因此，亟须建立适当的预防治理机制对公司管理层的过度投资行为进行监督，尤其是在党的十九大报告中提出，"健全金融监管体系，守住不发生系统性金融风险的底线"的金融监管新向以后显得更具有时代需求。以往公司投资行为的治理研究主要从公司治理（Chen et al.，2017；焦豪等，2017）、独立审计（Tong and Sapra，2009；Kausar et al.，2016；雷光勇等，2014；王兵等，2017）、新闻媒体（张建勇等，2014；陈泽艺等，2017）、反腐改革（王茂斌和孔东民，2016；钟覃琳等，2016）、制度环境（李延喜等，2015；万良勇，2013）等传统机制方面研究。本章从交易所问询函的非处罚预防性监管视角，在信息不对称和双重代理框架下将问询监管的信息披露机制纳入公司过度投资行为的治理机制架构中，对规范公司投资事项的信息披露和有效化解资本市场过热投资的金融风险提供了新的经验证据。

（3）从公司过度投资形成的内在机理，信息不对称和代理问题两个层面，即从代理成本考量（双重代理成本）和代理行为特征（管理层过度自信、超额现金持有和激进负债行为）两个层面来刻画代理问题，考察了问询监管对公司过度投资影响的背后机理，能够在一定程度上构建问询监管对公司过度投资行为治理的作用机制架构，对全面解读过度投资行为的问询治理机制具有重要启示。在政策实践方面，交易所实施一线问询监管时要重点关注信息不对称程度严重、公司代理成本较高，以及管理层具有过度自信特质、公司持有大量超额现金行为动机和具有激进负债行为的公司，此种公司情景中更有动机实施高风险的投资行为，以更好发挥交易所问询函一线监管的精准度及其监管效率，进而更好改善上市公司资本配置效率和实现资本市场高质量发展。

第六章

问询监管对公司过度投资的溢出效应研究

第五章中考察的是交易所问询监管对公司过度投资行为治理的直接效应。从威慑效用视角,问询监管对在资本市场中还可能具有威慑性的"溢出效应",间接地规范其他未被问询公司的投资决策行为。Becker(1968)在犯罪经济学的威慑理论中,指出犯罪是人们经过成本和收益权衡之后的理性行为选择,其目的是实现自身利益的最大化。当违规行为的成本大于收益时,会威慑减少人们的违规从众行为。在交易所的问询监管情景中,问询函曝光不仅给公司带来了解决问询函问题的执行成本(Cassell et al.,2013),还给公司带来了市场关注压力的声誉成本和市场交易成本。如果公司被问询曝光,在问询函的管制职能效应、信息传递治理和有效市场监督压力下,其他未被问询公司为避免不规范的财务决策行为所致的监管问询,并认为过度投资行为的成本超过收益,进行过度投资的收益变小,从而威慑减少其他未被问询公司过度投资行为。问询溢出治理也使监管机构在有限的监管资源情景下最大限度发挥问询监管的有效性。基于此,本章从同行业、同地区和企业集团公司三个层面进行问询监管的威慑效应研究。

具体而言,本章着力探究如下三个问题:①问询监管能否在同行业未被问询公司过度投资行为中产生"溢出效应"?②问询监管能否在同地区未被问询公司过度投资行为中产生"溢出效应"?③问询监

第六章　问询监管对公司过度投资的溢出效应研究

管能否对企业集团内未被问询公司过度投资行为具有"溢出效应"？

第一节　理论分析与研究假说

一　问询监管对同行业公司过度投资的溢出效应

同行业公司中，处于同一行业的公司面临相似的市场竞争压力和经营挑战，使同行业公司具有相似的会计政策实践，可以被视为可比公司（Kedia et al.，2015）。同时，处于同一行业的公司可能面临相似的监管效应冲击，交易所问询公司时，其可能会将同行业其他公司财务数据以作问询参考，以此来对比被问询公司和同行业可比公司财务信息披露的差异性，更好地进行问询监管效率的提升，这在一定程度上间接威慑了同行业其他公司的信息披露及其过度投资行为。Brown 等（2018）研究发现，美国 SEC 对行业领头公司或大量同行业公司进行问询后，会间接积极影响其他未被问询同行业公司的信息披露行为。回到现实问询监管之中，如 2019 年 5 月 30 日康美药业"300 亿元财务造假"被上交所连环问询曝光的同时，引发了财政部介入和稽查，于是财政部在 2019 年 6 月 4 日发布了关于《2019 年度医药行业会计信息质量检查工作》的"穿透式监管"政策，按照"双随机、一公开"的要求，共同随机抽取了 77 户医药企业进行检查。由这一典型例证可知，同行业未被问询公司会在一定程度上受到同行业被问询公司的问询威慑影响，间接潜移默化地规范同行业未被问询公司财务行为和信息披露质量，从而在有限的监管资源情景下最大效用发挥问询监管对同行业公司过度投资行为的威慑治理。基于此，提出如下假说：

假说 6.1：问询监管对同行业公司的过度投资治理具有溢出效应。

二　问询监管对同地区公司过度投资的溢出效应

同地区公司层面，相同地区面临着相似的要素供给与法制监管环境，使同地区层面公司财务行为具有一定可比性。在地理位置的信息方面，相同地区对于公司财务决策具有地理邻近的信息优势，上市公司之间能够通过地区新闻媒体等中介机构了解彼此之间的经营信息（Kedia et al.，2015）。地理邻近还有助于隐性信息的传播，减少地理区位上公司之间的信息不对称（Tian，2011）。这使同地区公司之间的商业往来的可能性更多，受到邻近公司行为的信息效应影响较为明显。因此，当同地区中某些上市公司受到交易所问询监管时，在问询监管的信息传递治理作用和有效市场监督压力下，同地区中未被监管问询的上市公司更可能会感知到问询信息风险，让同地区公司面临相似的问询监管压力，威慑同地区未被问询公司的财务决策和信息披露行为，从而使问询监管对同地区未被问询公司过度投资也具有积极的溢出监管效用。基于此，提出如下假说：

假说6.2：问询监管对同地区公司的过度投资治理具有溢出效应。

三 问询监管对企业集团内公司过度投资的溢出效应

企业集团层面，集团内部各成员公司是经过正式或非正式的组织方式由多个独立经营的子公司组合而成的经济集合体（Granovetter，1994）。企业集团作为一种重要且广泛存在于世界各国的经济组织形态，其对资本市场有序运作和经济发展起着非常重要作用（Khanna and Yafeh，2007；窦欢等，2014）。在企业集团层面的公司财务行为中，由于集团总部管理者不易观测到其成员公司的真实经营情况，可能会导致企业集团内部的代理问题和财务决策方面的信息不对称。尤其当投资者法律保护水平不够完善时，企业集团化会助长控股股东和中小股东之间的代理冲突问题（Baek et al.，2006；Khanna and Yafeh，2007）。Larrain等（2019）指出，集团公司能够获取较多资金时，会助长集团公司更多的负债和激进投资行为。Matsusaka和Nanda（2002）研究发现，企业集团内部成员的代理问题和信息不对称较为严重时，管理层会借机利用集团公司在成员子公司中转移的现金进行过度投资行为；这使隶属于企业集团的上市公司过度投资行为较独立的上市公司更加严重（Shin and Park，1999；潘红波和余明桂，2010；窦欢等，2014）；张会丽和陆正飞（2012）也发现子公司持现比率越高时，集团公司整体的过度投资行为越严重。不仅如此，企业集团的隶属上市公司超额负债行为较独立的上市公司更高（Wang et al.，

2019），并且企业集团内部公司之间具有较为严重的财务风险、市场风险和信用风险等传染效应问题（纳鹏杰等，2017；周利国等，2019）；公司经营绩效的下滑在企业集团公司之间也表现着传染效应（黄俊等，2013），以及违规事件在集团成员公司中存在传染性（刘丽华等，2019）和较高金融投资行为的传染问题（李馨子等，2019）。

企业集团成员公司中存在较高代理问题和信息不对称，以及集团公司层面具有较高过度投资水平及公司风险水平等情景下，此时更需要外部信息监管机制予以规制集团成员公司不规范的投资行为，防范集团成员公司投资风险的一系列传染问题，从而凸显企业集团风险管理的重要作用。在交易所问询监管的情景中，由于集团公司及其子公司作为一个紧密联系的经济组织网络体，这种集团公司之间可能会因某一家集团子公司被监管问询或集团总公司被监管问询时，问询监管的信息机制会以嵌入式的"刨根问底"监管在集团成员公司中产生更大的威慑力，降低企业集团公司内部资本市场的信息不对称和集团代理问题，让企业集团内其他未被问询公司会受到问询信息效应的联动威慑影响，使问询监管在企业集团成员公司中具有积极的威慑溢出效应，从而威慑集团属性内公司管理层过度投资的自利行为。基于以上理论分析，提出如下假说：

假说6.3：问询监管对企业集团内公司的过度投资治理具有溢出效应。

第二节 研究设计

一 研究样本与数据来源

本章以2014—2017年中国沪深A股上市公司及其问询函为研究样本，其中被解释变量之公司过度投资的样本期间为未来一期，即采用2015—2018年。财务数据来自CSMAR数据库和Wind数据库；年报问询函和并购问询函数据来自沪深证券交易所、巨潮资讯网和百度新闻网,通过手工收集而得;同时为确保问询函数据的全面性,将手工查询范围扩展至一些包含问询函相关的其他类型公告和财务报告的补充公告。企业集团数据(集团控股及集团名称)根据上市公司年报中股权结构图手工整理,并选择同一实际控制人控制并拥有两家或两家以上成员上市公司的企业集团样本。本章对数据进行如下处理:①剔除金融业、财务数据缺失的样本。②在溢出效应检验中,由于检验样本不包括被问询公司,因此需要在测度溢出效应的各变量后,模型检验时则剔除被问询公司样本。③为降低极端值的影响,对样本期间内所有的连续变量在1%和99%分位数水平下进行了Winsorize处理。最终,获得同行业、同地区溢出效应的检验样本为2653个观测值,企业集团层面的溢出效应检验样本为638个观测值。

二 变量定义与模型设定

(一)问询溢出效应的变量定义

关于溢出效应变量的测度,参考Kedia等(2015)、薛健等(2017)研究方法,定义同行业问询程度($OverindCLT$)、同地区问询程度($OverprovCLT$)和企业集团公司的问询程度($OverGroupCLT$)。本章分别从全样本问询监管变量(CLT)和"投资特征"问询函($InvestCLMA$)两个层面来测度问询溢出变量。

(1)同行业问询程度($OverindCLT$),当年同行业收到问询函的其他公司个数/同行业公司总数。同行业投资问询程度($OverindInvCL$),当年同行业收到"投资特征"问询函的其他公司个数/同行业公司总数。

(2)同地区问询程度($OverprovCLT/OvercityCLT$),当年同地区收到问询函的其他公司个数/同地区公司总数。同地区投资问询程度($OverprovInvCL/OvercityInvCL$),当年同地区收到"投资特征"问询函的其他公司个数/同地区公司总数。同地区,分别从同省份和同地级市两个层面来测度。

(3)企业集团公司的问询程度($OverGroupCLT$),当年同一企业集团内收到问询函的其他公司个数/同一企业集团内公司总数。企业集团公司的投资问询程度($OverGroupInvCL$),当年同一企业集团内收到"投资特征"问询函的其他公司个数/同一企业集团内公司总数。其中,参考王春飞等(2013)、纳鹏杰等(2018)研究,本章定义的企业集团是指同一实际控制人控制并拥有两家或两家以上成员上市公司的企业集团样本,所以企业集团溢出效应的检验样本会有所减少。

(二)模型设定

为检验假说6.1,即问询监管对同行业公司的过度投资治理具有溢出效应,在未被问询监管的同行业公司样本中,构建问询监管的溢出效应模型,如下:

$$Overinvest_{i,t+1} = \beta_0 + \beta_1 OverindCLT_{i,t}/OverindInvCL_{i,t} \\ + \beta_m Control_{i,t} + Industry + Year + \mu_{i,t} \quad (6.1)$$

模型(6.1)中,$Overinvest_{i,t+1}$为第$t+1$年公司过度投资变量,$OverindCL_{i,t}$是第t年同行业问询程度变量,$OverindInvCLT_{i,t}$是第t年同行业投资问询程度变量。若回归系数β_1显著为负,则表明问询监管对同行业未被问询公司的过度投资行为具有"溢出治理"效用。

为检验假说6.2,即问询监管对同地区公司的过度投资治理具有溢出效应,在未被问询监管的同地区公司样本中,构建模型如下:

$$Overinvest_{i,t+1} = \beta_0 + \beta_1 OverprovCLT_{i,t}/OverprovInvCL_{i,t}/ \\ OvercityCLT_{i,t}/OvercityInvCL_{i,t} + \beta_m Control_{i,t} \\ + Industry + Year + \mu_{i,t} \quad (6.2)$$

模型(6.2)中,$OverprovCLT_{i,t}/OverprovInvCL_{i,t}$为第$t$年同省份公司的(投资特征)问询溢出变量,$OvercityCLT_{i,t}/OvercityInvCL_{i,t}$为第$t$年同地级市公司的(投资特征)问询溢出变量。若模型(6.2)的回归系数β_1显著为负,则表明问询监管对同地区(同省份和同地级市)公司层面的过度投资行为具有积极的"溢出治理"。

为检验假说6.3,即问询监管对企业集团内公司的过度投资治理具有溢出效应,在未被问询监管的企业集团成员公司样本中,构建模型如下:

$$Overinvest_{i,t+1} = \beta_0 + \beta_1 OverGroupCLT_{i,t}/OverGroupInvCL_{i,t} \\ + \beta_m Control_{i,t} + Industry + Year + \mu_{i,t} \quad (6.3)$$

模型(6.3)中,$OverGroupCLT_{i,t}$为第t年企业集团内公司的问询溢出变量，$OverGroupInvCL_{i,t}$ 为第 t 年企业集团内公司的投资特征问询溢出变量。若模型（6.3）的回归系数 β_1 显著为负，则表明问询监管对企业集团内成员公司的过度投资行为具有积极的"溢出治理"。

在模型（6.1）至模型（6.3）中，相对于第 $t+1$ 年被解释变量之公司过度投资（$Overinvest_{i,t+1}$）而言，控制变量 $Control_{i,t}$ 采用滞后一期（第 t 年），原因是更好地减少可能存在的内生性问题（Chen et al.，2011b；Jiang et al.，2018；向锐，2015）。参考 Chen 等（2011b）、李万福等（2011）和万良勇（2013）的研究，模型（6.1）—模型（6.3）的第 t 年控制变量包括：公司规模（$lnSize_{i,t}$）；负债水平（$Lev_{i,t}$）；总资产收益率（$ROA_{i,t}$）；成长性（$Growth_{i,t}$）；公司年龄（$lnAge_{i,t}$）；经营活动净现金流（$Cash_{i,t}$）；股权集中度（$Fshare_{i,t}$）；管理层持股（$Mshare_{i,t}$）；董事会规模（$DirSize_{i,t}$）；两职兼任（$Dual_{i,t}$）；产权性质（$SOE_{i,t}$）；审计师类型（$Big4_{i,t}$）；股利支付率（$Dividend_{i,t}$）；违规处罚（$Punishment_{i,t}$）；法制环境（$Law_{i,t}$）；同时为了控制公司过度投资可能存在的反转效应，还控制了历史性过度投资（$OverinvestHis_{i,t}$）。最后，控制年度和行业效应。

本章所述模型的主要变量定义如表 6-1 所示。

表 6-1　　　　　　　　　　　主要变量定义

变量名称	变量符号	变量定义
过度投资	$Overinvest_{i,t+1}$	采用 Richardson（2006）的公司期望投资模型，当模型估计的残差项为正（$\varepsilon>0$）时，即为公司过度投资水平
同行业问询程度	$OverindCLT_{i,t}$	第 t 年同行业收到问询函的其他公司个数/同行业公司总数
同行业投资问询程度	$OverindInvCL_{i,t}$	第 t 年同行业收到"投资特征"问询函的其他公司个数/同行业公司总数
同地区问询程度	$OverprovCLT_{i,t}$	第 t 年同地区收到问询函的其他公司个数/同地区公司总数
同地区投资问询程度	$OverprovInvCL_{i,t}$	第 t 年同地区收到"投资特征"问询函的其他公司个数/同地区公司总数

续表

变量名称	变量符号	变量定义
企业集团内公司的问询程度	$OverGroupCLT_{i,t}$	第 t 年同一企业集团内收到问询函的其他公司个数/同一企业集团内公司总数
企业集团内公司的投资问询程度	$OverGroupInvCL_{i,t}$	第 t 年同一企业集团内收到"投资特征"问询函的其他公司个数/同一企业集团内公司总数
公司规模	$lnSize_{i,t}$	第 t 年公司总资产的自然对数
负债水平	$Lev_{i,t}$	第 t 年公司总负债/期末总资产
总资产收益率	$ROA_{i,t}$	第 t 年公司净利润/期末总资产
成长性	$Growth_{i,t}$	第 t 年公司营业收入增长率
公司年龄	$lnAge$	第 t 年公司上市年限加 1 的自然对数
经营现金流	$Cash_{i,t}$	第 t 年公司经营活动现金流量净额/期末总资产
管理层持股	$Mshare_{i,t}$	第 t 年公司高管持股比例
股权集中度	$Fshare_{i,t}$	第 t 年公司第一大股东持股数量/总股数
董事会规模	$DirSize_{i,t}$	第 t 年公司董事会人数的自然对数
独立董事比例	$IndepRatio_{i,t}$	第 t 年公司独立董事占董事会人数的比例
两职兼任	$Dual_{i,t}$	若第 t 年公司总经理兼任董事长取值为 1，否则为 0
产权性质	$SOE_{i,t}$	第 t 年公司控股股东为国有单位或国有法人则取值为 1，否则为 0
审计师类型	$Big4_{i,t}$	若第 t 年公司由国际"四大"审计则取值为 1，否则为 0
股利支付率	$Dividend_{i,t}$	第 t 年公司每股现金股利/每股收益
违规处罚	$Punishment_{i,t}$	若第 t 上市公司被证交所（上交所、深交所）或证监会处罚则取 1，否则为 0
法制环境	$Law_{i,t}$	王小鲁等（2019）关于《中国分省份市场化指数报告（2018）》的市场化总指数中的"市场中介组织的发育和法治环境"指数
年度效应	Year	年度虚拟变量
行业效应	Industry	行业虚拟变量，据中国证监会关于《上市公司行业分类指引》（2012 年版）设置行业虚拟变量

三 主要变量的样本描述

表6-2报告了假说6.1至假说6.2回归模型的主要变量描述性统计结果。关于问询溢出变量，在同行业层面，同行业的问询程度（OverindCLT）的均值为0.276，同行业的"投资特征"问询程度（OverindInvCL）的均值为0.168。同地区层面中，同省份的问询程度（OverprovCLT）的均值为0.279，同省份的"投资特征"问询程度（OverprovInvCL）的均值为0.167；同地级市的问询程度（OvercityCLT）的均值为0.248，同地级市的"投资特征"问询程度（OvercityInvCL）的均值为0.154。

表6-2 主要变量的描述性统计结果（假说6.1—假说6.2回归变量）

Variable	N	Mean	Std. Dev.	min	Median	max
$Overinvest_{t+1}$	2653	0.026	0.029	6.29e-06	0.015	0.126
$OverindCLT_t$	2653	0.276	0.097	0	0.324	0.571
$OverindInvCL_t$	2653	0.168	0.078	0	0.194	0.500
$OverprovCLT_t$	2653	0.279	0.098	0.092	0.303	0.484
$OverprovInvCL_t$	2653	0.167	0.082	0	0.197	0.323
$OvercityCLT_t$	2653	0.248	0.149	0	0.267	0.608
$OvercityInvCL_t$	2653	0.154	0.123	0	0.167	0.500
$lnSize_t$	2653	22.38	1.302	19.24	22.20	27.05
Lev_t	2653	0.435	0.204	0.046	0.426	0.956
ROA_t	2653	0.048	0.049	-0.168	0.042	0.233
$Growth_t$	2653	0.213	0.495	-0.595	0.128	4.655
$lnAge_t$	2653	2.259	0.754	0.693	2.485	3.178
$Cash_t$	2653	0.051	0.0670	-0.199	0.051	0.242
$Fshare_t$	2653	0.346	0.147	0.088	0.332	0.758
$MShare_t$	2653	0.065	0.134	0	0.001	0.617
$DirSize_t$	2653	2.142	0.197	1.609	2.197	2.708
$Dual_t$	2653	0.256	0.436	0	0	1
SOE_t	2653	0.390	0.488	0	0	1
$Big4_t$	2653	0.063	0.244	0	0	1

续表

Variable	N	Mean	Std. Dev.	min	Median	max
$Dividend_t$	2653	0.276	0.275	0	0.225	1.677
$Punishment_t$	2653	0.087	0.281	0	0	1
Law_t	2653	10.71	4.917	1.100	12.15	19.99
$OverinvestHis_t$	2653	0.010	0.0140	3.48e−06	0.004	0.069

表6-3报告了假说6.3回归模型的主要变量描述性统计结果。关于企业集团公司的问询溢出变量，企业集团公司的问询程度（$OverGroupCLT$）的均值为0.049，最大值为0.600；企业集团公司的"投资特征"问询程度（$OverGroupInvCL$）的均值为0.021，最大值为0.500。

表6-3　主要变量的描述性统计结果（假说6.3回归变量）

Variable	N	Mean	Std. Dev.	min	Median	max
$Overinvest_{t+1}$	638	0.022	0.027	4.89e−05	0.012	0.126
$OverGroupCLT_t$	638	0.049	0.138	0	0	0.600
$OverGroupInvCL_t$	638	0.021	0.093	0	0	0.500
$lnSize_t$	638	22.99	1.407	19.24	22.83	27.05
Lev_t	638	0.517	0.200	0.046	0.522	0.956
ROA_t	638	0.036	0.044	−0.168	0.030	0.233
$Growth_t$	638	0.202	0.575	−0.595	0.101	4.655
$lnAge_t$	638	2.661	0.560	0.693	2.890	3.178
$Cash_t$	638	0.048	0.069	−0.199	0.051	0.242
$Fshare_t$	638	0.389	0.154	0.088	0.381	0.758
$MShare$	638	0.006	0.023	0	0	0.316
$DirSize_t$	638	2.202	0.204	1.609	2.197	2.708
$Dual_t$	638	0.105	0.307	0	0	1
SOE_t	638	0.774	0.418	0	1	1
$Big4_t$	638	0.124	0.330	0	0	1

续表

Variable	N	Mean	Std. Dev.	min	Median	max
$Dividend_t$	638	0.233	0.245	0	0.196	1.677
$Punishment_t$	638	0.097	0.296	0	0	1
Law_t	638	10.14	4.896	1.244	9.770	19.99
$OverinvestHis_t$	638	0.010	0.013	4.80e-07	0.005	0.069

第三节 实证检验分析

从威慑效应视角，问询监管在资本市场中还可能产生"溢出效应"，威慑其他未被问询公司的财务决策行为。这也使监管机构在有限的监管资源情景下最大限度发挥问询函的监管效果。在同行业公司、同地区公司和同一企业集团成员公司中，分别可视为问询监管视角下的可比公司。因此，在公司过度投资决策的问询监管情景中，问询监管对未被问询公司过度投资行为是否具有威慑性的"溢出效应"？本章从同行业公司、同地区公司和企业集团公司三个方面进行实证检验。

一 问询监管对同行业公司过度投资的溢出检验

表6-4的列（1）至列（2）报告了问询监管对同行业公司过度投资行为的溢出效应结果。同行业公司的列（1）中，全样本问询监管（CLT）测度的问询溢出变量（OverindCLT）回归系数在5%统计水平下显著为负；在列（2）中，"投资特征"问询函（InvestCLMA）测度的"投资特征"问询溢出变量（OverindInvCL）回归系数在5%统计水平下显著为负。这说明问询监管对同行业公司的过度投资行为具有积极的溢出效用，威慑减少同行业中其他未被问询公司的过度投资行为，并且这种积极溢出效应在"投资特征"问询监管情景中也呈现。假说6.1得到有效验证。

表 6-4　问询监管对公司过度投资的"溢出效应"：
同行业和同地区层面

Variable	同行业公司		同地区公司			
			同省份		同地级市	
	全样本问询	"投资特征"问询	全样本问询	"投资特征"问询	全样本问询	"投资特征"问询
	(1)	(2)	(3)	(4)	(5)	(6)
	$Overinvest_{t+1}$	$Overinvest_{t+1}$	$Overinvest_{t+1}$	$Overinvest_{t+1}$	$Overinvest_{t+1}$	$Overinvest_{t+1}$
$OverindCLT_t$	-0.039**					
	(-2.14)					
$OverindInvCL_t$		-0.057**				
		(-1.98)				
$OverprovCLT_t$			0.009			
			(0.88)			
$OverprovInvCL_t$				0.007		
				(0.52)		
$OvercityCLT_t$					0.005	
					(1.26)	
$OvercityInvCL_t$						0.003
						(0.55)
$lnSize_t$	-0.002***	-0.002***	-0.002***	-0.002***	-0.002***	-0.002***
	(-2.89)	(-2.71)	(-2.89)	(-2.90)	(-2.91)	(-2.92)
Lev_t	-0.001	-0.001	-0.001	-0.001	-0.000	-0.000
	(-0.13)	(-0.15)	(-0.12)	(-0.11)	(-0.10)	(-0.10)
ROA_t	0.012	0.013	0.013	0.013	0.013	0.013
	(0.80)	(0.81)	(0.84)	(0.84)	(0.81)	(0.83)
$Growth_t$	0.001	0.001	0.001	0.001	0.001	0.001
	(1.17)	(1.19)	(1.14)	(1.14)	(1.16)	(1.15)
$lnAge_t$	-0.004***	-0.004***	-0.004***	-0.004***	-0.004***	-0.004***
	(-3.91)	(-3.83)	(-3.82)	(-3.83)	(-3.92)	(-3.86)
$Cash_t$	0.017**	0.018**	0.017**	0.017**	0.017**	0.017**
	(2.06)	(2.08)	(2.03)	(2.03)	(2.01)	(2.02)
$Fshare_t$	0.007*	0.007*	0.007*	0.007*	0.007*	0.007*
	(1.65)	(1.70)	(1.69)	(1.67)	(1.71)	(1.67)

续表

Variable	同行业公司		同地区公司			
			同省份		同地级市	
	全样本问询	"投资特征"问询	全样本问询	"投资特征"问询	全样本问询	"投资特征"问询
	(1)	(2)	(3)	(4)	(5)	(6)
	$Overinvest_{t+1}$	$Overinvest_{t+1}$	$Overinvest_{t+1}$	$Overinvest_{t+1}$	$Overinvest_{t+1}$	$Overinvest_{t+1}$
$MShare_t$	-0.003	-0.003	-0.002	-0.002	-0.003	-0.002
	(-0.48)	(-0.50)	(-0.42)	(-0.43)	(-0.46)	(-0.45)
$DirSize_t$	0.001	0.001	0.001	0.001	0.001	0.001
	(0.30)	(0.29)	(0.32)	(0.29)	(0.32)	(0.30)
$Dual_t$	0.001	0.001	0.001	0.001	0.001	0.001
	(0.64)	(0.62)	(0.64)	(0.63)	(0.62)	(0.63)
SOE_t	-0.003*	-0.003*	-0.003*	-0.003*	-0.003*	-0.003*
	(-1.80)	(-1.75)	(-1.76)	(-1.80)	(-1.78)	(-1.82)
$Big4_t$	-0.001	-0.001	-0.001	-0.001	-0.001	-0.001
	(-0.71)	(-0.78)	(-0.60)	(-0.64)	(-0.63)	(-0.64)
$Dividend_t$	-0.004**	-0.004**	-0.004**	-0.004**	-0.004**	-0.004**
	(-1.97)	(-1.98)	(-1.98)	(-2.00)	(-1.99)	(-2.01)
$Punishment_t$	-0.002	-0.003*	-0.002	-0.002	-0.002	-0.002
	(-1.53)	(-1.68)	(-1.59)	(-1.59)	(-1.60)	(-1.60)
Law_t	-0.000	-0.000	-0.000	-0.000	-0.000	-0.000
	(-0.41)	(-0.47)	(-0.26)	(-0.46)	(-0.46)	(-0.49)
$OverinvestHis_t$	0.483***	0.468***	0.484***	0.484***	0.485***	0.485***
	(10.61)	(10.37)	(10.63)	(10.65)	(10.64)	(10.66)
Year/Industry	Yes	Yes	Yes	Yes	Yes	Yes
Constant	0.079***	0.069***	0.065***	0.066***	0.067***	0.067***
	(4.88)	(4.59)	(4.39)	(4.51)	(4.57)	(4.61)
F	11.998***	11.762***	11.992***	11.985***	11.867***	11.892***
Adj_R^2	0.107	0.103	0.106	0.106	0.105	0.106
N	2653	2653	2653	2653	2653	2653

注：括号内数值表示 T 统计值；标准误差按公司 Cluster 进行了处理。下同。在总样本（3680 个）中，本部分检验样本不包括被问询公司（1027 家）。

二 问询监管对同地区公司过度投资的溢出检验

本章分别从同省份和同地级市两个层面来考察同地区层面中问询监管的溢出效应。同省份公司的问询函"溢出效应"检验结果在表6-4的列（3）至列（4）中。全样本问询函溢出（OverprovCLT）的回归系数不显著，"投资特征"问询溢出（OverprovInvCL）的回归系数也不显著，即公司问询监管对同省份公司的过度投资行为的溢出影响不明显。在同地级市公司层面的检验中，表6-4的列（5）至列（6）中全样本问询函溢出（OvercityCLT）的回归系数不显著，"投资特征"问询函溢出（OvercityInvCL）的回归系数也不显著，即公司问询监管对同地级市公司的过度投资行为的溢出影响不明显。

由上述同地区层面的问询溢出检验结果可知，问询监管对同地区公司的过度投资行为的溢出治理不明显。这可能是由于同地区中，问询监管的地域面临广泛性或复杂性（如区域间的行政管制等），以及问询监管在同地区间的分散，问询监管冲击的相似度效应不及同行业公司层面的监管中，可能使问询监管对同地区公司过度投资的溢出效应不明显。假说6.2未得到有效验证。

三 问询监管对企业集团内公司过度投资的溢出检验

企业集团作为一个特殊经济组织体，企业集团内部成员公司可以看作一个紧密相连的经济网络体。问询监管的信息机制可能会以"嵌入式"监管方式在企业集团成员公司中产生威慑作用，可以作为问询监管机制的溢出检验场景。

表6-5报告了企业集团层面的问询"溢出效应"检验结果。列（1）的全样本问询中，企业集团层面的问询程度（OverGroupCLT）的回归系数在5%统计水平下显著为负；在"投资特征"问询程度的列（2）中，企业集团层面的投资特征问询程度（OverGroupInvCL）的回归系数在5%统计水平下显著为负。这表明问询机制对企业集团内公司的过度投资行为具有"溢出治理"效用，并且这种积极溢出效应在"投资特征"问询监管情景中也有所体现。假说6.3得到有效验证。

表6-5 问询监管对公司过度投资的"溢出效应"：企业集团层面

Variable	全样本问询 (1) $Overinvest_{t+1}$	"投资特征"问询 (2) $Overinvest_{t+1}$
$OverGroupCLT_t$	-0.011**	
	(-2.01)	
$OverGroupInvCL_t$		-0.033**
		(-2.25)
$lnSize_t$	-0.002**	-0.002*
	(-2.15)	(-1.83)
Lev_t	0.003	0.004
	(0.39)	(0.39)
ROA_t	0.016	0.020
	(0.53)	(0.62)
$Growth_t$	0.003	0.003
	(1.24)	(1.00)
$lnAge_t$	-0.006***	-0.006**
	(-2.60)	(-2.18)
$Cash_t$	-0.002	-0.002
	(-0.13)	(-0.11)
$Fshare_t$	-0.007	-0.008
	(-1.02)	(-0.99)
$MShare_t$	-0.037	-0.035
	(-0.67)	(-0.58)
$DirSize_t$	0.007	0.008
	(1.23)	(1.14)
$Dual_t$	0.006*	0.006
	(1.67)	(1.51)
SOE_t	-0.000	-0.001
	(-0.09)	(-0.17)
$Big4_t$	-0.001	-0.001
	(-0.40)	(-0.25)

续表

Variable	全样本问询 （1） $Overinvest_{t+1}$	"投资特征"问询 （2） $Overinvest_{t+1}$
$Dividend_t$	-0.008**	-0.008**
	(-2.38)	(-2.16)
$Punishment_t$	-0.005*	-0.005*
	(-1.75)	(-1.67)
Law_t	0.000	-0.000
	(0.41)	(-0.02)
$OverinvestHis_t$	0.511***	0.518***
	(4.90)	(3.95)
Year/Industry	Yes	Yes
Constant	0.050**	0.049*
	(2.14)	(1.85)
Adj_R^2	4.240	4.170
F	0.151	0.149
N	638	638

注：本部分检验的企业集团公司样本是同一实际控制人控制并拥有两家或两家以上成员上市公司的企业集团属性公司（总样本为852家），同时在总样本中不包括企业集团属性中的被问询公司（214家）。

第四节 稳健性检验

一 更换过度投资指标

基于第四章稳健性检验中所采用的 Biddle 等（2009）的投资效率模型（4.4），本章采用该模型（4.4）估计的第 $t+1$ 年过度投资水平（$\varepsilon>0$，$Overinv_{t+1}$），予以考察问询监管对同行业、同地区和同一企业集团公司未来过度投资行为的溢出效应。

表6-6的列（1）至列（2）报告了问询监管对同行业（同地区）

公司过度投资的溢出效应的稳健性检验结果。同行业公司的列（1）至列（2）中，同行业问询溢出变量（OverindCLT）和"投资特征"问询溢出变量（OverindInvCL）回归系数均在5%统计水平下显著为负。同地区公司的列（3）至列（6）检验中，同省份和同地级市层面的全样本问询溢出变量（OverprovCLT/OvercityCLT）、同省份和同地级市中的"投资特征"问询溢出变量（OverprovInvCL/OvercityInvCL）回归系数均不显著。这些检验说明问询监管对公司过度投资治理的溢出效应表现在同行业未被问询公司层面中，而在同地区未被问询公司中不明显。

表6-6 问询监管对同行业、同地区公司过度投资的"溢出效应"：更换过度投资指标

Variable	同行业公司		同地区公司			
			同省份		同地级市	
	全样本问询	"投资特征"问询	全样本问询	"投资特征"问询	全样本问询	"投资特征"问询
	(1)	(2)	(3)	(4)	(5)	(6)
	$Overinv_{t+1}$	$Overinv_{t+1}$	$Overinv_{t+1}$	$Overinv_{t+1}$	$Overinv_{t+1}$	$Overinv_{t+1}$
$OverindCLT_t$	-0.044**					
	(-2.00)					
$OverindInvCL_t$		-0.076**				
		(-2.08)				
$OverprovCLT_t$			0.015			
			(1.21)			
$OverprovInvCL_t$				0.021		
				(1.17)		
$OvercityCLT_t$					0.007	
					(1.30)	
$OvercityInvCL_t$						0.004
						(0.64)
$lnSize_t$	0.000	0.000	0.000	0.000	0.000	0.000
	(0.16)	(0.51)	(0.18)	(0.17)	(0.14)	(0.13)

续表

Variable	同行业公司		同地区公司			
			同省份		同地级市	
	全样本问询	"投资特征"问询	全样本问询	"投资特征"问询	全样本问询	"投资特征"问询
	(1)	(2)	(3)	(4)	(5)	(6)
	$Overinv_{t+1}$	$Overinv_{t+1}$	$Overinv_{t+1}$	$Overinv_{t+1}$	$Overinv_{t+1}$	$Overinv_{t+1}$
Lev_t	-0.002	-0.002	-0.002	-0.002	-0.001	-0.001
	(-0.28)	(-0.39)	(-0.28)	(-0.27)	(-0.25)	(-0.25)
ROA_t	0.071***	0.069***	0.071***	0.072***	0.071***	0.071***
	(3.53)	(3.45)	(3.56)	(3.57)	(3.52)	(3.55)
$Growth_t$	-0.001	-0.001	-0.001	-0.001	-0.001	-0.001
	(-0.72)	(-0.66)	(-0.73)	(-0.75)	(-0.71)	(-0.72)
$\ln Age_t$	-0.018***	-0.018***	-0.017***	-0.017***	-0.018***	-0.018***
	(-12.19)	(-12.11)	(-12.14)	(-12.17)	(-12.22)	(-12.17)
$Cash_t$	0.057***	0.059***	0.057***	0.057***	0.057***	0.057***
	(5.04)	(5.14)	(5.03)	(5.05)	(5.00)	(5.02)
$Fshare_t$	0.007	0.007	0.007	0.007	0.007	0.007
	(1.22)	(1.34)	(1.27)	(1.26)	(1.28)	(1.24)
$MShare_t$	-0.007	-0.007	-0.006	-0.006	-0.007	-0.006
	(-0.88)	(-0.93)	(-0.82)	(-0.83)	(-0.86)	(-0.85)
$DirSize_t$	0.003	0.003	0.003	0.003	0.003	0.003
	(0.71)	(0.74)	(0.73)	(0.70)	(0.73)	(0.71)
$Dual_t$	0.003	0.003	0.003	0.003	0.003	0.003
	(1.35)	(1.33)	(1.35)	(1.34)	(1.32)	(1.34)
SOE_t	0.000	0.001	0.000	0.000	0.000	0.000
	(0.15)	(0.28)	(0.21)	(0.20)	(0.19)	(0.15)
$Big4_t$	-0.000	-0.001	0.000	0.000	0.000	0.000
	(-0.01)	(-0.22)	(0.10)	(0.05)	(0.07)	(0.05)
$Dividend_t$	-0.005*	-0.005*	-0.005*	-0.005*	-0.005*	-0.005*
	(-1.82)	(-1.90)	(-1.83)	(-1.85)	(-1.84)	(-1.86)
$Punishment_t$	-0.004*	-0.004**	-0.004*	-0.004*	-0.004*	-0.004*
	(-1.75)	(-1.98)	(-1.80)	(-1.78)	(-1.81)	(-1.81)

续表

Variable	同行业公司		同地区公司			
			同省份		同地级市	
	全样本问询	"投资特征"问询	全样本问询	"投资特征"问询	全样本问询	"投资特征"问询
	(1)	(2)	(3)	(4)	(5)	(6)
	$Overinv_{t+1}$	$Overinv_{t+1}$	$Overinv_{t+1}$	$Overinv_{t+1}$	$Overinv_{t+1}$	$Overinv_{t+1}$
Law_t	-0.000	-0.000	-0.000	-0.000	-0.000	-0.000
	(-0.64)	(-0.78)	(-0.41)	(-0.65)	(-0.68)	(-0.71)
$OverinvestHis_t$	1.607***	1.579***	1.608***	1.609***	1.609***	1.609***
	(24.03)	(23.86)	(24.06)	(24.10)	(24.01)	(24.07)
Year/Industry	Yes	Yes	Yes	Yes	Yes	Yes
Constant	0.053**	0.038*	0.036*	0.038*	0.039**	0.040**
	(2.46)	(1.83)	(1.78)	(1.87)	(1.97)	(2.01)
F	31.901	31.906	31.669	32.112	0.362	0.361
Adj_R^2	0.362	0.351	0.362	0.362	31.421	31.606
N	2653	2653	2653	2653	2653	2653

表6-7报告了企业集团层面的问询"溢出效应"的稳健性检验结果。在更换过度投资指标后，列（1）至列（2）中，问询程度（OverGroupCLT）和投资特征问询程度（OverGroupInvCL）的回归系数均在10%统计水平下显著为负。表明问询监管对企业集团内公司的过度投资行为具有"溢出治理"效用。

表6-7　问询监管对企业集团内公司过度投资的"溢出效应"：更换过度投资指标

Variable	全样本问询	"投资特征"问询
	(1)	(2)
	$Overinv_{t+1}$	$Overinv_{t+1}$
$OverGroupCLT_t$	-0.012*	
	(-1.69)	

续表

Variable	全样本问询 (1) $Overinv_{t+1}$	"投资特征"问询 (2) $Overinv_{t+1}$
$OverGroupInvCL_t$		-0.029*
		(-1.67)
$\ln Size_t$	-0.000	-0.000
	(-0.14)	(-0.10)
Lev_t	-0.003	-0.003
	(-0.30)	(-0.27)
ROA_t	0.055	0.060
	(1.44)	(1.55)
$Growth_t$	0.001	0.001
	(0.44)	(0.37)
$\ln Age_t$	-0.017***	-0.017***
	(-3.93)	(-4.02)
$Cash_t$	0.043**	0.043**
	(2.36)	(2.35)
$Fshare_t$	-0.010	-0.011
	(-0.93)	(-1.03)
$MShare_t$	-0.116	-0.114
	(-1.57)	(-1.54)
$DirSize_t$	0.008	0.009
	(0.98)	(1.07)
$Dual_t$	0.006	0.007
	(0.96)	(1.03)
SOE_t	0.002	0.001
	(0.37)	(0.28)
$Big4_t$	0.001	0.001
	(0.15)	(0.24)
$Dividend_t$	-0.008*	-0.007*
	(-1.91)	(-1.82)

续表

Variable	全样本问询 (1) $Overinv_{t+1}$	"投资特征"问询 (2) $Overinv_{t+1}$
$Punishment_t$	-0.008**	-0.008**
	(-1.99)	(-2.02)
Law_t	0.000	0.000
	(0.61)	(0.31)
$OverinvestHis_t$	1.652***	1.660***
	(9.82)	(9.86)
Year/Industry	Yes	Yes
Constant	0.014	0.012
	(0.37)	(0.32)
Adj_R^2	0.426	0.424
F	14.500	14.401
N	638	638

综上所述，问询监管对公司过度投资治理的"溢出效应"表现在同行业未被问询公司和企业集团内未被问询公司层面中。本章假说6.1和假说6.3研究结论是稳健的。但稳健性测试中，也未发现假说6.2之同地区公司层面的问询溢出效应。

二　重新定义企业集团成员公司

前面主研究在考察问询监管对企业集团公司过度投资的溢出效应时，定义的企业集团是指同一实际控制人控制并拥有两家或两家以上成员上市公司的企业集团样本。在此稳健性检验中，本章将企业集团成员公司数量拓展定义为：①同一实际控制人控制并拥有三家或三家以上成员上市公司的企业集团样本（总样本为672家）；②同一实际控制人控制并拥有四家或四家以上成员上市公司的企业集团样本（总样本为489家）。

表6-8报告了上述两种重新定义企业集团成员公司的问询溢出检验结果。问询程度（OverGroupCLT）和投资特征问询程度（OverG-

roupInvCL)的回归系数均显著为负。这表明在重新定义企业集团成员公司数量后，问询监管对企业集团内公司的过度投资行为仍具有"溢出治理"效用。本章假说6.3的研究结论也稳健。

表6-8 问询监管对企业集团公司过度投资的"溢出效应"：重新定义企业集团成员公司

Variable	企业集团成员公司≥3		企业集团成员公司≥4	
	全样本问询	"投资特征"问询	全样本问询	"投资特征"问询
	(1)	(2)	(3)	(4)
	$Overinvest_{t+1}$	$Overinvest_{t+1}$	$Overinvest_{t+1}$	$Overinvest_{t+1}$
$OverGroupCLT_t$	-0.011**		-0.014**	
	(-2.05)		(-2.40)	
$OverGroupInvCL_t$		-0.030**		-0.035*
		(-2.16)		(-1.89)
$lnSize_t$	-0.001	-0.001	-0.001	-0.001
	(-1.21)	(-0.94)	(-0.76)	(-0.55)
Lev_t	-0.001	-0.001	0.003	0.003
	(-0.12)	(-0.08)	(0.27)	(0.27)
ROA_t	0.032	0.036	0.035	0.040
	(1.33)	(1.28)	(1.31)	(1.34)
$Growth_t$	0.002	0.002	0.005**	0.004
	(0.91)	(0.61)	(1.98)	(1.37)
$lnAge_t$	-0.004	-0.004	-0.007**	-0.007
	(-1.50)	(-1.20)	(-2.03)	(-1.63)
$Cash_t$	-0.003	-0.003	-0.021	-0.019
	(-0.26)	(-0.20)	(-1.25)	(-0.98)
$Fshare_t$	-0.014	-0.015	-0.007	-0.009
	(-1.65)	(-1.43)	(-0.72)	(-0.73)
$MShare_t$	0.025	0.029	-0.116	-0.110
	(0.29)	(0.29)	(-1.21)	(-1.00)
$DirSize_t$	0.011*	0.012	0.009	0.010
	(1.74)	(1.53)	(1.08)	(0.99)

续表

Variable	企业集团成员公司≥3		企业集团成员公司≥4	
	全样本问询	"投资特征"问询	全样本问询	"投资特征"问询
	(1)	(2)	(3)	(4)
	$Overinvest_{t+1}$	$Overinvest_{t+1}$	$Overinvest_{t+1}$	$Overinvest_{t+1}$
$Dual_t$	0.009**	0.009*	0.016**	0.017**
	(2.09)	(1.81)	(2.48)	(2.27)
SOE_t	-0.001	-0.001	-0.000	-0.001
	(-0.28)	(-0.30)	(-0.08)	(-0.12)
$Big4_t$	-0.001	-0.001	-0.005	-0.005
	(-0.27)	(-0.20)	(-1.53)	(-1.33)
$Dividend_t$	-0.012***	-0.011***	-0.012***	-0.012***
	(-3.50)	(-3.13)	(-3.20)	(-2.90)
$Punishment_t$	-0.004	-0.004	-0.001	-0.001
	(-1.28)	(-1.23)	(-0.27)	(-0.29)
Law_t	0.000	0.000	0.001**	0.001*
	(1.28)	(0.82)	(2.23)	(1.69)
$OverinvestHis_t$	0.477***	0.487***	0.274**	0.292*
	(4.15)	(3.16)	(2.29)	(1.83)
Year/Industry	Yes	Yes	Yes	Yes
Constant	0.014	0.011	0.015	0.009
	(0.57)	(0.39)	(0.51)	(0.27)
Adj_R^2	0.178	0.173	0.143	0.133
F	4.130	4.041	2.950	2.802
N	509	509	387	387

注：本表检验中，当同一实际控制人控制并拥有三家或三家以上成员上市公司的企业集团样本（总样本为672家），同时在总样本中不包括企业集团属性内的被问询公司（163家）。当同一实际控制人控制并拥有四家或四家以上成员上市公司的企业集团样本（总样本为489家），同时在总样本中不包括企业集团属性内的被问询公司（102家）。

第五节 本章结论

一 本章小结

从威慑效用视角，交易所问询监管对公司过度投资行为治理具有威慑性的"溢出效应"，间接地规范其他未被问询公司的投资决策行为。本章从同行业、同地区和企业集团公司三个层面，考察了问询监管对公司过度投资的"溢出效应"，主要研究结论如下：

（1）同行业公司层面，问询监管对同行业未被问询公司过度投资具有积极"溢出治理"，威慑减少了同行业未被问询公司的过度投资行为，并且这种溢出效用在"投资特征"的问询监管情景中也显著。

（2）同地区公司层面，问询监管在同省份未被问询公司过度投资中的"溢出效应"不明显，同时在同地级市层面也未显现溢出效应。

（3）企业集团层面，问询监管对同一企业集团内未被问询公司过度投资具有积极"溢出治理"，威慑减少了同一企业集团内未被问询公司的过度投资行为，且这种溢出效用在"投资特征"的问询监管情景中也呈现。

二 本章贡献

基于本章的问询溢出结论，主要研究贡献体现在如下三个方面：

第一，基于威慑效用理论，分析了问询监管对公司过度投资行为的溢出效应，拓展了问询监管政策在资本市场中的威慑溢出角色研究，同时丰富了威慑效应等犯罪经济学理论在企业微观层面的具体应用。已有关于问询监管的溢出研究主要从公司避税（Kubick et al.，2016）、风险因素披露（Brown et al.，2018）、内部控制信息披露（Anantharaman and He，2016）、内部控制意见购买行为（Yao and Xue，2019）、审计师行为（Bills et al.，2019）等方面研究。本书则从我国上市公司普遍存在过度投资行为这一视角，在同行业和企业集团层面提供了交易所问询监管溢出的有效性，对从直接问询监管和间接威慑问询监管来全面防控资本市场过度投资的金融风险行为具有重要经验支持。

第二，从经济组织体之企业集团视角，探究了问询监管对具有网络结构关系的企业集团成员公司过度投资行为的问询溢出治理，对企业集团的风险管理具有参考价值。现有研究普遍发现企业集团成员公司存在较高的过度投资水平（Larrain et al.，2019；潘红波和余明桂，2010；张会丽和陆正飞，2012；窦欢等，2014）、财务违规和市场风险等传染效应问题（纳鹏杰等，2017；刘丽华等，2019；周利国等，2019），以及较高金融投资行为的传染性（李馨子等，2019）。基于这些企业集团组织中所存在的一系列风险问题的管控机制构建，本章从交易所问询监管的信息嵌入治理视角，考察了问询监管对企业集团成员公司过度投资行为的溢出效应，这对监管机构从预防性监管之问询函视角来有效规范企业集团内部资本市场的投资风险行为具有重要意义，也为企业集团的外部风险管理提供了重要参考价值。

第三，关于溢出效应的经验证据可为监管机构在分配有限的监管资源和提高监管效率方面提供有益参考。由于交易所问询监管资源方面可能有限，监管有效性也会受到监管资源配置的影响。因此，问询溢出效应作为一种由直接问询监管所衍生的间接监管资源的自发性配置，这种溢出监管对于交易所降低监管成本及最大化利用监管资源予以提高监管效率具有重要启示，同时也对构建全面而又精准化的分类问询监管机制具有重要借鉴意义。

第七章

总结与研究展望

党的十九大报告强调，需要"转变政府职能，深化简政放权，创新监管方式"，以及"健全金融监管体系，守住不发生系统性金融风险的底线"。这是从国家战略层面明确了金融监管在市场风险防控中的重要性。在此背景下，证券监管机构将致力于深化资本市场监管体制改革的新方向。伴随着2013年上市公司信息披露直通车制度的正式实施，沪深交易所对上市公司财务报告的一线监管由"事前审核"转向"事后审核"，问询制度成为"事后审核"的重要手段。自2019年以来，证监会积极设立"科创板试点注册制"来促进资本市场高质量发展的重大举措，使我国注册制改革下问询监管的市场化监督机制越发重要。问询制度作为我国转型经济发展中一种非处罚性的预防监管方式，是我国上市公司信息披露监管模式的重大变革，也是"放松管制、加强监管"这一理念在资本市场监管中的重要贯彻。具体监管事项方面，问询函作为一种监督公司会计政策的合规性、信息披露质量、日常投资及并购重组等重大财务决策行为乃至防范资本市场金融风险的重要方式之一。作为资本市场监管理念转变的重要举措，问询制度的监管效果受到实务界和学术界的共同关注。对于这具有代表性的事后监管政策之一的中国"刨根问底"式问询函，其监管效力如何？

不同于以往研究，本书以沪深交易所审核问询机制为背景，以2014—2018年中国A股上市公司及其问询函为研究样本，从公司过度投资视角考察问询监管的动因及其经济后果。具体地，在问询监管的动因方面，从历史性过度投资和过度投资行为后果之产能过剩情景考察问询监管能否有效识别公司过度投资行为。在问询监管的经济后果方面，探究问询监管对公司未来过度投资行为的治理作用及影响机理。最后，在问询监管的溢出效应层面，从同行业、同地区和同一企业集团三个层面考察问询监管对未被问询公司过度投资的"溢出治理"。

本章主要对本书研究进行扼要总结，呈现主要研究发现、研究贡献与启示，以及本书研究可能存在的局限性和未来研究展望。

第一节 主要研究发现

本书通过理论分析与实证检验，从公司过度投资视角研究交易所问询监管的决策动因及经济后果，主要研究结论如下：

（1）交易所问询监管能有效甄别上市公司的过度投资行为。具体表现为：在控制公司财务业绩和治理特征的情况下，历史过度投资行为严重的公司更易于受到监管问询；在过度投资行为后果之产能过剩公司情景中，交易所问询函给予了高度关注。这说明，上市公司投资活动和其所涉及国家产业结构改革重点项目之产能过剩问题是影响交易所问询监管决策的重要动因，也即交易所将国家金融风险防控重点议题之公司过度投资的金融风险行为，以及供给侧结构性改革项目之产能过剩化解问题融入了问询决策函数之中，通过问询信息机制来优化企业投资决策。经过一系列稳健性测试后，上述研究结论也稳健。

（2）在问询监管的经济后果方面，交易所问询监管对公司未来过度投资行为具有明显的治理效果，这种积极治理作用在"投资特征"问询监管情景中更加明显。采用倾向得分匹配法的双重差分（PSM-DID）、Heckman两阶段法控制内生性后，该研究结论也稳健。进一步从年报问询函的文本内容，将"投资特征"的年报问询函区分为历史性投资的年报问询函和前瞻性投资的年报问询函，发现历史性投资的年报问询函和前瞻性投资的年报问询函对公司未来过度投资行为均具有显著的治理功效，这从问询关注公司历史性投资事项抑或前瞻性投资事项来更体现了交易所精准问询施策的路径效果。此外，当问询力度越大，问询机制对公司过度投资行为的治理作用更突出。

（3）从问询监管影响公司过度投资行为的背后机理，发现问询监管对公司过度投资行为的治理作用在信息不对称较高（盈余信息不透明度、分析师跟踪较少和机构投资者持股较低）和代理问题突出的公司中更明显。其中，本书将过度投资的代理问题刻画为代理成本考量和代理行为特征，代理行为特征包括管理层过度自信、超额现金持有和激进负债行为。在代理成本考量方面，发现问询监管对公司过度投资的治理作用在双重代理成本较严重的公司中更显著；在代理行为特征方面，表明问询监管对公司过度投资的治理作用在管理层过度自信较高、公司持有较多超额现金和具有较高激进负债行为的公司中更显著。

（4）基于威慑效应理论，问询监管在资本市场中还具有一定的溢出威慑效力。在同行业公司层面，发现问询监管在同行业未被问询公司中的过度投资行为治理具有积极"溢出效应"，并且这种溢出效用在"投资特征"的问询监管情景中也体现。同地区公司层面，未发现问询监管在同地区未被问询公司过度投资行为的"溢出效应"。再到同一企业集团层面，由于集团公司及其子公司作为一个紧密联系的经济组织网络体，问询信息会在企业集团组织中有效传递，发挥信息嵌入式的问询治理，发现问询监管在企业集团成员公司中也表现积极的"溢出效应"，威慑减少企业集团内未被问询公司的过度投资行为，且这种溢出效用在"投资特征"的问询监管情景中也呈现。

第二节 研究贡献与启示

本书的研究兼具重要的理论价值和政策启示，主要表现在如下五个方面：

第一，从公司过度投资作为视角提供了我国交易所问询监管决策的特色经验证据，拓展了问询监管的影响因素研究。基于我国注册制改革下年报问询和并购问询的监管新政，从公司历史性过度投资行为及其后果（产能过剩）考察了公司过度投资行为的问询监管识别效应，不仅发现了公司过度投资行为的问询甄别效果，还从过度投资行为后果之"产能过剩"的供给侧结构性改革重点企业中，交易所问询监管给予了高度关注，融入了公司过热投资所引致的产能过剩化解议题。以往关于问询函的影响因素研究主要从监管方的监管风格（Baugh et al.，2022；Peter and Zhang，2018；Gunny and Hermis，2020）、公司财务状况及内部治理等（Cassell et al.，2013）、税收规避（Kubick et al.，2016）、盈余管理（刘柏和卢家锐，2019）、并购重组信息披露（李晓溪等，2019a），以及政治关联（Heese et al.，2017；Chen et al.，2018）等方面研究。在政府力量占主导地位的中国新兴市场中，交易所问询监管制度和美国SEC问询函在问询决策方面可能存在一定差异。相比于美国SEC问询函以公司信息披露等问题为规制导向型监管，中国证监会或交易所的问询监管政策更可能表现为原则导向型特征。交易所在问询决策过程中，除了问询公司财务业绩和治理特征方面外，在问询决策中还融入国家政策改革的蓝图设计，从而使问询制度更好服务资本市场监管的新方向。本书从公司过度投资及其经济后果之"产能过剩"的问询识别层面，提供了交易所问询函信息是可以作为企业投资结构优化的长效监督机制的证据，对结合问询函的信息披露监督机制来推进我国供给侧结构性改革，如化解企业过热投资的信息风险、产能过剩风险等具有重要启示。资本市场监管决策实践上，应该加强那些过热投资、大额投资情景公司、产能过剩公司的问询监管及分类信息披露。

第二，从公司过度投资视角提供了我国注册制改革下问询监管的有效性问题，拓展了审核问询制度的经济效应研究。以往问询监管经济后果的研究主要从公司信息披露（Bozanic et al.，2017；Brown et al.，2018；陈运森等，2018a；李晓溪等，2019a）、税收规避（Kubick et al.，2016）、盈余管理（Cunningham et al.，2020；陈运森等，

2019)、分析师行为（Wang，2016；Bozanic et al.，2017）和审计师行为（Gietzmann and Pettinicchio，2014；陈运森等，2018b）等方面研究。本书则从公司过度投资角度分析了问询监管的治理机制，尤其是"投资特征"问询函的治理效果，丰富了证券监管机构对资本市场的问询监管政策研究，也对完善交易所问询监管的精准性和分类问询机制的构建具有重要启示。资本市场监管治理实践方面，需要结合交易所一线监管问询机制来治理上市公司过度投资行为，优化投资的资源配置效率，从而更好防控金融投资的风险和维持资本市场健康发展。

第三，从问询监管的公共信息披露层面丰富了公司过度投资行为治理路径的相关研究。以往公司投资行为的治理研究主要从公司治理（Chen et al.，2017；焦豪等，2017）、独立审计（Tong and Sapra，2009；Kausar et al.，2016；雷光勇等，2014；王兵等，2017）、新闻媒体（张建勇等，2014；陈泽艺等，2017）、反腐改革（王茂斌和孔东民，2016；钟覃琳等，2016）、制度环境（李延喜等，2015；万良勇，2013）等传统治理模式方面。本书则从交易所问询函的非处罚预防性监管视角，在信息不对称和代理问题框架下将问询监管制度纳入公司非效率投资行为的治理机制中，丰富了公司投资行为治理的相关文献；同时结合交易所监管问询的信息披露机制对规范公司投资事项的信息披露、提高公司投资的价值效应和有效化解资本市场过热投资的金融风险提供了新的经验支持。

第四，基于公司过度投资的成因，从"信息不对称"，以及"代理问题"框架下的"双重代理成本""管理层过度自信""超额现金持有""激进负债行为"等多个维度考察了问询监管对公司过度投资的不同治理效应，能够在一定程度上丰富公司过度投资行为的形成机制的文献，更加清晰认识交易所问询监管发挥治理作用的内在机理，对全面解读公司过度投资行为的问询治理机制具有重要启示。在政策实践方面，交易所实施一线问询监管时要重点关注信息不对称程度严重、公司代理成本较突出，以及管理层具有过度自信特质、公司持有大量超额现金和具有激进负债（过度负债）行为的公司，此种公司情景中更有动机实施高风险的投资行为，应充分发挥交易所问询函一线监管的精准度和分类问询监管。

第五，从同行业和同一企业集团层面，发现了问询监管对公司过度投资行为治理的溢出效应，丰富了问询监管政策在资本市场中的威慑效应研究；同时也从问询机制视角对企业集团的风险管理具有重要启示。现有研究发现企业集团成员公司存在较高的过度投资水平（Larrain et al.，2019；潘红波和余明桂，2010；张会丽和陆正飞，2012；窦欢等，2014）、存在财务违规及市场风险的传染效应（纳鹏杰等，2017；刘丽华等，2019；周利国等，2019）和较高金融投资行为的传染性问题（李馨子等，2019）。本书则从交易所问询监管的信息嵌入的治理角色，考察了问询监管对企业集团成员公司过度投资行为的溢出效应，这对防控企业集团组织内部的投资风险具有重要意义，也为企业集团的外部风险管理提供了重要经验证据。因此需要加强企业集团层面投资行为的信息披露监管，将交易所一线监管问询机制纳入企业集团资源配置中，更好助力企业集团资源配置效率及价值能力的改善。此外，由于监管资源的有限性，关于问询溢出效应的经验证据可为监管机构在分配有限的监管资源、提高问询监管效率方面提供有益参考。

综上所述，本书从公司过度投资视角研究了我国注册制改革下问询监管的有效性，从问询函的影响因素及其经济后果两方面拓展了非处罚性预防监管之问询制度的政策研究，打开了我国交易所监管问询决策的黑箱。对通过问询监管机制来防范公司过度投资的金融风险行为和化解企业产能过剩风险，以更好科学引导企业生态、健康的投资决策和提高投资效率，以及推动资本市场高质量发展等具有重要的实践意义。本书研究发现也为提高问询监管的精准性和建立分类问询监管机制，强化以交易所问询函为代表的一线监管政策提供经验支持。

第三节 研究局限与未来研究展望

一 研究局限

本书基于沪深交易所的问询制度,考察了公司过度投资行为的问询识别效果,以及问询监管对公司未来过度投资行为的治理机制。从问询监管动因及其经济后果方面,构建了问询监管与公司过度投资行为的研究架构,但本书可能尚存在以下局限性。

第一,从公司过度投资行为视角研究问询监管的政策效应,与投资相关的问询函有年报问询函和并购问询函。从以往国内外研究来看,相关问询函的研究都是根据研究问题来单独研究年报问询函或者并购问询函,而没有同时研究二者的联合影响情形。本书则同时将年报问询函和并购问询函纳入公司过度投资行为的研究框架中,在模型检验情景下,如何将年报问询和并购问询很好地相融合研究,这是本书的一个挑战,也是需要完善之点。

第二,由于我国上市公司过度投资行为较为普遍,很大一部分问询函件都是针对公司已经投资的行为进行问询,即对公司投资过多或者投资不规范等进行问询关注。对于那些不投资行为,即投资不足行为的问询甚少。因此,本书主要研究投资效率中的过度投资行为,没有研究实际的投资不足行为,未来可根据研究问题进一步在公司整体投资效率方面,探索问询监管的资本配置效率问题。此外,本书在考察问询监管对公司过度投资的影响机理时,是从信息不对称和代理问题这两个基础性理论框架来进行检验,受上市公司单独披露具体投资项目数据的限制及可获取性问题,本书没有从具体投资项目来直接检验问询监管的治理效应,这是需要结合案例研究法来进一步探索。

第三,本书关于交易所问询监管对公司过度投资的有效识别及其治理机制研究,虽然实证检验中都已经采用多种内生性检验方法(如PSM、PSM-DID、Heckman 两阶段法),在一定程度上能够缓解研究中潜在的内生性问题。但由于交易所问询上市公司受到的影响因素可能较多，目前我国交易所问询监管的年度窗口期也较短，这使研究模型的内生性控制可能还不够完善。未来随着交易所问询监管的年度窗口期逐渐增加，需要采用更长窗口期及更严格方法来考察问询监管的有效性。

二　未来研究展望

资本市场监管制度改革背景下，一线监管问询政策是我国证券监管机构在吸收西方发达国家中监管经验基础上，所实施的一种新的信息披露监管模式，自2015年以来才开始公开披露问询函件，目前国内关于问询函的研究才刚刚起步，加之2019年年初以来证监会关于建立"科创板试点注册制"来促进资本市场高质量发展的重大举措，使我国注册制改革下问询监管政策的研究越来越重要，是备受实务界和学术界共同关注的重要议题，问询监管制度的研究成了一个有趣而兼具理论与实践价值的研究方向。对问询函政策的进一步研究，打开交易所问询决策及其经济后果的"黑箱"，对加深问询监管的有效性认识以及提供给监管机构关于完善问询监管政策具有重要意义。因此，未来研究中，我们可进行如下方面的深入探究：

第一，问询函文本信息研究方面。由于问询函件是以文本形式披露，这就给我们提供了一个问询函文本信息研究的场景，可以借此从问询文本信息层面探索问询函信息披露的策略性问题，基于博弈论视角考察公司管理层在面对问询监管压力下其策略性信息披露行为，以及管理层是如何应对不同问询函件的，是否有"答非所问"情形及其影响效应。也可以从监管方来探索，从问询文本层面考察监管方对上市公司问询监管发问信息的可读性及问询语气问题的潜在影响效应，以及监管方问询的人力资本配置及其监管风格的影响。也可从第三方中介机构，如会计师事务所、律师事务所、财务顾问、独立董事等方面来探究问询监管情景中的决策效应问题。

第二，由于监管问询函可以作为一种公共信息披露渠道，也能向市场传递投资者的私有信息，问询信息对投资者具有决策有用性，投资者是如何解读问询信息并使用问询信息进行投资决策。在资本市场有效性条件下，交易所问询函披露是否提高资本市场定价效率，探索问询函与资本市场定价效率之间关系的内在机制问题，对问询信息披露在资本市场中的有效传递及有用性具有检验价值。

第三，从交易所年报问询函和并购问询函的研究启示，审核问询制度对我国资本市场转型监管及高质量发展具有重要的时代价值。借此，我们还可以延伸到当前我国"科创板试点注册制"的研究场景，利用现行科创板的审核问询制度，采用大样本实证或案例情景考察"科创板试点注册制"关于IPO公司问询信息披露问题，注册制改革对资本市场信息环境及定价效率的影响，以及"科创板试点注册制"所带来的一系列资本市场经济效应，这都是下一步我们需要探索的有趣方向，也是未来学术界亟待探索的重大研究议题。

参考文献

曹春方、林雁：《异地独董、履职职能与公司过度投资》，《南开管理评论》2017 年第 1 期。

陈德球等：《政府治理、控制权结构与投资决策——基于家族上市公司的经验证据》，《金融研究》2012 年第 3 期。

陈冬华等：《法律环境、政府管制与隐性契约》，《经济研究》2008 年第 3 期。

陈冬华等：《国有企业中的薪酬管制与在职消费》，《经济研究》2005 年第 2 期。

陈冬华等：《监管者变更与执法力度》，《中国会计与财务研究》2012 年第 2 期。

陈信元等：《地区差异、薪酬管制与高管腐败》，《管理世界》2009 年第 11 期。

陈信元等：《司法独立性与投资者保护法律实施——最高人民法院"1/15 通知"的市场反应》，《经济学（季刊）》2010 年第 1 期。

陈运森、宋顺林：《美名胜过大财：承销商声誉受损冲击的经济后果》，《经济学（季刊）》2018 年第 1 期。

陈运森、谢德仁：《网络位置、独立董事治理与投资效率》，《管理世界》2011 年第 7 期。

陈运森等：《非处罚性监管具有信息含量吗？——基于问询函的证据》，《金融研究》2018a 年第 4 期。

陈运森等：《非行政处罚性监管能改进审计质量吗？——基于财务报告问询函的证据》，《审计研究》2018b 年第 5 期。

陈运森等：《证券交易所一线监管的有效性研究：基于财务报告

问询函的证据》,《管理世界》2019 年第 3 期。

陈泽艺等:《媒体负面报道影响并购成败吗——来自上市公司重大资产重组的经验证据》,《南开管理评论》2017 年第 1 期。

程博等:《儒家文化、信息环境与内部控制》,《会计研究》2016 年第 12 期。

程启智:《内部性与外部性及其政府管制的产权分析》,《管理世界》2002 年第 12 期。

程新生等:《非财务信息、外部融资与投资效率——基于外部制度约束的研究》,《管理世界》2012 年第 7 期。

丹尼尔·F. 史普博:《管制与市场》,余晖等译,上海人民出版社 1999 年版。

邓路等:《公司超额银行借款会导致过度投资吗?》,《金融研究》2017 年第 10 期。

董敏杰等:《中国工业产能利用率:行业比较、地区差距及影响因素》,《经济研究》2015 年第 1 期。

窦欢等:《企业集团、大股东监督与过度投资》,《管理世界》2014 年第 7 期。

杜兴强等:《政治联系、过度投资与公司价值——基于国有上市公司的经验证据》,《金融研究》2011 年第 8 期。

范林凯等:《中国工业产能利用率的测度、比较及动态演化——基于企业层面数据的经验研究》,《管理世界》2019 年第 8 期。

方红星、金玉娜:《公司治理、内部控制与非效率投资:理论分析与经验证据》,《会计研究》2013 年第 7 期。

郭飞、周泳彤:《交易所年报问询函具有信息含量吗?》,《证券市场导报》2018 年第 7 期。

国务院发展研究中心《进一步化解产能过剩的政策研究》课题组,赵昌文、许召元、袁东、廖博:《当前我国产能过剩的特征、风险及对策研究——基于实地调研及微观数据的分析》,《管理世界》2015 年第 4 期。

郝颖等:《我国上市公司高管人员过度自信与投资决策的实证研

究》，《中国管理科学》2005年第5期。

胡宁等：《监管信息披露与债权人定价决策——基于沪深交易所年报问询函的证据》，《会计研究》2020年第3期。

胡诗阳、陆正飞：《非执行董事对过度投资的抑制作用研究——来自中国A股上市公司的经验证据》，《会计研究》2015年第11期。

花贵如等：《投资者情绪、管理者乐观主义与企业投资行为》，《金融研究》2011年第9期。

黄俊、李增泉：《政府干预、企业雇员与过度投资》，《金融研究》2014年第8期。

黄俊等：《公司经营绩效传染效应的研究》，《管理世界》2013年第3期。

黄世忠等：《市场、政府与会计监管》，《会计研究》2002年第12期。

江飞涛等：《地区竞争、体制扭曲与产能过剩的形成机理》，《中国工业经济》2012年第6期。

江轩宇、许年行：《企业过度投资与股价崩盘风险》，《金融研究》2015年第8期。

姜付秀等：《产品市场竞争与资本结构动态调整》，《经济研究》2008年第4期。

姜付秀等：《管理者过度自信、企业扩张与财务困境》，《经济研究》2009年第1期。

姜国华、岳衡：《大股东占用上市公司资金与上市公司股票回报率关系的研究》，《管理世界》2005年第9期。

焦豪等：《政府质量、公司治理结构与投资决策——基于世界银行企业调查数据的经验研究》，《管理世界》2017年第10期。

金宇超等：《"不作为"或"急于表现"：企业投资中的政治动机》，《经济研究》2016年第10期。

雷光勇等：《社会信任、审计师选择与企业投资效率》，《审计研究》2014年第4期。

黎文靖：《会计信息披露政府监管的经济后果——来自中国证券

市场的经验证据》,《会计研究》2007 年第 8 期。

李常青等:《上市公司前瞻性信息披露动因研究》,《统计与决策》2008 年第 20 期。

李丹蒙等:《管理层过度自信、产权性质与并购商誉》,《会计研究》2018 年第 10 期。

李欢等:《大客户能够提升上市公司业绩吗?——基于我国供应链客户关系的研究》,《会计研究》2018 年第 4 期。

李琳等:《年报监管、内部人减持与市场反应——基于深交所年报问询函的研究》,《当代财经》2017 年第 12 期。

李培功、沈艺峰:《媒体的公司治理作用:中国的经验证据》,《经济研究》2010 年第 4 期。

李万福等:《内部控制在公司投资中的角色:效率促进还是抑制?》,《管理世界》2011 年第 2 期。

李万福等:《内控信息披露、企业过度投资与财务危机:来自中国上市公司的经验证据》,《中国会计与财务研究》2010 年第 4 期。

李晓溪等:《交易所问询函有监管作用吗?——基于并购重组报告书的文本分析》,《经济研究》2019a 年第 5 期。

李晓溪等:《年报问询函与管理层业绩预告》,《管理世界》2019b 年第 8 期。

李馨子等:《公司的金融投资行为会传染其他企业吗?——来自企业集团的经验证据》,《中国软科学》2019 年第 7 期。

李雪松等:《对外投资与企业异质性产能利用率》,《世界经济》2017 年第 5 期。

李延喜等:《外部治理环境、产权性质与上市公司投资效率》,《南开管理评论》2015 年第 1 期。

李云鹤:《公司过度投资源于管理者代理还是过度自信》,《世界经济》2014 年第 12 期。

李增泉:《关系型交易的会计治理——关于中国会计研究国际化的范式探析》,《财经研究》2017 年第 2 期。

李志生等:《企业过度负债的地区同群效应》,《金融研究》2018

年第 9 期。

林毅夫：《潮涌现象与发展中国家宏观经济理论的重新构建》，《经济研究》2007 年第 1 期。

林毅夫等：《"潮涌现象"与产能过剩的形成机制》，《经济研究》2010 年第 10 期。

刘柏、卢家锐：《交易所一线监管能甄别资本市场风险吗？——基于年报问询函的证据》，《财经研究》2019 年第 7 期。

刘浩等：《内部控制的双刃剑作用：基于预算执行与预算松弛的研究》，《管理世界》2015 年第 12 期。

刘丽华等：《一损俱损：违规事件在企业集团内的传染效应研究》，《金融研究》2019 年第 6 期。

刘笑霞、李明辉：《代理冲突、董事会质量与"污点"审计师变更》，《会计研究》2013 年第 11 期。

刘行、叶康涛：《企业的避税活动会影响投资效率吗?》，《会计研究》2013 年第 6 期。

刘艳霞、祁怀锦：《管理者自信会影响投资效率吗——兼论融资融券制度的公司外部治理效应》，《会计研究》2019 年第 4 期。

刘煜辉、熊鹏：《股权分置、政府管制和中国 IPO 抑价》，《经济研究》2005 年第 5 期。

柳建华等：《公司章程中董事会对外投资权限的设置与企业投资效率——基于公司章程自治的视角》，《管理世界》2015 年第 7 期。

陆正飞等：《谁更过度负债：国有还是非国有企业?》，《经济研究》2015 年第 12 期。

罗党论等：《银行授信、产权与企业过度投资：中国上市公司的经验证据》，《世界经济》2012 年第 3 期。

罗进辉：《媒体报道的公司治理作用——双重代理成本视角》，《金融研究》2012 年第 10 期。

罗进辉等：《媒体报道与公司的超额现金持有水平》，《管理科学学报》2018 年第 7 期。

马黎珺等：《廉价交谈还是言之有据?——分析师报告文本的信

息含量研究》,《管理世界》2019 年第 7 期。

纳鹏杰等:《企业集团风险传染效应研究——来自集团控股上市公司的经验证据》,《会计研究》2017 年第 3 期。

聂萍、潘再珍:《问询监管与大股东"掏空"——来自沪深交易所年报问询的证据》,《审计与经济研究》2019 年第 3 期。

潘红波、余明桂:《集团化、银行贷款与资金配置效率》,《金融研究》2010 年第 10 期。

潘敏、金岩:《信息不对称、股权制度安排与上市企业过度投资》,《金融研究》2003 年第 1 期。

潘怡麟等:《决策权配置与公司价值——基于企业集团的经验证据》,《管理世界》2018 年第 12 期。

孙彤、薛爽:《管理层自利行为与外部监督——基于信息披露的信号博弈》,《中国管理科学》2019 年第 2 期。

唐雪松等:《上市公司过度投资行为及其制约机制的实证研究》,《会计研究》2007 年第 7 期。

万良勇:《法治环境与企业投资效率——基于中国上市公司的实证研究》,《金融研究》2013 年第 12 期。

汪丁丁:《产权博弈》,《经济研究》1996 年第 10 期。

王兵等:《国家审计能抑制国有企业过度投资吗?》,《会计研究》2017 年第 9 期。

王春飞等:《企业集团统一审计与权益资本成本》,《会计研究》2013 年第 6 期。

王化成等:《监督还是掏空:大股东持股比例与股价崩盘风险》,《管理世界》2015 年第 2 期。

王茂斌、孔东民:《反腐败与中国公司治理优化:一个准自然实验》,《金融研究》2016 年第 8 期。

王奇波、宋常:《国外关于最优股权结构与股权制衡的文献综述》,《会计研究》2006 年第 1 期。

王小鲁等:《中国分省份市场化指数报告》,社会科学文献出版社 2019 年版。

王彦超：《融资约束、现金持有与过度投资》，《金融研究》2009年第7期。

王云等：《媒体关注、环境规制与企业环保投资》，《南开管理评论》2017年第6期。

魏明海、柳建华：《国企分红、治理因素与过度投资》，《管理世界》2007年第4期。

魏明海等：《盈余质量与交易成本》，《会计研究》2013年第3期。

吴利学、刘诚：《项目匹配与中国产能过剩》，《经济研究》2018年第10期。

吴溪：《盈利指标监管与制度化的影响：以中国证券市场ST公司申请摘帽制度为例》，《中国会计与财务研究》2006年第4期。

吴战篪、李晓龙：《内部人抛售、信息环境与股价崩盘》，《会计研究》2015年第6期。

席鹏辉等：《财政压力、产能过剩与供给侧改革》，《经济研究》2017年第9期。

向锐：《CFO财务执行力与企业过度投资——基于董事会视角的分析》，《会计研究》2015年第7期。

肖珉：《现金股利、内部现金流与投资效率》，《金融研究》2010年第10期。

辛清泉等：《公司透明度与股价波动性》，《金融研究》2014年第10期。

辛清泉等：《政府控制、经理薪酬与资本投资》，《经济研究》2007年第8期。

徐业坤、马光源：《地方官员变更与企业产能过剩》，《经济研究》2019年第5期。

薛健等：《"惩一"能否"儆百"？——曝光机制对高管超额在职消费的威慑效应探究》，《会计研究》2017年第5期。

杨继伟：《股价信息含量与资本投资效率——基于投资现金流敏感度的视角》，《南开管理评论》2011年第5期。

杨兴全等：《治理环境、超额持有现金与过度投资——基于我国上市公司面板数据的分析》，《南开管理评论》2010 年第 5 期。

杨筝等：《利率市场化、非效率投资与资本配置——基于中国人民银行取消贷款利率上下限的自然实验》，《金融研究》2017 年第 5 期。

游家兴、吴静：《沉默的螺旋：媒体情绪与资产误定价》，《经济研究》2012 年第 7 期。

俞红海等：《终极控股股东控制权与自由现金流过度投资》，《经济研究》2010 年第 8 期。

翟淑萍、王敏：《非处罚性监管提高了公司业绩预告质量吗——来自财务报告问询函的证据》，《山西财经大学学报》2019 年第 4 期。

张纯、吕伟：《信息披露、信息中介与企业过度投资》，《会计研究》2009 年第 1 期。

张会丽、陆正飞：《现金分布、公司治理与过度投资——基于我国上市公司及其子公司的现金持有状况的考察》，《管理世界》2012 年第 3 期。

张会丽、吴有红：《超额现金持有水平与产品市场竞争优势——来自中国上市公司的经验证据》，《金融研究》2012 年第 2 期。

张建勇等：《媒体报道与投资效率》，《会计研究》2014 年第 10 期。

张俊生等：《预防性监管能够抑制股价崩盘风险吗？——基于交易所年报问询函的研究》，《管理科学学报》2018 年第 10 期。

张然等：《SEC 意见信与财务造假——基于中概股危机的实证分析》，《会计研究》2015 年第 7 期。

张维迎：《法律制度的信誉基础》，《经济研究》2002 年第 1 期。

钟覃琳等：《反腐败、企业绩效及其渠道效应——基于中共十八大的反腐建设的研究》，《金融研究》2016 年第 9 期。

周超、苏冬蔚：《产能过剩背景下跨国经营的实物期权价值》，《经济研究》2019 年第 1 期。

周黎安：《晋升博弈中政府官员的激励与合作——兼论我国地方

保护主义和重复建设问题长期存在的原因》,《经济研究》2004 年第 6 期。

周利国等:《基于动态 Copula 的企业集团信用风险传染效应研究》,《中国管理科学》2019 年第 2 期。

周密、刘秉镰:《供给侧结构性改革为什么是必由之路?——中国式产能过剩的经济学解释》,《经济研究》2017 年第 2 期。

周业樑、盛文军:《转轨时期我国产能过剩的成因解析及政策选择》,《金融研究》2007 年第 2 期。

Albuquerue, R., and N. Wang, "Agency Conflicts, Investment, and Asset Pricing", *Journal of Finance*, Vol. 63, No. 1, 2008.

Alchian, A. A., and H. Demsetz, "Production, Information Costs, and Economic Organization", *American Economic Review*, Vol. 62, No. 5, 1972.

Alchian, A. A., "Some Economics of Property Rights", *Il Politico*, Vol. 30, No. 4, 1965.

Alicke, M. D., "Global Self-evaluation as Determined by the Desirability and Controllability of Trait Adjectives", *Journal of Personality and Social Psychology*, Vol. 49, No. 6, 1985.

Altman, E., "Financial Ratios, Discriminant Analysis and the Prediction of Corporate Bankruptcy", *Journal of Finance*, Vol. 23, No. 4, 1968.

Anantharaman, A., and L. He, "Regulatory Scrutiny and Reporting of Internal Control Deficiencies: Evidence from the SEC Comment Letters", Working Paper, Available at SSRN, 2016.

Ang, J. S., et al., "Agency Costs and Ownership Structure", *Journal of Finance*, Vol. 55, No. 1, 2000.

Baek, J., et al., "Business Group and Tunneling: Evidence from Private Securities Offerings by Korean Chaebols", *Journal of Finance*, Vol. 61, No. 5, 2006.

Ball, R., and L. Shivakumar, "Earnings Quality in U. K. Private

Firms: Comparative Loss Recognition Timeliness", *Journal of Accounting and Economics*, Vol. 39, No. 1, 2005.

Ballestero, R., and J. J. Schmidt, "Does Auditor Involvement Expedite SEC Comment Letter Resolution?", Working Paper, Available at SSRN, 2019.

Barney, J., "Firm Resources and Sustained Competitive Advantage", *Journal of Management*, Vol. 17, No. 1, 1991.

Baugh, M., and R. Schmardebeck, "Auditor Style and Common Disclosure Deficiencies: Evidence from SEC Comment Letters", Working Paper, Available at SSRN, 2019.

Baugh, M., et al., "The Effect of SEC Reviewers on Comment Letters and Financial Reporting Quality", *Contemporary Accounting Research*, Vol. 39, No. 1, 2022.

Bebchuk, L. A., and Y. Grinstein, "Firm Expansion and CEO Pay", Working Paper, Available at SSRN, 2006.

Becker, G., "Crime and Punishment: An Economic Approach", *Journal of Political Economy*, Vol. 76, No. 2, 1968.

Becker, G. S., "A theory of Competition among Pressure Groups for Political Influence", *The Quarterly Journal of Economics*, Vol. 98, No. 3, 1983.

Bens, D. A., et al., "The Impact of SEC Disclosure Donitoring on the Uncertainty of Fair Value Estimates", *The Accounting Review*, Vol. 91, No. 2, 2016.

Bertrand, M., and A. Schoar, "Managing with Style: The Effect of Managers on Firm Policies", *Quarterly Journal of Economics*, Vol. 118, No. 4, 2003.

Bhattacharya, N., et al., "Does Earnings Quality Affect Information Asymmetry? Evidence from Trading Costs", *Contemporary AccountingResearch*, Vol. 30, No. 2, 2013.

Biddle, G., and G. Hilary, "Accounting Quality and Firm-Level

Capital Investment", *The Accounting Review*, Vol. 81, No. 5, 2006.

Biddle, G. C., et al., "How Does Financial Reporting Quality Relate to Investment Efficiency?", *Journal of Accounting and Economics*, Vol. 48, No. (2-3), 2009.

Bills, K. L., et al., "The Spillover Effect of SEC Comment Letters through Audit Firms: Evidence from Subjective Accounting Areas", Working Paper, Available at SSRN, 2019.

Bozanic, Z., et al., "Securities Law Expertise and Corporate Disclosure", *The Accounting Review*, Vol. 94, No. 4, 2019.

Bozanic, Z., et al., "SEC Comment Letters and Firm Disclosure", *Journal of Accounting & Public Policy*, Vol. 36, No. 5, 2017.

Brown, R., and N. Sarma, "CEO Overconfidence, CEO Dominance and Corporate Acquisitions", *Journal of Economics and Business*, Vol. 59, No. 5, 2007.

Brown, S. V., et al., "The Spillover Effect of SEC Comment Letters on Qualitative Corporate Disclosure: Evidence from the Risk Factor Disclosure", *Contemporary Accounting Research*, Vol. 35, No. 2, 2018.

Bushman, R., and A. Smith, "Financial Accounting Information and Corporate Governance", *Journal of Accounting and Economics*, Vol. 32, No. (1-3), 2001.

Bushman, R. M., et al., "What Determines Corporate Transparency?" *Journal of Accounting Research*, Vol. 42, No. 2, 2004.

Cassell, C. A., et al., "Reviewing the SEC's Review Process: 10-K Comment Letters and the Cost of Remediation", *The Accounting Review*, Vol. 88, No. 6, 2013.

Chang, C., et al., "What are the Reliably Important Determinants of Capital Structure in China?", *Pacific-Bas in Finance Journal*, Vol. 30, No. 11, 2014.

Chen, A., et al., "The Impact of Shareholding Structure on Firm Investment: Evidence from Chinese Listed Companies", *Pacific-Basin Fi-*

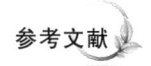

nance Journal, Vol. 25, 2013.

Chen, F., et al., "Financial Reporting Quality and Investment Efficiency of Private Firms in Emerging Markets", The Accounting Review, Vol. 86, No. 4, 2011a.

Chen, G. M., et al., "Is China's Securities Regulatory Agency a Toothless Tiger? Evidence from Enforcement Actions", Journal of Accounting and Public Policy, Vol. 24, No. 6, 2005.

Chen, R., et al., "Do State and Foreign Ownership Affect Investment Efficiency? Evidence from Privatizations", Journal of Corporate Finance, Vol. 42, No. 2, 2017.

Chen, S., et al., "Do Corporate Insiders Use External Signals in Performance Evaluation? Evidence on SEC Comment Letters", Working Paper, Available at SSRN, 2019.

Chen, S., et al., "Government Intervention and Investment Efficiency: Evidence from China", Journal of Corporate Finance, Vol. 17, No. 2, 2011b.

Chen, Y. S., et al., "Political Connection and Regulatory Scrutiny through Comment Letters: Evidence from China", International Review of Finance, Vol. 20, No. 3, 2018.

Cheung, S. N. S., "The Contractual Nature of the Firm", Journal of Law and Economics, Vol. 26, No. 1, 1983.

Cheung, S. N. S., "The Theory of Price Control", The Journal of Law and Economics, Vol. 17, No. 1, 1974.

Clark, D. C., "Corporate Governance in China: An Overview", China Economic Review, Vol. 14, No. 4, 2003.

Coase, R. H., "The Problem of Social Cost", Journal of Law and Economics, Vol. 3, 1960.

Coase, R. H., "The Nature of the Firm", Economica, Vol. 16, No. 4, 1937.

Conyon, M. J., and K. J. Murphy, "The Prince and the Pauper?

CEO Pay in the United States and United Kingdom", *The Economic Journal*, Vol. 110, No. 467, 2000.

Cooper, A., et al., "Entrepreneurs' Perceived Changes for Success", *Jouranl of Business Venturing*, Vol. 3, No. 2, 1988.

Cunningham, L. M., et al., "The Switch Up: An Examination of Changes in Earnings Management after Receiving SEC Comment Letters", *Contemporary Accounting Research*, Vol. 37, No. 2, 2020.

De Long, J. B., et al., "Noise Trader Risk in Financial Markets", *Journal of Political Economy*, Vol. 98, No. 4, 1990.

DeAngelo, H., and R. W. Masulis, "Optimal Capital Structure under Corporate and Personal Taxation", *Journal of Financial Economics*, Vol. 8, No. 3, 1980.

Dechow, P. M., et al., "SEC Comment Letters and Insider Sales", *The Accounting Review*, Vol. 91, No. 2, 2016.

DeFond, M., and J. Y. Zhang, "A Review of Archival Auditing Research", *Journal of Accounting and Economics*, Vol. 58, No. (2-3), 2014.

Demsetz, H., "The Exchange and Enforcement of Property Rights", *Journal of Law and Economics*, Vol. 7, No. 1, 1964.

Dittmar, A., et al., "International Corporate Governance and Corporate Cash Holdings", *Journal of Financial and Quantitative Analysis*, Vol. 38, No. 1, 2003.

Drienko, J., and S. J. Sault, "The Intraday Impact of Company Responses to Exchange Queries", *Journal of Banking & Finance*, Vol. 37, No. 12, 2013.

Drienko, J., S. et al., "Company Responses to Exchange Queries in Real Time", *Pacific-Basin Finance Journal*, Vol. 45, 2017.

Duro, M., et al., "The Effect of Enforcement Transparency: Evidence from SEC Comment-letter Reviews", *Review of Accounting Studies*, Vol. 24, No. 3, 2019.

Dyck, A., et al., "The Corporate Governance Role of Media: Evidence from Russia", *Journal of Finance*, Vol. 63, No. 3, 2008.

Eisenhardt, K. M., "Agency Theory: An Assessment and Review", *Academy of Management Review*, Vol. 14, No. 1, 1989.

Ertimur, Y., and M. Nondorf, "IPO Firms and the SEC Comment Letter Process", Working Paper, Available at SSRN, 2006.

Fama, E. F., and M. C. Jensen, "Separation of Ownership and Control", *The Journal of Law & Economics*, Vol. 26, No. 2, 1983.

Firth, M., et al., "Corporate Performance and CEO Compensation in China", *Journal of Corporate Finance*, Vol. 12, No. 4, 2006.

Flannery, M. J., and K. P. Rangan, "Partial Adjustment toward Target Capital Structures", *Journal of Financial Economics*, Vol. 79, No. 3, 2006.

Fombrun, C., and S. Mark, "What's in a Name? Reputation Building and Corporate Strategy", *The Academy of Management Journal*, Vol. 33, No. 2, 1990.

Gao, H., et al., "Determinants of Corporate Cash Policy: Insights from Private Firms", *Journal of Financial Economics*, Vol. 109, No. 3, 2013.

Gao, L., et al., "SEC Comment Letters and Financial Statement Restatements", Working Paper, Available at SSRN, 2010.

Gietzmann, M. B., et al., "Comment Letter Frequency and CFO Turnover: A Dynamic Survival Analysis", *Journal of Accounting, Auditing and Finance*, Vol. 31, No. 1, 2016.

Gietzmann, M. B., and A. K. Pettinicchio, "External Auditor Reassessment of Client Business Risk Following the Issuance of a Comment Letter by the SEC", *European Accounting Review*, Vol. 23, No. 1, 2014.

Gietzmann, M. B., and H. Isidro, "Institutional Investors' Reaction to SEC Concerns about IFRS and US GAAP Reporting", *Journal of Business Finance&Accounting*, Vol. 40, No. (7-8), 2013.

Glaeser, E. L., and A. Shleifer, "A Reason for Quantity Regulation", *American Economic Review*, Vol. 91, No. 2, 2001.

Glaeser, E. L., et al., "Coase versus the Coasians", *Quarterly Journal of Economics*, Vol. 116, No. 3, 2001.

Gong, N., "Effectiveness and Market Reaction to the Exchange's Inquiry in Australia", *Journal of Business Finance and Accounting*, Vol. 34, No. (7-8), 2007.

Granovetter, M., "Business Groups", In Smelser, N. J. and Swedberg, R. (Eds), *Handbook of Economic Sociology*, Princeton, NJ: Princeton University Press, 1994.

Guariglia, A., and J. Yang, "Adjustment Behavior of Corporate Cash Holdings: the China Experience", *The European Journal of Finance*, Vol. 24, No. 16, 2016.

Gunny, K., and J. Hermis, "How Busyness Influences SEC Compliance Activities: Evidence From the Filing Review Process and Comment Letters", *Contemporary Accounting Research*, Vol. 37, No. 1, 2020.

Hambrick, D. C., and P. A. Mason, "Upper Echelons: The Organization as a Reflection of Its Top Managers", *Academy of Management Review*, Vol. 9, No. 2, 1984.

Hayward, M. L. A., and D. C. Hambrick, "Explaining the Premiums Paid for Large Acquisitions: Evidence of CEO Hubris", *Administrative Science Quarterly*, Vol. 42, No. 1, 1997.

Healy, P., and K. Palepu, "Information Asymmetry, Corporate Disclosure, and the Capital Markets: A Review of the Empirical Disclosure Literature", *Journal of Accounting and Economics*, Vol. 31, No. (1-3), 2001.

Heaton, J. B., "Mangerial Optimism and Corportate Finance", *Financial Management*, Vol. 31, No. 2, 2002.

Heese, J., et al., "Is the SEC Captured? Evidence from Comment-letter Reviews", *Journal of Accounting and Economics*, Vol. 64, No. 1,

2017.

Higgins, R. C., and L. D. Schall, "Corporate Bankruptcy and Conglomerate Merger", *Journal of Finance*, Vol. 30, No. 1, 1975.

Hong, H., and J. C. Stein, "Disagreement and the Stock Market", *The Journal of Economic Perspectives*, Vol. 21, No. 2, 2007.

Hribar, P., et al., "A New Measure of Accounting Quality", *Review of Accounting Studies*, Vol. 19, No. 1, 2014.

Hutton, A. P., et al., "Opaque Financial Reports, R^2, and Crash Risk", *Journal of Financial Economics*, Vol. 94, No. 1, 2009.

Jensen, M. C., and W. H. Meckling, "Theory of the Firm: Managerial Behavior, Agency Costs and Ownership Structure", *Journal of Financial Economics*, Vol. 3, No. 4, 1976.

Jensen, M. C., "Agency Costs of Free Cash Flow, Corporate Finance, and Takeovers", *American Economic Review*, Vol. 76, No. 2, 1986.

Jiang, F. X., et al., "Multiple Large Shareholders and Corporate Investment: Evidence from China", *Journal of Corporate Finance*, Vol. 50, 2018.

Johnson, B. A., et al., "SEC Comment Letters and M&A Outcomes", Working Paper, Available at SSRN, 2019.

Johnson, S., et al., "Tunneling", *American Economic Review*, Vol. 90, No. 2, 2000.

Johnston, R., and R. Petacchi, "Regulatory Oversight of Financial Reporting: Securities and Exchange Commission Comment Letters", *Contemporary Accounting Research*, Vol. 34, No. 2, 2017.

Jonathan, N., and R. Thompson, "Does Financial Statement Comparability Facilitate SEC Oversight?", Working Paper, Available at SSRN, 2019.

Kausar, A., et al., "Real Effects of the Audit Choice", *Journal of Accounting & Economics*, Vol. 62, No. 1, 2016.

Kedia, S., et al., "Evidence on Contagion in Earnings Management", *The Accounting Review*, Vol. 90, No. 6, 2015.

Khanna, T., and Y. Yafeh, "Business Groups in Emerging Markets: Paragons or Parasites", *Journal of Econonmic Literature*, Vol. 45, No. 2, 2007.

Kim, J. B., et al., "CEO Overconfidence and Stock Price Crash Risk", *Contemporary Accounting Research*, Vol. 33, No. 4, 2016.

Klapper, L. F., and I. Love, "Corporate Governance, Investor Protection and Performance in Emerging Markets", *Journal of Corporate Finance*, Vol. 10, No. 5, 2004.

Kothari, S. P., et al., "Performance Matched Discretionary Accrual Measures", *Journal of Accounting and Economics*, Vol. 39, No. 1, 2005.

Kubick, T. R., et al., "The Effects of Regulatory Scrutiny on Tax Avoidance: An Examination of SEC Comment Letters", *The Accounting Review*, Vol. 91, No. 6, 2016.

La Porta, R., et al., "Law and Finance", *Journal of Political Economy*, Vol. 106, No. 6, 1998.

Lang, L., and R. H. Litzenberger, "Dividend Announcements: Cash Flow Signalling vs. Free Cash Flow Hypothesis", *Journal of Financial Economics*, Vol. 24, No. 1, 1989.

Lang, M., et al., "Transparency, Liquidity, and Valuation: International Evidence on When Transparency Matters Most", *Journal of Accounting Research*, Vol. 50, No. 3, 2012.

Larrain, B., et al., "The Effects of Losing a Business Group Affiliation", *Review of Financial Studies*, Vol. 32, No. 8, 2019.

Li, B., and Z. B. Liu, "The Oversight Role of Regulators: Evidence from SEC Comment Letters in the IPO Process", *Review of Accounting Studies*, Vol. 22, No. 3, 2017.

Li, V., "Do False Financial Statements Distort Peer Firms Decisions?", *The Accounting Review*, Vol. 91, No. 1, 2016.

Lin, C., et al., "Anti-Corruption Reforms and Shareholder Valuations: Event Study Evidence from China", Working Paper, Available at SSRN, 2018.

Malmendier, U., and G. Tate, "CEO Overconfidence and Corporate Investment", *The Journal of Finance*, Vol. 60, No. 6, 2005.

Malmendier, U., and G. Tate, "Who Makes Acquisition: CEO Overconfidence and the Market's Reaction", *Journal of Financial Economics*, Vol. 89, No. 1, 2008.

Mankiw, N. G., and M. D. Whinston, "Free Entry and Social in Efficiency", *Rand Journal of Economics*, Vol. 17, No. 1, 1986.

Markus, G., et al., "Managerial Optimism and Corporate Investment: Is the CEO Alone Responsible for the Relation?", Working Paper, Available at SSRN, 2008.

Masulis, R. W., et al., "Globalizing the Boardroom: The Effects of Foreign Directorson Corporate Governance and Firm Performance", *Journal of Accounting and Economics*, Vol. 53, No. 3, 2012.

Matsusaka, J. G., and V. Nanda, "Internal Capital Markets and Corporate Refocusing", *Journal of Financial Intermediation*, Vol. 11, No. 2, 2002.

Matthew, E., et al., "Unexpected SEC Resource Constraints and Comment Letter Quality", *Contemporary Accounting Research*, Vol. 37, No. 1, 2020.

Modigliani, F., and M. Miller, "The Cost of Capital, Corporation Finance and the Theory of Investment", *American Economic Review*, Vol. 48, No. 3, 1958.

Myers, S., and N. S. Majluf, "Corporate Financing and Investment Decisions When Firms Have Information That Investors Do Not Have", *Journal of Financial Economics*, Vol. 13, No. 2, 1984.

Peter, D., and H. Zhang, "Styles of Regulators: Evidence from the SEC's Comment Letters", Working Paper, Available at SSRN, 2018.

Pistor, K., and C. G. Xu, "Governing Stock Markets in Transition Economies: Lessons from China", *American Law and Economics Review*, Vol. 7, No. 1, 2005.

Richardson, S. A., "Corporate Governance and the Over-investment of Surplus Cash", Doctorial Dissertation. University of Michigan, 2003.

Richardson, S. A., "Over-investment of Free Cash Flow", *Review of Accounting Studies*, Vol. 11, No. (2-3), 2006.

Roll, R., "The Hubris Hypothesis of Corporate Takeovers", *The Journal of Business*, Vol. 59, No. 2, 1968.

Rosenbaum, P. R., and D. B. Rubin, "The Central Role of the Propensity Score in Observational Studies for Causal Effects", *Biometrika*, Vol. 70, No. 1, 1983.

Salop, S., "Monopolistic Competition with Outside Goods", *Bell Journal of Economics*, Vol. 10, No. 1, 1979.

Shefrin, H., "Behavioral Corporate Finance", *Journal of Applied Corporate Finance*, Vol. 14, No. 3, 2001.

Shin, H., and Y. Park, "Financing Constraints and Internal Capital Markets: Evidence from Korean Chaebols", *Journal of Corporate Finance*, Vol. 5, No. 2, 1999.

Shleifer, A., "Understanding Regulation", *European Financial Management*, Vol. 11, No. 4, 2005.

Shleifer, A., and R. W. Vishny, "A Survey of Corporate Governance", *The Journal of Finance*, Vol. 52, No. 2, 1997.

Shleifer, A., and R. W. Vishny, "Corruption", *Quarterly Journal of Economics*, Vol. 108, No. 3, 1993.

Stigler, G. J., "The Theory of Economic Regulation", *The Bell Journal of Economics*, Vol. 2, No. 1, 1971.

Stulz, R. M., "Managerial Discretion and Optimal Financing Policies", *Journal of Financial Economics*, Vol. 26, No. 1, 1990.

Stulz, R. M., "The Limits of Financial Globalization", *Journal of*

Finance, Vol. 60, No. 4, 2005.

Sun, Y., "Internal Control Weakness Disclosure and Firm Investment", *Journal of Accounting, Auditing & Finance*, Vol. 31, No. 2, 2016.

Tian, X., "The Causes and Consequences of Venture Capital Stage Financing", *Journal of Financial Economics*, Vol. 101, No. 1, 2011.

Tong, L., and H. Sapra, "Auditor Conservatism and Investment Efficiency", *TheAccounting Review*, Vol. 84, No. 6, 2009.

Tucker, J. W., and P. A. Zarowin, "Does Income Smoothing Improve Earnings Informativeness?", *The Accounting Review*, Vol. 81, No. 1, 2006.

Wahlen, J., "The Nature of Information in Commercial Bank Loan Loss Disclosures", *The Accounting Review*, Vol. 69, No. 3, 1994.

Wang, Q., "Determinants of Segment Disclosure Deficiencies and the Effect of the SEC Comment Letter Process", *Journal of Accounting & Public Policy*, Vol. 35, No. 2, 2016.

Wang, Y. L., et al., "Are Group Control Associated with Excess Leverage? Empirical Evidence", *China Journal of Accounting Studies*, Vol. 7, No. 1, 2019.

Watts, R. L., and J. L. Zimmerman, "Agency Problems, Auditing, and the Theory of the Firm: Some Evidence", *Journal of law and Economics*, Vol. 26, No. 3, 1983.

Wei, K. C. J., and Y. Zhang, "Ownership Structure, Cash Flow, and Capital Investment: Evidence from East Asian Economies before the Financial Crisis", *Journal of Corporate Finance*, Vol. 14, No. 2, 2008.

Weizsacker, C. C., "A Welfare Analysis of Barriers to Entry", *Bell Journal of Economics*, Vol. 11, No. 2, 1980.

Williamson, O. E., "Transaction-Cost Economics: The Governance of Contractual Relations", *Journal of Law and Economics*, Vol. 22, No. 2, 1979.

Wolosin, R. J. , et al. , "Effects of Cooperation and Competition on Responsibility Attribution after Success and Failure", *Journal of Experimental Social Psychology*, Vol. 9, No. 3, 1973.

Wong, T. J. , "Institutions, Governance and Accountability: a Review of Corporate Governance Research on Listed Firms in China", *Foundations and Trends in Accounting*, Vol. 9, No. 4, 2016.

Xu, C. G. , and Pistor, K, "Law Enforcement under Incomplete Law: Theory and Evidence from Financial Market Regulation", Working Paper, Available at SSRN, 2002.

Yang, J. H. , et al. , "To What Extent does Corporate Liquidity Affect M&A Decisions, Method of Payment and Performance? Evidence from China", *Journal of Corporate Finance*, Vol. 54, 2019.

Yao, Y. F. , and S. Xue, "Comment Letters and Internal Control Opinion Shopping", *China Journal of Accounting Studies*, Vol. 7, No. 2, 2019.

Zingales, L. , "The Future of Securities Regulation", *Journal of Accounting Research*, Vol. 47, No. 2, 2009.

Zwiebel, J. , "Dynamic Capital Structure under Managerial Entrenchment", *American Economic Review*, Vol. 86, No. 5, 1996.

后　记

　　时光荏苒，白驹过隙。蓦然回首，我们在上海财经大学校园四年博士研究生的科学研究和学习生活，这一过程虽是坎坎坷坷，对于执着于学术路途的我们却是非常珍贵。这博士生涯奋斗过程锤炼了我几许坚强的毅力和自信，也萌发了几许诗与远方的执着梦想。上海大都市的绚烂与繁华，久久回味无穷；上海财经大学这一商科学府历史悠久而又充满国际化视野的学识殿堂，留下了我持之以恒的努力痕迹，也不乏失败过程中的辛酸与苦楚，收获过程中的欢笑言语，这博士象牙塔的求学历程，是一笔难得而又宝贵的财富。

　　首先，非常感谢我的博士生导师薛爽教授。博士学术生涯一路走来，是恩师薛爽教授启发学生步入会计与财务研究的学术殿堂，让我懂得如何做学问、如何提高学术的素养，领悟学术的真谛，学术研究要练好"内功"，并做到"顶天立地"。初来乍到导师门下，是从博一的助研开始的，助研期间导师在研究方向方面给予了学生很大的指引，教导学生如何做研究，怎样做好研究等。就这样在老师悉心引领之下，一路坎坎坷坷奋斗而来，永不忘怀的是薛老师的谆谆教诲。薛老师是学生我奋斗一生的好榜样，她治学严谨、严以待人，她的包容及为学生着想的教师美德是我们一生值得学习的。在学术研究方面，薛老师对学生严格要求，悉心指导，从每一篇小论文思路启发、数据收集……到论文写作和成稿，再到每篇论文的完善和刊发；从本博士论文的选题、构思、开题、写作成文和定稿，都凝聚着恩师无微不至的关心。回首在薛老师门下的奋斗时光里，最珍贵难以忘怀的是老师传道授业解惑之时的教诲、学习中的信任及帮助、生活中的细微关心，更难以忘怀的是在我懈怠和迷茫之时，老师给予的鼓励和鞭策，执着于学术研究的奋斗路途,找到人生奋斗的诗与远方。

问学上财,四年上财行,一生上财学子!我要感谢我的博士求学生涯的母校——上海财经大学。由于本人来自西南地区的一位少数民族学生,感谢上海财经大学为我们少数名族学生搭建一个良好的博士求学平台,也非常感谢国家民委对我们少数民族学生的极大优惠政策。因为问学上财,我倍珍上财博士研究生修行四年之路;更因为问学上财,我在这里探寻和放飞自己的学术梦想,角逐属于学术路途的那片晴空,一如既往奋斗,无悔于自己。更因为问学上财,让我们领略上海财经大学的国际化人才培养战略、本土化兼国际化学术研究范式。感谢上海财经大学!感谢我们伟大的祖国!

感谢博士学位论文开题答辩的各位老师,感谢博士论文预审及预答辩的各位老师,感谢博士论文双盲审和毕业答辩的各位老师。您们辛勤的评审,每一个问题的提出及修正……都是力助我们博士学位论文完善与成稿的非常重要一环,也让博士论文的立意更上一层楼。

感谢在上海财经大学博士研究生阶段中,所有曾为我们传道授业解惑的老师,正是通过您们的有益课程或一次次讲座,点点滴滴汇集了学术研究的思绪,让我们步入了学术研究的知识海洋,培养了学术研究的兴趣,了解到最新国际化研究的动态;也让我们懂得怎样做学术研究,并如何做好学术研究,如何将本土化研究推向国际化的研究视野。同时非常感谢博士求学及科学研究过程中对我启发较大的胡宁师兄,无论是在学术研究还是人生道路抉择方面,胡宁师兄都给予了我很好鼓励和支持,是我们学习和人生奋斗的好榜样。

最后,诚挚感谢我的父母。感谢您们对我不辞劳苦的养育之恩,无微不至的关怀,以及对我在不断求学与生活旅途中的包容和支持。您们的殷切期望及不断鞭策是我不懈奋斗的源动力,您们无私的关爱更是我坚持不懈学习的精神支柱,继续前行、不畏艰险之路的心灵港湾。

回首自己在上海财经大学博士奋斗的美好时光,有太多的人生感触,太多的言语,仅泼墨短短的几段致谢之语是无法完全释怀我对您们忠心的感谢。人生能有几多时,人生又有几多奋斗;纵使前方旅途

后 记

坎坷，终将持之以恒的前行。求学之路中有长辈、师长、亲人和朋友的无微不至的关心与支持，这是我人生奋斗中的不竭动力，也是奋斗路途中拥有的一笔财富。在此，再次感谢所有教导过我和帮助过我的师长、亲朋、同学，谢谢您们！在此，也呈上我最真挚、最美好的祝福！有您们的不懈支持，相信明天奋斗的路途会更加精彩！诗与远方的奋斗之路还很长，我会一如既往前行。

博士学业圆满完成，我没有继续留着上海大都市，而是选择回到自己家乡之贵州，助力西部教育事业发展，帮助西部贫困的莘莘学子。博士毕业，人生又上一新的台阶，预示着新的起点又开始，新的挑战与任务担当才开始。不忘初心，牢记使命，继续努力奋斗，做个有为青年，为国家教育事业贡献一份微薄之力！

耀友福
2022 年 6 月